차이를 뛰어넘는 그리스도인

차이를 뛰어넘는 그리스도인

지은이 | 팀 켈러, 존 이나주 외
옮긴이 | 홍종락
초판 발행 | 2020. 6. 11
7쇄 발행 | 2020. 12. 3
등록번호 | 제1988-000080호
등록된 곳 | 서울특별시 용산구 서빙고로65길 38
발행처 | 사단법인 두란노서원
영업부 | 2078-3333 FAX | 080-749-3705
출판부 | 2078-3332

책값은 뒤표지에 있습니다.
ISBN 978-89-531-3776-9 03230

독자의 의견을 기다립니다.
tpress@duranno.com www.duranno.com

두란노서원은 바울 사도가 3차 전도 여행 때 에베소에서 성령 받은 제자들을 따로 세워 하나님의 말씀으로 양육
하던 장소입니다. 사도행전 19장 8-20절의 정신에 따라 첫째 목회자를 돕는 사역과 평신도를 훈련시키는 사역,
둘째 세계선교™와 문서선교단행본·잡지 사역, 셋째 예수문화 및 경배와 찬양 사역, 그리고 가정·상담 사역 등을 감
당하고 있습니다. 1980년 12월 22일에 창립된 두란노서원은 주님 오실 때까지 이 사역들을 계속할 것입니다.

차이를
뛰어넘는
그리스도인

팀 켈러, 존 이나주 외 지음

홍종락 옮김

두란노

윌리 이나주(Willie Inazu)에게
이 책을 바칩니다

우리와 의견이 다른 사람들과 사랑으로 어울리는 것은 기독교적 확신이 강한 많은 사람들에게 쉬운 일이 아니다. 팀 켈러와 존 이나주는 이 일의 본보기일 뿐 아니라 이 훌륭한 책에서 지혜로운 대화 상대자들을 모아, 점점 더 다원화되는 문화 속에서 이웃을 사랑하는데 꼭 필요한 영적 덕목인 겸손, 인내, 관용을 함양하는 데 요긴한 조언을 들려준다.

_ **리처드 마우**(Richard Mouw). 풀러신학교 신앙과 공공생활 교수

이 책은 지독한 갈등의 시대에 다른 이들과 잘 어울리는 일에 어려움을 겪는 모든 이에게 통찰력이 있고 즉시 실행에 옮길 수 있는 틀을 겸손하게 제시한다. 이 책에 기고한 열두 명의 리더들이 자신의 약함을 드러내고 지혜를 나눠준 것에 감사한다. 이웃과 원수를 똑같이 잘 사랑하기를 배우는 과제는 오랜 시간이 걸리면서도 절박한 과제이고 많은 대가를 요구할 수도 있다. 하지만 이 책이 보여 주는 것처럼, 이것은 예수님의 사역이기 때문에 우리는 큰 희망을 품고 이 사랑을 추구할 수 있다.

_ **게리 A. 호겐**(Gary A. Haugen). 국제정의선교회 설립자 겸 대표

기고자

크리스틴 디디 존슨(Kristen Deede Johnson) 웨스턴신학교 신학과 기독교형성 교수

팀 켈러(Timothy Keller) 뉴욕시의 리디머장로교회 설립목사. 《팀 켈러, 하나님을 말하다》 저자

톰 린(Tom Lin) 기독학생회(InterVarsity Christian Fellowship) 대표

루디 카라스코(Rudy Carrasco) 현재 머독공익신탁(Murdock Charitable Trust)의 기획관. 전(前)기독교지역 사회개발협의회 이사

티쉬 해리슨 워런(Tish Harrison Warren) 펜실베이니아주 피츠버그 소재 어센션교회 성공회사제, 《오늘이라는 예배》 저자

사라 그로브즈(Sara Groves) 가수, 송라이터

레크래(Lecrae) 음악가, 송라이터, 음반 프로듀서

존 이나주(John Inazu) 세인트루이스 소재 워싱턴대학교 법과 종교 교수

셜리 V. 훅스트라(Shirley V. Hoogstra) 기독교대학연합회 회장

워런 킹혼(Warren Kinghorn) 듀크대학교 정신의학과 신학 교수

트릴리아 뉴벨(Trillia Newbell) 남침례교 윤리와종교자유위원회 지역 사회봉사국 책임자

클로드 리처드 알렉산더 2세(Claude Richard Alexander Jr.) 노스캐롤라이나 샬롯 소재 파크교회의 담임목사

여러분은 하나님의 부르심을 받은 성도답게
언제나 겸손하고 부드러우며
인내와 사랑으로 서로 너그럽게 대하[십시오]
- 엡 4:1-2(현대인의성경)

CONTENTS

프롤로그

나와 다른 그라운드를 가진 세상,

그 속에서 그리스도인으로 산다는 것

팀 켈러와 존 이나주   • 13

PART 1

어떻게 차이를 넘어
세상에 손을 내밀까

1. 신학자, 크리스틴 디디 존슨(Kristen Deede Johnson) • 26
하나님 나라의 시민으로서 세상을 생각하며

2. 목회자, 팀 켈러(Timothy Keller) • 48
세속 도시 속에서 소금이 소금 되게

3. 모험가, 톰 린(Tom Lin) • 68
앞이 보이지 않지만 부르시는 땅으로

4. 기업가, 루디 카라스코(Rudy Carrasco) • 98
우리가 걷는 곳이 길이 되다

PART 2

내가 선 자리에서
어떻게 신앙을 구현하며 살아야 하는가

5. 작가, 티쉬 해리슨 워런(Tish Harrison Warren) • 122
영원한 것들을
내가 속한 시대의 언어로 말하며

6. 송라이터, 사라 그로브즈(Sara Groves) • 144
폭탄으로 파괴된 건물 한복판에서
첼로를 연주하는 것처럼

7. 스토리텔러, 레크래(Lecrae) • 168
우리의 삶으로, 우리의 이야기로
하나님을 따라오라고 하며

8. 번역자, 존 이나주(John Inazu) • 188
세상에 교회를 번역해 주고,
교회에 세상을 번역해 주며

움츠러들지 않고
어떻게 다른 사람들을 섬길까

9. 다리 놓는 사람, 셜리 V. 훅스트라(Shirley V. Hoogstra) • 210
불의에 외면하지 않고 그들의 발을 씻기며

10. 의료인, 워런 킹혼(Warren Kinghorn) • 230
사회적 불의까지 치료하는 선한 영향력을 꿈꾸며

11. 화해자, 트릴리아 뉴벨(Trillia Newbell) • 258
예수님이 유대인과 이방인을 갈라놓은 담을 허문 것처럼

12. 평화를 이루는 자,
   클로드 리처드 알렉산더 2세(Claude Richard Alexander Jr.) • 280
우리 안의 평안을 어지러운 세상에 더 많이 나누며

에필로그 • 298
세상에 온전히 스며든 빛과 소금이 되어

감사의 글 • 307
주 • 308
기고자의 작품들 • 318

나와 다른 그라운드를 가진 세상, 그 속에서 그리스도인으로 산다는 것

팀 켈러와 존 이나주

이 책의 중심 질문은 이것이다. "그리스도인들이 어떻게 하면 다른 믿음을 가진 사람들을 존중하면서도 복음적 확신을 유지하며 그들과 관계를 맺을 수 있는가?" 우리 두 사람은 지난 몇 년 간 서신 교환을 이어오다 이 책을 구상하게 되었다.[1] 우리는 모두 사람들이 어떻게 깊고, 고통스러운 차이를 뛰어넘어 공통점을 찾는지 탐구하고 있었다. 우리는 서로 다르다는 현실, 학자들이 말하는 '다원주의의 엄연한 현실[2]에 기독교적으로 대응하는 법을 배우고 싶었다. 다원주의라는 현실은 적어도 미국에서는 '나뉠 수 없는 한 나라'와 '보다 완벽한 연합' 추구라는 이상에 가려지는 경우가 많다. 그러나 일반적으로 우리의 실존을 규정하는 것은 일치보다는 차이와 불일치다. 미국인들은 오늘날 대다수 서구 국가 시민들과 마찬가지로, 자기 나라의 목적, 공동선의 본질, 인간 번영의 의미에 관해 좀처럼 합의점을 찾지 못한다. 이런 견해 차이는 우리가 생각하는 내용뿐 아니라 생각하고 세계를 보는 방식에도 영향을 미친다. 가장 중요한 문제들에 대한 깊고 절대 좁혀지지 않을 차이, 이것이 오늘날 다원주의의 현실이다.

다원주의를 이해하는 것은 곧 우리의 과거를 이해하는 일이다. 미국이 철저한 '기독교 국가'가 아니고 그런 적도 없었던 것은 다원주의라는 현실 때문이다. 백인 개신교 문화, 또는 일부 사람들이 말하는 유대·기독교 문화가 이 나라 건국의 아버지들에게 영향을 주었고 미국 역사의 상당한 기간 동안 중산층의 규범과 가치를 형성한 것은 분명하다. 이 공유된 문화 -종교 활동의 본질과 공공도덕에 대한 가정된 합의- 는 중요한 사회적 편익을 가져왔고, 그중에는 각종 기관들과 인프라의 건설 및 유지도 있었다. 오늘날의 자선 부문 -사립 대학 및 대학교, 병원, 사회 봉사 단체들- 의 절대다수는 개신교 (이후에는 가톨릭과 유대교) 공동체들에 뿌리를 두고 있다.

그러나 이 공유된 개신교 문화는 여러 심각한 불의를 인지하지 못했고, 때로는 오히려 불의가 오래 지속되게 만들었다. 개신교도들은 종교적 소수집단들이 종교의 자유를 요구하는 여러 주장에 종종 무관심했고 때로는 적대적이기까지 했다. 백인 개신교도들은 민권운동에 별로 참여하지 않았고, 일부 백인 개신교도들은 개인적, 구조적 인종차별에 관여하기까지 했으며 그런 인종차별은 오늘날에도 존재한다.[3] 개신교 문화는 사회적 법적 권력을 이용하여 인종, 종교, 젠더와 성에 관한 다양한 견해들을 억압했다.

개신교가 우세한 이런 문화 속에서 많은 그리스도인들은 이 땅에 우리를 위한 영구한 도성이 없고(히 13:14) 이 땅의 고관들을 의지해선 안 된다(시 146:3)는 성경의 조언을 망각했다. 여러 세대를 거치면서 일부 그리스도인들은 지상의 시민권에 따라붙는 과시적 요소들에 넘어가 그들의 일차적 충성의 대상에 대한 인식이 흐려졌다. 우리는 이웃을 사랑하라는 부름을 받지만, 우리의 진정한 시민권은 하늘에 있다(빌 3:20).[4]

최근 개신교 문화에서 당연시되던 합의가 약해졌는데, 그 부분적 원인은 종교적 (그리고 점차 비종교적) 믿음들의 차이에 대한 인식이 커진 데 있다. 그와 동시에 개인주의와 자율성을 향한 사회적 추세가 심화되고 빨라지면서 기업, 언론, 정부, 교회, 심지어 가족 같은 사회제도들에 대한 신뢰도 약화되었다. 하지만 개신교 문화가 쇠퇴하고 있는데도 그 뒤를 이을 문화는 등장하지 않았다. 복음주의, 로마 가톨릭, 세속주의도 이전에 당연시되던 합의를 대체하지 못했다.[5]

이런 상황을 배경으로 우리는 공동선(common good)에 합의하지 못하는 이 시대에 어떻게 하면 공통점(common ground)을 찾을 수 있는지 질문을 던졌다.[6] 우리는 그리스도인들이 겸손과 인내, 관용을 어떻게 구현할 수 있는지도 탐구하고자 했는데, 이 세 가지는 존 이나주가 그의 책 *Confident Pluralism*(확신 있는 다원주의)에서 제시한 시민 실천 사항이다.[7] 우리는 이 실천 사항들을 구현하는 일이 극심한 분열의 시대에 복음을 증거하는 일과 온전히 일치한다고 믿는다. 사실, 겸손과 인내와 관용은 복음이 들어올 자리를 마련할 뿐 아니라 각각 세 가지 기독교적 덕인 믿음, 소망, 사랑을 각각 가리킨다.[8]

첫 번째 실천사항인 겸손은 근본적 사안들에 관한 생각이 크게 다른 세상에서 그리스도인들과 비그리스도인들 모두 자신은 옳고 상대편은 틀린 이유를 늘 증명할 수 있는 것은 아님을 인식하는 태도다. 그리스도인들은 자신의 이성을 포함한 인간 이성의 한계를 인식하고 자신이 도덕적 행위와 선함이 아니라 믿음으로 구원받았음을 알기 때문에, 공공생활에서 겸손을 실천할 수 있다. 이 확신에 찬 믿음은 하나님과 우리 관계의 기반이 되지만, 이 믿음이 모든 문제에 대한 흔들림 없는 확실성을 제공하지는 않는다.[9]

인내는 경청하고 이해하고 질문하도록 권한다. 다른 사람들에게 인내심을 발휘한다고 해서 이념적 거리를 늘 넘어서지는 못할 수 있다. 우리를 갈라놓는 모든 어려운 사안들에 대해 의견 일치를 보지 못할 가능성이 높다. 그러나 주의 깊은 경청, 공감적 이해, 사려 깊은 질문의 도움을 받으면 우리를 묶어 주는 공통된 경험들과 우리를 갈라놓는 상이한 경험들을 인식하고 다른 이들에게 좀 더 가까이 갈 수 있을 것이다. 그리스도인들이 다른 이들에게 인내심을 발휘할 수 있는 것은 우리가 결말을 아는 이야기에 소망을 두기 때문이다.[10]

관용은 우리가 공유하지 않는 믿음과 실천을 실제로 참아내는 일이다. 관용하라는 말이 동의하지 않는 믿음을 수용하거나 그런 실천에 찬성하라는 뜻은 아니다. 사실, 동의하지 않는 믿음과 실천을 수용하라는 요구는 철학적으로 불가능하다. 중요한 문제에 대한 모든 사람의 견해에는 반대 견해가 있기 마련이다. 상이하고 양립할 수 없는 모든 믿음을 포용할 수 있는 사람은 없다. 그러나 우리는 사람과 생각을 분리하는 어려운 일, 즉 상대의 믿음이나 행동에 전적으로 찬성할 수 없음을 알면서도 하나님의 형상으로 창조된 그와의 관계를 추구하는 어려운 일을 감당할 수 있다. 그리스도인들이 다른 이들에게 관용을 보여 줄 수 있는 이유는 우리의 이웃 사랑이 하나님 사랑에서 흘러나오고, 우리의 하나님 사랑은 복음의 진리에 근거하기 때문이다.

겸손, 인내, 관용, 이 세 가지 실천 사항 모두 "사랑으로 진리를 말하는"(엡 4:15, 새번역) 공감의 원칙을 보여 준다. 남의 입장에서 생각하려면 겸손이 필요하고, 그렇게 할 추진력을 얻으려면 소망에 뿌리내린 인내와 사랑에 근거한 관용이 필요하다. 남의 입장에서 생각하기는 점점 더 어려워지고 있는데, 셰리 터클(Sherry Turkle)이 주장한

대로 소셜미디어를 위시한 여러 기술 때문에 우리의 공감 능력이 현저히 약화되고 있기 때문이다.[11] 정말이지 우리는 견해와 믿는 바가 다른 이들에게 공감하고 그들을 이해하고 그들과 대면하여 말하는 능력이 크게 줄어들었음을 경험했다.

우리 문화가 차이가 큰 사람을 상대로 공감하며 확신 있게 말할 수 있는 이들을 만들어 낼 수 없다면, 교회가 신학적 영적 자원을 활용하여 그런 이들을 배출하는 일은 더욱 중요해진다. 그리스도인의 소명은 모든 생각과 행동에 믿음, 소망, 사랑의 특징이 깃들고 세상에서 겸손과 인내, 관용을 발휘하며 말하고 행동하는 사람으로 다듬어지고 또 다듬어지는 일이다.

사실, 그리스도의 사랑에 우리 마음이 움직이게 되면 단순히 참는 것보다 훨씬 많은 일을 할 수 있다. 다른 믿음을 가진 친구들과의 관계를 생각해 보라. 우리는 그들을 그냥 참기만 하는 것이 아니라 그들과 함께 웃고 울고 기뻐하고 슬퍼한다. 우리는 그들과 같은 장소에서 공존하는 데 머물지 않고 그들 앞에서 개인적으로 취약해지는 상황을 감수한다. 그러면 우리를 공공연히 거부하거나 심지어 적대하는 사람들에게는 어떻게 해야 할까? 이 경우도 다를 게 없다. 예수님은 우리에게 원수를 참으라고 말씀하시지 않는다. 원수를 사랑하라고 하신다. 하나님께 감사하게도, 예수님은 우리를 그냥 참아 주시는 것이 아니다. 차이를 넘어 우리를 용납하시고 반겨 품에 안으신다.

이 책의 구조

우리 두 사람은 차이가 존재하는 세계에서 그리스도인들이 어떻게 살 수 있고 살아야 하는지에 관해 많은 시간을 들여 글을 쓰고 강연하고 숙고했다. 그러나 우리는 일련의 처방을 나열하기보다 이야기를 들려주기로 결정했다. 우리의 이야기와 오래된 친구, 새로 사귄 친구들의 이야기를 말이다. 이야기를 선택한 것은 서사는 일종의 잉여적 의미를 전달하여 일목요연한 명제들로는 결코 이룰 수 없는 방식으로 우리의 이해를 밝히고 풍요롭게 한다는 것을 아는 까닭이었다. 작가 플래너리 오코너(Flannery O'Connor)는 그것을 이렇게 표현했다. "이야기는 다른 방식으로는 말할 수 없는 내용을 말하는 방법이다. 이야기의 의미를 전달하려면 그 안의 모든 단어가 필요하다. 진술로는 부족할 것이기에 이야기를 들려주는 것이다."[12]

이야기를 통해 자신을 계시하신 하나님은 인간을 이야기와 이야기 속 뉘앙스 및 복잡함을 통해 가장 잘 배우는 존재로 창조하셨다. 이 책에서 독자는 우리가 친구, 직장 동료, 이웃과 관계할 때 맡게 되는 역할들을 수행하는 사람들의 이야기를 듣게 될 것이다. 이런 방식이 독자를 격려하고 각자의 상황에 대비할 수 있게 하기를 바란다.

1부에서는 우리와 다른 사람들의 관계를 '생각하도록' 돕는 역할들에 대해 탐구한다. 크리스틴 디디 존슨(Kristen Deede Johnson)이 신학자가 기여하는 바를 숙고하고, 팀 켈러가 목회자의 역할을 검토한다. 톰 린(Tom Lin)과 루디 카라스코(Rudy Carrasco)는 그리스도인이 취할 수 있는 두 가지 다른 자세, 모험가와 기업가의 자세를 제시한다. 2부에서는 점점 더 다원적이 되는 사회에서 우리가 이웃과 '소통하는 방식'에 대해 살펴본다. 티쉬 해리슨 워런(Tish Harrison Warren)은 먼저 작가의 역할을 숙고하는데, 작가는 우리와 다른 사람들을 연결시키고 우리가 사는 세상에 영향을 준다. 이어지는 장에서는 사라 그로브즈(Sara Groves), 레크래(Lecrae), 존 이나주가 작곡, 스토리텔링, 번역을 통해 다른 사람들과 소통하는 이야기를 나눈다. 끝으로 3부에서는 다른 사람들과 우리의 관계를 '구현하는' 방식을 살핀다. 여기서 셜리 혹스트라(Shirley Hoogstra)와 워런 킹혼(Warren Kinghorn)이 다리 놓기와 의료 활동에 대해 숙고한다. 트릴리아 뉴벨(Trillia Newbell)과 클로드 알렉산더 2세(Claude Alexander Jr.)는 화해자와 평화를 이루는 자의 역할을 숙고하면서 책을 마무리한다.

이 책에서 우리는 서로를 갈라놓는 여러 이슈들을 보게 될 것인데, 그중에서도 인종이 가장 두드러진 사안이다. 이것은 이 책에 기고한 사람들이 이 주제를 부각시킨 결과이기도 하다. 그러나 무엇보다도 저자들은 다양한 기독교 청중을 대상으로 강연하고 글을 쓰면서 인종과 관련된 문제만큼 많은 논쟁을 불러일으키고 더 깊은 이해가 필요한 사안이 없다는 사실을 깨닫게 되었다. 뿐만 아니라, 우리는 사회 분열의 이슈 중 교회와 사회에 인종 문제만큼 큰 의미를 지닌 사안은 드물다고 생각한다. 그리스도인들이 자신과 주변 사회를 가르는 인종 문제를 보다 정직하게 대면하지 않고는 이 다원주의 사회에서 전진할 길을 찾지 못할 가능성이 높다.

이 책의 각 장은 그리스도의 몸의 다양한 부분들을 묘사한다. 그러나 그 장들은 하나님이 그 역할들을 각각 맡으심으로 우리와 관계하신다는 사실도 떠올리게 해 준다. 하나님은 신학자, 목회자, 모험가, 기업가, 작가, 송라이터, 스토리텔러, 번역자, 다리 놓는 사람, 의료인, 화해자, 평화를 이루는 자가 되어 자신을 인류에게 알리신다.

이 책의 열두 기고자들은 세인트루이스에서 직접 만나는 것으로 공동 작업을 했다. 우리가 내고 싶었던 작품은 각자의 기고문이 담긴 동시에 함께 일하고 서로에게서 배우는 유익이 반영된 책이었다. 우리는 테이블에 둘러앉아 이야기를 나누면서 공통의 갈망과 열정을 발견했고, 다들 개인적 삶과 다른 이들과의 관계에서 여러 방식으로 상실과 고통, 고립을 경험했음을 알게 되었다. 모두들 이따금씩 자신이 어울리지 않는 곳에 있다고 느꼈다. 그리스도인으로서 세상에 참여할 때 뿐 아니라 동료 신자들과 함께 기독교 공동체 안에 있을 때도 그렇게 느꼈다. 독자도 비슷한 경험이 있을 것이다.

또 우리는 서로의 이야기를 들으며 하나님이 다른 사람들을 사용하여 다양한 방식으로 우리를 지금의 모습으로 만드셨음을 알게 되었다. 이 책의 각 장은 개인들이 썼지만, 이들은 하나님의 형상을 지닌 다른 사람들 즉 부모, 친구, 형제, 고등학교 영어 교사, 욜란다

(Yolanda), 빌(Bill) 할아버지, 이부(Eboo), 마시(Marcy), 바트카(Batka)와의 관계를 통해 형성되었다. 차이가 존재하는 세계에서 신실하게 사는 법을 고민하던 우리는 하나님이 우리가 홀로 애쓰도록 내버려두시지 않는다는 것을 깨닫게 되었다.

끝으로, 우리는 우리가 확신하는 대상을 떠올렸다. 성경은 믿음이 우리가 바라는 것을 확신함이요 우리가 보지 못하는 것을 확실히 아는 것이라고 말한다(히 11:1). 그리스도인인 우리의 소망은 예수 그리스도의 죽음과 부활에 있다. 우리는 그 소망의 보증과 그 보이지 않는 실재의 확실성에 인생을 건다. 우리는 그런 자세로 이 책을 펴낸다. 이 책은 우리가 마주하는 세상에 참여하되, 숨 막히는 불안이 아니라 확신에 찬 소망을 가지고 참여하라는 부름이다. 그렇게 하면 쉬운 길이 펼쳐질 거라든지 우리 앞에 늘 기뻐할 일만 가득할 거라는 뜻은 아니다. 우리는 낯설고 불안하고 불경건한 많은 상황을 접하게 될 것이다. 그러나 그중에는 좋은 일들도 있을 것이다.

세상에 참여하면 낯선 관계를 맺고 위험한 장소에 들어서게 된다. 대가를 치러야 할 수도 있고 아마 그럴 것이다. 그러나 우리는 예수님을 바라본다. 예수님은 편안함을 포기하는 정도가 아니라 자기 목숨을 대가로 지불해야 함을 확실하고 분명하게 아시면서도 세상에 참여하셨다. "그가 죄인의 집에 묵으려고 들어갔다"(눅 19:7, 새번역). 예수님이 삭개오의 집으로 가셨을 때 사람들은 불평하며 위협적으로 굴었지만 예수님은 그 걸음을 멈추지 않으셨다. 예수님이 사마리아 여인을 만나셨을 때 사도 요한은 "유대인이 사마리아인과 상종하지 아니[한대]"는 점을 강조했지만(요 4:9), 예수님은 개의치 않고 우물가의 여인과 대화를 나누셨다. 예수님은 십자가에 달린 강도에게 "오늘 네가 나와 함께 낙원에 있으리라"고 말씀하시고 죽으셨다(눅 23:43). 우리는 복음에 대한 확신과 우리 믿음의 창시자요 그 믿음을 온전케 하시는 예수님에 대한 확신에 힘입어 차이가 존재하는 세상에서 예수님이 사셨던 것처럼 살기를 힘쓴다.

신학자

목회자

모험가

기업가

작가

송라이터

스토리텔러

번역자

의료인

화해자

Part 1

어떻게
차이를 넘어

세상에 손을
내밀까

신학자
크리스틴 디디 존슨(Kristen Deede Johnson)

하나님 나라의
시민으로서
세상을 생각하며

나는 워싱턴 D. C. 부근에서 정치에 둘러싸여 자랐다. 친구 아버지가 주정부 공직에 출마했을 때 선거를 도왔고, 우리의 친절한 카운티 장학관이 미연방 하원의원이 되는 것을 지켜보았고, '미국 정부' 수업 시간에 새로운 통찰들을 배웠다. 그리스도인이 되어 "하나님은 당신이 인생에서 무엇을 하기 원하실까?" 같은 질문들을 접하기 시작했을 때는, 정치가 답일 수도 있겠다는 생각이 들었다. 그래서 대학교 1학년을 마친 여름에 수천 명의 또래들과 함께 '워싱턴 지배층 내부' 세계를 탐험하기 위해 워싱턴으로 향했다.

그 여름, 나는 내 기독교적 신념과 정치적 신념이 제대로 통합되지 않음을 깨달았다. 그래서 그리스도 안에 있는 내 삶이 정치와 교회에서의 공동체 생활에 대한 나의 생각에 어떤 영향을 주는지 살펴보기 시작했다. 당시에는 전혀 몰랐지만 나는 이런 질문들에 이끌려 신학자로서의 소명을 확신하게 되었고, 하나님의 구속사 및 우리가 그리스도 안에서 발견하는 정체성과 소망이라는 큰 이야기를 고려할 때 정치적 현실에 어떻게 참여해야 하는지 신학적으로 숙고하게 되었다.

나는 신앙과 정치의 연관성을 탐구하면서 그해 여름에 미국 의회에서 경험한 일을 이해해 보려고 노력했다. 의회 내 여러 인턴 행사에 참여하면서 여러 다른 상황에서 경험했던 것과는 상당히 다른 분위기를 느꼈다. 분노, 불안, 두려움, 적극적 반대 앞에서 궁지에 몰린 느낌, 자신의 편을 더 만들려는 의지였다. 당혹감과 우려를 느끼며 학업을 위해 버지니아대학교로 복귀했고, 이후 사회학 및 종교를 가르치는 제임스 데이비슨 헌터 교수를 알게 되었다. 헌터 교수와 소통하고 그의 1992년 책 *Culture Wars*(문화전쟁)을 읽으면서 여름의 경험을 이해하고 신앙 및 정치와 관련된 질문들을 좀 더 깊이 탐구할 방법들을 발견했다.

헌터 교수는 1980년대 말과 1990년대 초의 정치적 충돌 아래에 서로 다른 의미 체계 및 도덕적 권위 체계들의 대립이 놓여 있었음을 알아보도록 도와주었다. 표면적으로는 가족의 의미부터 예술의 본질에 이르기까지 모든 것에 대한 상반된 정치적 신념들이 있었지만, 그 근저에는 실재의 본질, 진리, 인간됨의 의미에 대한 경쟁 관계의 양립할 수 없는 개념들이 놓여 있었다. 판을 움직이는 더 깊은 이 층위를 정치적 행위 주체들이 늘 인식하지는 않았다. 하지만 이 역학 관계는 과거의 도덕, 진리, 생활방식을 '보존'하기 원했던 이들(보수주의자들)과 도덕, 진리, 생활방식이 시대 및 지식의 변화와 더불어 '진보'하기를 원했던 이들(진보주의자들)의 충돌 이면에 자리 잡고 있었다. 이 두 집단은 종종 미국의 미래가 걸린 전쟁이라도 벌이는 것처럼 행동했다.

헌터가 펼친 주장의 핵심은 엘리트 제도 정치의 수준에서는 (이를테면 의회 및 그와 연결된 비영리 단체와 로비 단체들 안에서는) 갈등의 이 층위가 분명히 드러나지만, 문화 전반에 걸쳐서는 그렇지 않다는 것이었다. 헌터의 연구 결과는 외부자인 내가 의회의 여러 행사에서 전쟁 같은 언어와 분위기를 경험하면서 왜 그렇게 불편했는지 이해하는데 도움이 되었다. 하지만 이제는 상황이 달라졌다. 헌터가 엘리트 집단 수준에서 진단했던 충돌은 이제 우리 주변에서도 점점 더 분명하게 모습을 드러내고 있다. 이 충돌이 정치의 특정한 분야에만 한정된다고 생각할 수 없다. 이 충돌은 우리의 소셜미디어 피드, 가족 관계, 공동체 안에서의 상호작용에 두루 퍼져있다.

이 문화적 충돌이 확대되기 전에도 나는 정치풍토의 본질에 대해 계속 배워가면서 시민사회의 붕괴에 관하여 읽고 문화를 형성하는 지적 흐름을 탐구했는데, 그 과정에서 미국의 미래를 더욱 염려하게 되었다. 우리 사회 한복판에 있는 다원주의와 극심한 분열을 헤치고 미국의 실험을 이어나가는 데 필요한 지적, 도덕적 자원이 과연 우리에게 있는지 의아해졌다. 나는 이런 관심에 이끌려 대학원에 진학했고 신학자가 되었다.

내가 신학을 공부하게 된 또 다른 이유는 제자도를 향한 열정이었다. 나의 신앙은 제자로서 예수님을 따르는 일을 크게 강조했던 청년 그룹을 통해 활기를 얻은 터였다. 우리는 제자훈련 모임을 열었고 제자훈련 여행을 떠났으며 제자로 살고 다른 이들을 제자 삼는 일의 의미를 더 알고자 예수님과 제자들의 삶을 공부했다. 하지만 얼마 지나지 않아 특정한 시간과 장소에서 예수님을 따르는 일이 어떤 모양으로 나타나는지 아는 일이 쉽지 않을 때가 있음을 인식하게 되었다. 또, 헌터 교수의 연구 조교로 일하면서 문화와 그것이 가진 형성력에 관해 더 알게 된 후 우리 시대의 지적, 문화적 정치적 현실 안에서 신실한 제자가 된다는 것이 무엇을 의미하는지 더 많은 질문들을 갖게 되었다.

신앙, 정치, 문화, 제자도에 대한 이런 질문들에 깊이 영향을 받았고 이를 통해 신학자로서의 소명을 확인했다. 신앙이 우리의 정치적 사고와 미국의 실험의 향후 전망, 미국 기독교 내의 제자도에 어떤 영향을 끼치는지에 대해 생각하고 관심을 가지면서 나는 신학자로서의 첫발을 내디뎠다. 그러나 신학자가 된다는 것의 의미를 더 알게 되면서는 이런 관심사들을 점차 소망이라는 큰 신학적 틀 안에서 보게 되었다. 이것은 내 주변의 문제들이 사라져서가 아니라, 현재의 다원주의적 상황과 제자인 우리의 소명을 신학적 렌즈를 통해 볼 수 있게 되었기 때문이다.

과거로부터
배우다

그 여정에서 내 신학적 안내자는 히포(Hippo)의 어거스틴(Augustine)였다. 어거스틴의 글을 읽으며 수백 년 전에 살았던 그도 신실함과 다원주의의 문제로 씨름했음을 알게 되었다. 문화의 변화가 그 어느 때보다 빠르고 크게 보이는 이 시대에 기독교와 정치의 관계를 이해하려고 노력하는 과정에서 어거스틴도 문화적 정치적 격변기를 살았음을 알게 되었다. 그런 변화가 그리스도인들과 세계 전반에 어떤 의미인지 그가 씨름하면서 남긴 지혜와 시각은 내게 큰 격려가 되었다. 어거스틴은 내가 워싱턴에서 겪은 긴장과 불안이 문화적 변화에 대한 이해할 만한 반응이었음을 깨닫는 데 도움을 주었다. 그와 동시에 그는 우리가 엄청난 정치적 문화적 격동기를 거치며 살아남은 오랜 신앙 전통의 일부라는 사실을 확인시켜 주었다. 우리 신앙은 하나의 정치 체계가 아니라 그리스도께 근거하고 있기 때문이다.

어거스틴은 다양한 종교적 신념과 종교적 실천에 둘러싸여 있었는데, 그중 상당수는 그가 기독교로 회심하기 전인 기원후 386년에 탐구한 것들이었다. 더욱이 그는 정치적으로 혼란스러운 시기에 살았다. 영원할 것만 같았던 로마가 충격적인 사태로 인해 410년에 정복되었다.

로마는 로마제국 안에서 영적 상징성을 가진 도시였고 기독교를 용인하고 받아들인 첫 번째 정치체제였다. 로마는 서구 기독교가 형성되는 데 큰 역할을 했으며 많은 그리스도인들의 고향이기도 했다. 그런 도시가 패배하고 정복자들의 수중에서 고통을 받게 되자 그리스도인뿐만 아니라 비그리스도인들도 매우 혼란스러웠다. 많은 이들이 로마의 종말을 기독교의 탓으로 돌렸고, 그리스도인들은 이런 정치적 격변의 때에 신실하게 살아갈 방법을 알고자

했다.

그리스도인들이 이런 뜻밖의 정치적 현실을 이해하도록 돕기 위해 어거스틴은 그리스도 재림 이전의 이 시대는 우리가 두 도성에 속한다고 성경을 활용하여 주장했다. 하나는 천상의 도성인데, 그리스도께서 이곳의 왕이시고 그분을 따르는 자들이 시민이다(빌 3:20, 엡 2:19을 보라). 이 도성으로 말미암아 그리스도의 구원 사역이 가능하다. 그분은 우리의 사랑을 구속(救贖)하시고 사랑의 순서를 재조정하셔서 우리가 하나님을 사랑하고 다른 이들을 사랑으로 섬길 수 있게 하신다. 다른 하나는 지상의 도성으로, 하나님의 사랑이 아니라 권력욕과 지배욕을 특징으로 한다. 이 도성은 죄의 결과물이다. 사람들이 자신의 유익만을 구하고 사랑하고 섬기는 대신 지배하는 데 힘을 쏟는 모습에서 이 사실이 계속해서 분명하게 드러난다.

그리스도인이 충성을 바칠 대상은 지금 살고 있는 지상의 도성이 아니라 천상의 도성이다. 지상의 도성에서 우리는 결코 온전한 편안함을 느끼지 못하는 순례자들이다. 우리의 궁극적 목적지는 천상의 도성이기 때문이다. 우리는 이 세상에서 편안함을 얻기를 기대해서는 안 되고, 우리가 속한 지상의 도성이 하나님의 사랑을 고스란히 실현해 주는 곳이기를 기대해서도 안 된다. 우리는 지상의 도성이 아니라 그리스도께 소망을 두어야 한다. 그리스도가 지상의 모든 실재들 안에서 거하시고 그 모두를 다스리시며 다시 오셔서 그분의 나라가 온전히 임하게 하실 것이다.

어거스틴의 시각은 우리가 지상의 어떤 정치 체계에도 전적인 소망을 두지 않게 하고 왕이신 그리스도 안에 우리 소망의 가장 굳건한 토대가 있음을 상기시킨다. 이 소망이 있기에 우리는 지상 도성의 시민권밖에 모르는 이들처럼 현시대와 제도, 그 축복에 연연하지 않아도 된다. 하나님의 구속 사역이 특정한 정치적 상황보다 크다는 것을 신뢰하면 복잡한 정치적 혼란 가운데서도 불안해하지 않고 살 수 있다.

어거스틴은 다양한 정치적 상황 속에서도 그리스도인들이 하나님 나라 백성으로 신실하게 살 수 있다고 확신했다. 그리스도인들은 자신이 속한 사회의 법, 관습, 제도를 따라야 한다. 물론 그 법, 관습, 제도가 하나님을 예배하는 것을 막는다면 따를 수 없다. 어거스틴의 견해에 따르면, 하나의 특정 정치 질서의 성공을 보장하는 것은 그리스도인의 의무가 아니다. 정치체계는 바뀌겠지만, 우리가 가진 하나님 나라 시민권은 그대로 남는다.

하지만 우리의 시민권을 이런 큰 그림으로 이해한다 해도, 우리는 여전히 지상의 도성에 참여하도록 부름 받은 자들이다. 지상의 도성은 특정한 선을 이룰 수 있고, 순례자인 우리는 그 선에 기여할 수 있으며 기여해야 한다. 물론 그러면서도 그 선들이 우리가 창조되고 구속받은 목적에 해당하는 궁극적 선이 아님을 인식해야 한다. 지상의 도성에는 그리스도 안에서 그리스도를 통해서만 얻을 수 있는 평화가 없을 것이다.

그러나 우리는 지상의 도성 시민들과 지상의 평화를 향한 갈망을 공유한다. 우리는 그들과 힘을 합쳐 지금 여기서 지상의 평화를 추구할 수 있다. 이 대목에서 어거스틴은 바벨론 유배자들에게 그들이 살았던 도성의 평화와 번영을 구하라고 했던 예레미야의 조언(렘 29:7)을 반복한다.

지금 돌이켜보면, 내가 어거스틴의 신학에 끌렸던 이유를 보다 분명히 알 수 있다. 물론 그의 신학이 우리가 오늘날의 교회와 사회에서 직면한 문제들에 일괄적으로 적용될 수 있다고 믿었던 것은 아니다. 그러나 어거스틴이 당대의 문제로 씨름한 결과물은 이 시대를 살아가는 우리에게 유익할 수 있는 성경적·신학적 개념들을 제공했다. 나에게 특히 유용했던 어거스틴 시각의 몇 가지 측면을 아래에 소개한다.

- 그리스도인들은 각자가 속한 사회에 기여하도록 부름을 받았다.
- 그 부름에 응할 때, 그리스도인들의 유익만 구할 것이 아니라 모든 시민과 공유하는 선에 기여해야 한다.
- 이 지상의 도성이 천상의 도성이 아니라는 것과 그리스도께서 다시 오시기 전까지 천상의 도성이 되는 일은 결코 없을 것임을 기억해야 한다.
- 두 도성의 차이를 기억하고 있으면 지상의 도성에서 이룰 수

있는 일에 과도한 기대를 품지 않게 된다. 지상의 도성은 언제나 지배욕과 권력욕으로 얼룩질 것이다.

- 그 지배욕과 권력욕이 어디서 나타나든지, 심지어 그리스도 인들 사이에서 나타나더라도 분별할 수 있어야 한다.
- 우리의 소망은 지금 이곳에서 이룰 수 있는 일이 아니라 왕이 신 그리스도께 있다. 그분은 만유의 주님이시다. 그분은 지금 여기서 통치하시고, 다시 오셔서 우리가 갈망하는 온전한 평화와 정의를 가져다주실 것이다.

정치적 격동기를 헤쳐 나가는 일은 어렵다. 많은 의문, 불평, 불안이 생겨나기 때문이다. 그러나 주님께 소망을 두는 우리는 정치적 상황이 계속 변해도 왕이신 그리스도께서 여전히 통치하신다는 사실을 기억하며 변화의 시기를 헤쳐 나갈 수 있다.

진짜 부르심을 깨닫자
신앙이 변하다

어거스틴은 내 신앙이 대단히 개인주의적인 것이었음을 깨닫게 했다. 그는 자신을 하나님 가족의 일원으로 인식하지 않는 그리스도인을 상상하기 어려웠을 것이다. 그리고 나는 신약성경을 더 자세히 보며, 그리스도를 통해 얻게 되는 하나님 나라의 시민권이라는 성경의 주제가 똑같이 중요한 성경의 다른 주제와 연결된다는 점을 알게 되었다. 곧, 우리가 하나님의 가족으로 입양되어 하나님 집안의 일원이 된다는 주제이다(엡 2:19, 롬 8:15-17).

나는 그리스도인이 되고도 몇 년 동안이나 이 중요한 신학적 진리를 제대로 이해하지 못했다. 개인 구원에 집중했던 초창기 신앙 공동체의 도움으로 나에게 베푸시는 하나님의 구원하시는 사랑을 만날 수 있었다. 그러나 나와 같은 세대의 많은 그리스도인들의 경우처럼, 내가 처음 접한 신앙은 그리스도를 알게 된 순간 하나님의 가족이 된다는 사실을 강조하지 않았다. 한참 지나서야 나는 하나님 사랑이 내가 상상했던 것보다 훨씬 더 큰 가족 안으로 나를 초대한다는 사실을 알게 되었다.

그 결과, 내가 늘 개인적 책임으로 받아들였던 제자화에 대한 예수님 가르침의 여러 측면을 집단적 부르심으로 받아들이면 그 내용을 더 충실하게 이해할 수 있음을 깨닫게 되었다. 이것은 내가 제자화에 개인적 책임이 없다는 뜻이 아니라, 모든 것이 내 어깨에 달려 있다고 생각할 필요가 더 이상 없다는 뜻이었다.

제자로 살아가는 일과 관련해서든, 다른 사람들을 제자로 삼는 것과 관련해서든, 세상에서 하나님 나라를 구하는 것과 관련해서든, 이전의 나는 "세월을 아끼라"(엡 5:16)라는 바울의 권고를 내가 모든 일을 다 해야 한다는 의미로 이해했었다. 이것은 감당하기 힘든 버거운 짐이었다. 공적 영역과 미국 기독교 안에서 눈에 들어왔던 온 갖 과제들을 생각하면 특히 그러했다. 이런 부담은 자신의 멍에는 쉽고 자신의 짐은 가볍다고 하신 예수님의 가르침(마 11:30)과도 맞지 않았다. 그리스도를 따르라는 부름이 다른 이들과 공동체를 이루어 그분을 따르라는 부름인 것을 알았을 때 나의 신앙은 변화되었다.

내 신앙에 변화를 안겨 준 또 다른 깨달음은 그리스도가 이 세상에 여전히 계시며 통치하신다는 사실을 이해하게 된 것이었다. 예수 그리스도께서는 2천 년 전에 우리 죄를 위해 죽으셨을 뿐 아니라 부활 승천하여 지금도 여전히 사역하신다. 성경은 예수님이 "항상 살아 계셔서 그들을 위하여 간구하"(히 7:25)시고 "하늘에서 지극히 크신 이의 보좌 우편에 앉으셨"(히 8:1)다고 말한다. 예수님이 계시록에서 선포하신 바와 같다. "나는 … 살아 있는 자라 내가 전에 죽었었노라 볼지어다 이제 세세토록 살아 있[노라]"(계 1:17-18).

여기서 현재 시제들이 중요하다. 이 현재 시제들은 예수님이 이 세상에서 지속적으로 역할을 맡고 계심을 보여 준다. 예수 그리스도를 선지자, 제사장, 왕으로 보는 고전적 범주가 도움이 된다. 그리스도께서는 여전히 선지자로(성경 안에서 우리에게 맡겨진 그분의 생애와 가르침에 대한 증거를 통해), 제사장으로(십자가에서의 희생과 우리와 하나님 사이에서 지속하시는 그분의 중보를 통하여), 왕으로(죄와 악을 정복하심과 성부의 우편에서 영원히 다스리심을 통하여) 일하신다.

성령님이 알리시고 성령에 힘입은 예수 그리스도의 사역이 지속된다는 것은 다른 사람들을 구원하거나 세상을 구원하는 일이 우리에게 달려 있지 않음을 말해 준다. 우리는 그리스도 안에서 하나님 사랑을 증언하고 세상을 향한 하나님 나라의 비전을 추구한다. 그리고 그 모든 과정에서 성령을 통해 활동하심을 굳게 믿는다. 하나님은 사람을 부르시고 의롭다 하시고 거룩하게 하시는 주체다. 하나님은 그분의 나라를 불러오실 주체다.

달리 말하면, 우리는 위기를 극복하거나 문화를 구원할 영웅으로 부름받지 않았다.[1] 이 내용은 레크래(Lecrae)가 다룬 이 책 7장의 핵심 통찰 중 하나다. 우리의 이야기는 그리스도와 성령 안에서 하나님의 은혜로 구별된 하나님 자녀로 사는 이야기다. 이를 알면 제자로서의 자세가 완전히 달라진다. 다른 사람들의 영혼도 우리 사회 여러 제도의 상태도 궁극적으로 우리 손에 있지 않다. 우리의 성도됨, 즉 하나님의 제자라는 지위도 행위와 노력에 달려 있지 않다. 우리는 이미 하나님의 사랑받는 거룩한 자녀들이다(롬 1:7, 고전 1:2, 갈 4:4-7). 우리가 하나님 나라를 먼저 구하는 것은 우리 공로로 하나님 가족의 일원이 되기 위해서가 아니라, 이미 양자되어 하나님의 가족으로 받아들여졌기 때문이다.

이것은 우리의 소명이 가족 단위의 소명임을 의미한다. 이 세상에서 예수님의 제자로 살고 하나님 뜻을 구하라는 부름을 받들 때, 함께 부름받은 하나님 가족의 일원으로 성령의 힘 주심을 따라 그 부름을 함께 감당한다(샘 웰스가 상기시키는 대로, 신약성경에서 '성도'는 언제나 복수형이다).[2] 이것은 적극적인 부름이지만 버거운 부름은 아니다. 우리는 혼자가 아니고 변화의 개별적 주체도 아니다. 내가 지역 사회의 현실에 참여하고자 할 때, 눈에 보이는 모든 문제를 혼자 감당해야 하는 것이 아님을 이제는 안다. 나는 그리스도인들이라는 대가족의 일원이다. 내 가족의 여러 구성원은 도시의 평화를 추구할 수 있도록 다양한 방식으로 준비되어 있다. 가족의 가장이신 하나님께서 만물을 새롭게 하는 일을 적극적으로 하고 계신다.

서로 다른 사람들이
공통점을 찾으려 애쓰다

요즘 우리 가족은 그리스도의 이름을 듣는 이들에게 그리 좋은 인상을 주지 못한다. 내가 젊은 시절 정치권에서 접했던 고통스러운 분열은 더 심화되고 고착화되었다. 진리 이해 방식, 삶의 우선순위, 가족 구성 방식에 대한 지향점이 전혀 다른 사람들이 공통점을 찾기 위해 애쓰고 있다. 이런 문화 전쟁 한복판에서 많은 그리스도인들이 정치를 통해 이룰 수 있는 일들에 비현실적 희망을 품었다.

제임스 데이비슨 헌터(James Davison Hunter)가 주장한 대로, 20세기 후반의 그리스도인들은 문화를 변화시킬 최선의 방법으로 정치에 초점을 맞추었고 그 목표를 위해 많은 시간과 에너지와 돈을 썼다.[3] 하지만 그들이 생각했던 방식으로 문화의 변화가 이루어지지 않았다. 그들은 너무나 자주 정치에 우선권을 부여했고 사람들의 삶을 형성하는 문화적 기관들과 그 기관들에 참여하는 그리스도인들의 일상적 소명을 소홀히 했다.

정치 참여에 집중했던 이들 중 상당수는 그 과정에서 정치 제도와 정치의 역학에 인식한 것보다 더 많은 영향을 받았다. 의도와 동기가 아무리 좋아도 지상의 도성에서의 권력욕은 피하기 어렵다. 선의가 넘치는 그리스도인들조차도 정치 참여의 특징을 놓고 보면 비그리스도인 정치가들과 구분하기 어려웠다.[4]

우리가 참으로 하나님의 사랑받는 자녀이고 하나님께 부름받은 성도라면 이렇게 물어볼 필요가 있다. "신약성경은 하나님의 가족에게 어떤 행동이 어울린다고 묘사할까?" 고린도전서 13장으로 시작해 보자. 이 구절은 정치학자 에이미 블랙(Amy Black)이 조언한 대로, 삶의 다른 어떤 영역만큼이나 정치에도 적용된다.[5] 바울은 그리스도인들이 사랑이 많은 사람으로 알려져야 한다고 말하면서 그 사랑의 특징을 이렇게 소개했다.

사랑은 오래 참고 사랑은 온유하며 시기하지 아니하며 사랑은 자랑하지 아니하며 교만하지 아니하며 무례히 행하지 아니하며 자기의 유익을 구하지 아니하며 성내지 아니하며 악한 것을 생각하지 아니하며 불의를 기뻐하지 아니하며 진리와 함께 기뻐하고 모든 것을 참으며 모든 것을 믿으며 모든 것을 바라며 모든 것을 견디느니라(고전 13:4-7).

갈라디아서는 또 다른 그림을 보여 준다. 거기서 바울은 육신을 따라 사는 사람들이 "원수맺음과 다툼과 시기와 분냄과 분쟁과 분열과 파당"을 특징으로 하는 반면, 하나님의 자녀들은 "사랑과 기쁨과 화평과 인내와 친절과 선함과 신실과 온유와 절제"(5:20, 22-23, 새번역) 같은 성령의 열매를 맺게 된다고 말한다.

이와 비슷하게 베드로는 거룩하게 사는 것의 의미에 대해 쓰고, 하나님의 '거룩한 나라'이자 이 세상의 '거류민과 나그네'인 그리스도인들이 '육체의 정욕을 제어하'고 더 나아가 '이방인 중에서 행실을 선하게 가져'서 "너희를 악행한다고 비방하는 자들로 하여금 너희 선한 일을 보고 [하나님이] 오시는 날에 하나님께 영광을 돌리게"(벧전 2:9, 11, 12) 하라고 권했다.

이런 구절들은 어려운 문제들을 다루는 일, 남들과 다른 우리의 신념을 드러내는 일, 힘든 정치에 참여하는 일을 막지 않는다. 다만 그런 일을 할 때 그리스도인이 어떤 특성을 드러내는지 주의해야 함을 시사한다. 이 구절들은 하나님의 백성인 우리는 분개, 분노, 증오, 오만, 무례함이 가득한 사람으로 알려져서는 안 된다는 점을 분명히 한다. 하나님의 가족에게는 선행, 인내, 친절, 관대함, 믿음, 소망, 사랑 같은 것들이 어울린다.

그리스도인들이 행실을 선하게 갖는다는 것은 어떤 모습일까? 정치적으로 분열된 우리 문화에서는 확신 있는 다원주의를 촉구하는 존의 호소가 베드로의 권고를 실천할 방법이 될 것 같다. 우리는 하나님의 은혜로 인내할 수 있다. 여러 다양한 정치적 현실 속에서도 그리스도께서 과거, 현재, 미래도 우리 주님이심을 아는 장기적인 관점을 갖고 있기 때문이다. 우리는 겸손할 수 있다. 우리가 하나님 가족의 일원이고 그리스도 안에서 베푸신 하나님의 은혜와 사랑에 온전히 의존하는 존재임을 알기 때문이다.

그 은혜와 사랑은 다른 사람들을 사랑하는 힘이 된다. 그리고 우리는 의견이 전혀 다른 사람들에게 관용을 베풀 수 있다. 우리가 그리스도 안에서 받은 사랑은 자기 방식을 고집하지 않고 모든 것을 또렷하고 온전히 보게 될 날을 기다리며 참고 견디게 하기 때문이다.

이 여정을 보여 주는
성경의 세 가지 이미지

다원주의, 분열, 변화를 특징으로 하는 정치적 문화적 순간에 그리스도인으로서 사람들과 함께하는 일에 대해 신학적으로 생각해 볼 수 있는 방법은 많다. 그중 나는 신학적 사고를 진행하면서 세 가지 특정한 성경의 이미지로 거듭거듭 돌아가게 되었다. 바로 자녀, 유배, 나무의 이미지다.

하나님의 입양된 자녀로 살아갈 때 우리는 그분의 은혜 안에 거하게 된다. 이는 우리의 정체성이 각 사람이 가진 정치적 입장이 아니라, 그리스도 안에 있다는 것을 깨닫게 한다. 우리는 하나님 나라를 먼저 구해야 할 소명을 깨닫고, 이를 다른 이들과 나누도록 부르심을 받은 존재다. 더불어 하나님의 적극적이고도 지속적인 사역에 전적으로 의존하도록 창조되었음을 기억하게 된다. 이는 다른 사람들과 관계하는 방식을 통해 영향을 받게 된다.

히브리 성경은 하나님의 백성이 종종 고국에서 강제로 쫓겨나 유배 생활을 했다는 것을 우리에게 가르쳐 준다. 유배 상태에서 그들은 자신들이 타국에 있다는 사실을 슬퍼하고 한탄했다. 현재 사는 세상이 하나님을 인정하지 않고 생활 방식을 지지하지도 않음을 알게 된 것이다. 그러나 그들은 기존의 생활 방식을 포기해서는 안 됐고 하나님 인정하기를 그쳐서도 안 됐다. 오히려, 그들은 하나님의 거룩한 백성으로서 구별된 삶(이것은 그들의 예배, 식사와 옷차림, 하나님과 이웃에 대한 사랑 같은 것으로 분명히 드러날 터였다)을 살도록 부름을 받았다.

하나님의 유배된 백성이 거주하는 곳을 이스라엘로 바꾸라는 명령을 받은 것은 아니다. 그들은 바벨론을 하나님의 거룩한 나라로 세우려 해서도 안 됐고, 그 나라의 법이나 생활 방식이 자신들의 신념을 반영할 것으로 기대해서도 안 되었다. 그렇다고 해서 자신들이 처한 장소를 포기할 수도 없었다. 하나님은 거룩한 백성끼리만 모여 살고 그들이 주변 도시나 사람들에게 무관심하길 바라지 않으셨다.

하나님은 그들에게 낯선 상황에서의 긴장을 이기며 살라고 말씀하셨다. 하나님은 외국 사람들이 다스리는 외국 땅에 유배된 백성이 거룩하게 살면서 그들이 거하는 곳과 그곳 사람들의 샬롬, 즉 번영을 추구하기를 원하셨다.

극심하게 분열된 불안한 사회에서 사는 우리가 배울 수 있는 교훈은 무엇인가? 지상의 도성의 번영을 추구하는 일은 어떤 모습일까?

이 대목에서 우리의 마지막 성경적 이미지인 나무 이미지가 도움이 된다. 특히 나무는 주위의 유해가스를 받아들이고 생명을 주는 산소를 세상에 내놓는 능력을 가졌다. 나무는 그들만을 위해 산소를 내놓는 것이 아니다. 나무는 모두를 위해 공기 질을 좋게 만든다. 물론, 나무는 아름다움, 그늘, 열매, 야생동물의 거처 같은 다른 여러 혜택도 제공한다. 나무의 기여가 없다면 세상은 심각하게 황폐해질 것이다. 오늘날 그리스도인들이 나무 같다는 평판을 듣는다면 멋지지 않겠는가?

얼마 전, 나는 대단히 다원적인 상황에서 이와 약간 다른 방식으로 나무 이미지를 제시한 적이 있다. 재소자 그룹이 조직한 회복적 정의에 대한 콘퍼런스의 강연 요청을 받았다. 한 재소자와 서신을 주고받으며 강연 요청을 수락하게 된 일부터 그 자리를 채운 다양한 배경의 청중과 함께한 그날의 일정에 이르기까지 그 일과 관련된 모든 경험이 내 안에 변화를 일으켰다. 하루 종일 진행된 그 모임에는 이전 재소자들, 재소자들의 배우자, 피해자 부모, 교정기관 직원들, 대학 교수들, 형사법 제도 개혁을 위해 일해 온 운동가들, 교도소 선교에 참여한 기독교 복음 전도자들이 참여했다.

나는 친구 베서니 황(Bethany Hoang)과 공저한 책 *The Justce Calling*(정의의 소명)을 바탕으로 정의와 소망에 대한 기독교적 시각을 제시해 달라는 요청을 받은 터였다. 그래서 그리스도 안에 있는 하나님의 용서가 불의의 가해자들이 구속(救贖)을 경험할 수 있다는 소망으로 어떻게 이어지는지 말한 다음, 그것을 형사법 제도를 둘러싼 현실 몇 가지와 연결시키고 질문을 받았다. 누군가가 성난 손을 번쩍 들고 이렇게 따져 물었다. "어떻게 정의에 대해 그런 식의 배타적인 설명을 제시하고 사람들이 정의를 추구하는 다른 온갖 이유들을 무시할 수 있는가?"

나는 답변을 하면서 나무 이야기를 꺼냈다. 우선 나는 다원주의에 대한 이전의 연구를 통해 각자의 전통을 희석시키고 다 똑같은 체 하거나 공통점을 추구한다고 해서 차이에 대해 더 관대해지는 것이 아님을 확신하게 되었다고 말했다. 우리는 이런 방식 대신에 아주 깊이 뿌리를 내린 나무를 상상해 볼 수 있다. 깊은 뿌리 덕분에 나무는 충분한 물과 양분을 확보하여 가지를 넓게 뻗을 수 있고, 아주 넓게 뻗은 가지는 다른 가지들과 겹치게 된다.

우리에게 필요한 것은 이 세상 속 우리의 가지들이 성장할 양분을 제공할 깊숙한 뿌리들 -우리 각각의 전통, 확신, 실천들로 이루어진 뿌리들- 이다. 우리의 가지들이 자라다 보면 다른 깊은 뿌리에서 넓게 뻗어 나온 다른 가지들과 겹치는 부분들을 발견하게 될 것이고, 그 부분들이 다른 이유와 확신에 의거한 것이라도 공동의 목표를 위해 협력할 수 있을 것이다. 어거스틴의 언어로 되돌아가보면, 우리가 공유하는 지상의 선을 추구하는 일에 협력할 수 있을 것이다.

나는 오늘날의 그리스도인들이 복잡한 정치적 문화적 순간에 우리가 취해야 할 자세와 하나님께 받은 부름을 이해하려는 노력을 계속하면서 나무와 그 열매, 잎과 관련된 시대를 초월한 성경의 말씀을 잊지 않기를 바라고 기도한다. 또, 그리스도의 가족 안에 있는 우리가 특정한 시간과 장소에서 시냇가에 심은 나무처럼 되고자 노력하며 하나님의 은혜로 다음 세 구절에 묘사된 것과 같은 모습을 보여 줄 수 있기를 바란다.

> [그들은] 시냇가에 심은 나무가 철을 따라 열매를 맺으며 그 잎사귀가 마르지 아니함 같으니(시 1:3)

성령의 열매는 사랑과 기쁨과 화평과 인내와 친절과 선함과 신실
과 온유와 절제입니다(갈 5:22-23, 새번역).

그 나무 잎사귀들은 만국을 치료하기 위하여 있더라(계 22:2).

2

목회자

팀 켈러(Timothy Keller)

세속 도시 속에서
소금이
소금 되게

나는 펜실베이니아 동남부의 루터파 교회에서 자랐다. 집안 선조들도 대대로 루터교회 교인이었다. 버크넬대학교(Bucknell University)에 입학한 후 신입생 기숙사에 함께 살던 친구가 하도 졸라서 캠퍼스 선교 단체 모임에 참석했다. 거기 사람들은 성경을 인간의 이성, 문화, 여론보다 권위 있게 여겼다. 또 그들은 모든 사람이 회심을 해야 하고 그렇지 않으면 영혼을 잃게 된다고 믿었다. 그리고 인간은 도덕적 노력을 통해서가 아니라 그리스도의 죽음과 부활을 믿음으로써만 구원받을 수 있다고 보았다. 그것이 '복음'이었다. 그들에게 기독교 신앙은 선택할 수 있을 뿐, 물려 받을 수는 없는 것이었다.

이런 복음주의 교리들은 나에게 친숙했던 주류 개신 교회가 받아들인 교리들과 판이하게 달랐다. 그렇지만 그 캠퍼스 선교 단체에 마음이 끌렸고 모임에 참석하기 시작했다. 하지만 어떤 형식으로건 그리스도인이 되고 싶은 생각은 없었다.

철학자 찰스 테일러(Charles Taylor)는 서구 문화가 종교에서 세속성으로 옮겨간 과정을 추적했다. 예전에는 개인의 정체성을 모종의 신성한 가치나 질서와의 관계로 이해했다. 사람은 자신의 개인적 필요와 충동보다 더 중요한 것, '더 큰 전체 안에' 있어야만 가치 있는 존재가 되었다. 그러나 제2차 세계대전 후에 서구 사회의 상황이 달라졌다. 테일러는 이 새로운 시대를 '진정성의 시대'라 부른다. 처음으로 가족, 가문, 민족이 아니라 개별적 자아가 가장 중요하다는 제안이 나왔다. 정체성은 더 이상 공동체 안에서 주어진 의무를 따르는 일을 통해 주어지지 않았다. 자아는 스스로 진리와 도덕을 만들어 낼 수 있었고 이제는 사회가 그것에 적응해야 했다. 의미는 사회 안에서의 역할이 아니라 자기 표현을 통해, 우리의 '참되고' '진정한' 자아를 발견하고 성취하는 일을 통해 얻게 되었다.[1]

대학에서 나는 기독교 신앙과 아예 상관없는 삶을 고려할 수 있었다. 나는 테일러가 말한 현대의 '닫힌 자아'(buffered self), 즉 더 높은 초월적 진리와 능력의 영향력을 느끼지 못하는 정체성을 발전시키고 있었기 때문이다.[2] 나는 십대 중반부터 나의 내면을 들여다보았고 기독교 교리나 교회의 관습에 어긋나는 일을 하고 싶은 욕망을 발견했다. 선조들은 내면의 감정을 희생시키고 외적 의무를 따랐겠지만, 나는 오직 나의 마음 깊은 곳에 있는 꿈과 내면의 욕구를 따라야 한다는 생각뿐이었다.

1960년대의 주류 개신교는 일종의 타협안을 내놓았다. 표현적 자아를 갖는 일과 기독교를 믿는 일이 동시에 가능하다고 말했다. 그런 교회에서는 열성적 교인이면서도 기분에 따라 여러 사람과 성관계를 가지기도 했다. 기독교 교리 중에서 그럴 듯한 것은 믿고 나머지는 거부할 수 있었다. 옳고 그름을 최종적으로 결정하는 기준은 성경 또는 교회의 가르침이 아니라 자신의 직관 및 느낌이었다.

내 앞에는 세 가지 가능성이 놓여 있었다. 우선 기독교를 완전히 버리고 나의 욕망, 야망, 열정을 제약 없이 자유롭게 추구할 수 있었다. 그리고 주류 그리스도인이 되는 일을 다시 고려해 볼 수도 있었다. 그게 아니면 복음을 받아들이고 대단히 진보적인 대학 캠퍼스에서 멸시를 받는 소규모 복음주의 그리스도인 집단과 운명을 같이 할 수도 있었다.

나는 왜 결국 세 번째 선택지를 골랐을까? 50년 전의 일이다 보니 당시의 내 생각이 어떤 식으로 진행되었는지 완벽하게 기억나진 않는다. 하지만 그 캠퍼스 선교 단체가 내게 호소력을 발휘한 한 가지는 자신들의 입장이 증거와 논증에 근거한다는 주장이었다. 지금 생각해 보면 그 주장 중 일부는 과장된 것이었지만, 단순히 나의 욕구를 따르는 것보다는 이성을 사용하고 생각하라는 초청이 더 설득력이 있었다. 하지만 내게 거의 결정적으로 작용한 요인은 모임에서 복음서 본문을 그대로 읽는 일이었다. 우리는 모여서 주로 성경 공부를 했다.

우리는 그룹으로 모여 성경 구절들을 읽고 묵상한 것을 나누었다. 나는 그 본문들에서 예수님의 정체에 대한 당시의 여러 이론들로는 설명이 되지 않는 예수님을 외부의 강제 없이 발견했다. 복음서를 읽으면서 그 안에 현존하시는 분을 인격적으로 만나는 느낌을 받았고, 그 본문들은 나의 이성에도 호소력을 발휘했다. 나는 복음서에서 만난 예수님이 초대 교회에 의해 만들어진 존재일 수 없고 그분이 또 하나의 종교적 현자나 스승으로 길들여질 수 없다는 결론을 내렸다.

내가 세계관 수준에서 기독교의 복음과 맞닥뜨렸다고 말할 수 있을 것이다. 복음은 내가 속한 문화의 기본 서사에 이의를 제기했다. 예수님이 스스로 설명하신 바로 그분이라면, 나의 정체성은 혼자서 정의할 수 있는 것이 아니었다. 내 참된 자아를 실현할 방법은 그리스도께 나를 맞추는 것뿐이었다. 나는 마가복음 8장 34-37절의 예수님 말씀을 신영어성경(New English Bible) 번역본으로 오랫동안 골똘히 묵상했다.

> 누구든지 나를 따라오려거든 자기를 버리고 제 십자가를 지고 나와 같이 가야 한다. … 사람이 온 세상을 얻고도 자기 자신을 잃으면 무슨 유익이 있겠느냐?[3]

놀라운 역설이었다. 어떤 의미에서 그리스도를 따르는 것은 '자기를 버리는' 일, 즉 더 이상 자기 규정과 성취를 주된 관심사로 삼지 않고 그리스도를 위해 사는 일이다. 하지만 예수께서는 이것이 참된 자기를 발견하는 길이라고 말씀하셨다. 사실, 자신의 목표를 가까스로 달성하고 꿈꾸던 모든 것을 이룬다 해도, 자신의 참된 존재 목적으로부터 소외되는 데 성공할 뿐이다. 자신의 존재 목적을 행할 때, 하나님을 무조건적으로 섬기고 그분께 순종할 때 -다른 무엇보다 그분을 사랑하고 기뻐할 때- 오로지 그때만 사람은 자기 자신이 될 수 있다. 이보다 더 반문화적인 생각은 없을 것이다.

나는 그리스도인이 될 때 현대인이 원할 만한 내적 혜택과 유익 -하나님과의 관계, 사랑과 용서의 확신, 죽음까지도 직면할 수 있게 하는 미래에 대한 소망- 을 얻게 될 것임을 깨닫게 되었다. 하지만 이런 유익들은 스스로를 규정하려 하는 소위 자유를 포기함으로서만 주어진다. 그러므로 기독교는 "너는 네 자신의 것이다. 네가 너의 의미와 자아를 규정한다"라고 구성원들에게 가르치는 문화와는 영원히 보조가 맞지 않을 수밖에 없다. 기독교의 메시지는 "여러분은 여러분 자신의 것이 아니고 ⋯ 하나님께서 값을 치르고 사들인 사람"(고전 6:19-20, 새번역)이라고 말한다.

나는 대학의 마지막 몇 학기 동안 세속적 환경에서 그리스도인으로 공개적으로 지목되는 부담스러운 상황을 경험했다. 이런 상황에 정면으로 맞서기 위해 많은 종교 수업을 들었는데, 모두 주류 자유주의 개신교도나 무신론자가 가르쳤다. 그중에는 좀 더 예의를 갖춘 강사들과 학생들도 있었지만, 교육받은 사람이 내가 받아들인 결론에 이를 수 있다는 사실에 대해서는 다들 놀라움을 표시했다. 적어도 두 명의 교수가 지나치게 보수적인 나의 확신을 버리지 않는다면 어떤 학문적 경력도 불가능할 것이고 목회를 생각하고 있다면 괜찮은 교회에서는 아예 사역할 수 없을 거라고 나를 동정하며 말했다.

나는 절대 전투적인 사람이 아니었기 때문에 솔직히 그런 반응을 접하자 겁이 났다. 하지만 그런 사회적 압박과 자기의심에도 불구하고, 증거와 논증이 복음주의 기독교의 편이라는 결론에 이르렀다.

'기독교 세계' 내부의
목사가 되다

대학을 마칠 무렵 나는 확신에 찬 그리스도인이었을 뿐 아니라 목회 사역에 나서고 싶었다. 신학교에 진학했고 거기서 캐시 크리스티(Kathy Kristy)를 만났다. 그녀의 신앙 여정은 대체로 나와 비슷했다. 피츠버그의 주류 개신교회에서 자란 캐시는 고등학교와 대학에 들어가서는 성경의 권위와 회심의 필요성을 내세우는 복음주의적 확신을 갖게 되었다. 우리는 결혼을 하고 졸업 후 버지니아 주 호프웰의 웨스트호프웰장로교회(West Hopewell Presbyterian Church)에서 첫 사역을 했다.

1970년대 중반의 호프웰은 내가 대학에서 경험했던 세속적이고 다원적인 사회가 결코 아니었다. 그곳은 '기독교 세계'라고 할 만한 사회였다. 어느 학자에 따르면, 이런 사회는 "교회의 지도자와 [문화적, 국가적] 권력을 가진 사람들이 긴밀한 관계로 연결되고 법이 기독교적 원칙들에 근거하고 있고 … 모든 사회 구성원이 그리스도인들로 추정되는 사회"[4]를 의미한다. 즉, 모든 이가 교회에 출석해야 한다는 커다란 사회적 압박이 있었고 교회에 가지 않으면 사회적 대가를 치러야 했다. 당시 버지니아의 소도시는 분명 이런 기독교 세계의 모습을 그대로 반영했다. 교인이 아니면 승진을 못하거나 동네 클럽에 들어갈 수 없거나 지역 은행에서 융자를 받지 못할 수도 있었다. 미국 북동부 지역에서는 1970년대에도 이런 종류의 사회적 편익이 사라진 지 이미 오래였고, 내가 다닌 대학 캠퍼스에서는 그리스도인이 되는 일에 따른 사회적 편익이 없을 뿐더러 오히려 사회적 대가를 치러야 했다.

그에 반해 호프웰은 보수적 문화가 확고했다. 그곳의 거의 모든 사람이 캐시와 내가 많은 수고를 거쳐, 반대를 무릅쓰고 비로소 도달한 복음주의적 믿음 안에서 태어났다. 호프웰 사람들이 자신들의 믿음을 견지하는 방식은 버크넬(Bucknell)의 여러 세속적 학생들과 교수들의 방식과 매우 비슷했다. 모두가 자신들의 입장은 자명하고 모든 지성인들이 같은 내용을 믿고 있으며 그렇지 않은 사람들이 잘못되었다고 생각했다.

남부의 소위 기독교 문화와 세속적인 북부의 유사성은 또 있었다. 우리의 세속적 북부의 주류였던 진보적 친구들은 다들 아프리카계 미국인들의 민권을 지지했는데, 그것은 정의와 이웃 사랑에 대한 성경의 가르침과 잘 맞았다. 그러나 그들은 성해방도 주장했고, 그것은 성경의 가르침과 달랐다.

호프웰의 그리스도인들은 성경의 성윤리를 큰소리로 인정하면서도 민권운동에는 한사코 반대했다. 아이러니하게도, 호프웰의 교회들은 성경보다 주변의 보수적 문화에 더 많은 영향을 받았다. 북부의 주류 교회들이 주변의 진보적 문화에 많은 영향을 받은 것과 다를 바가 없었다.

어느 시점에 이르러 커다란 깨달음이 찾아왔다. 캐시와 나는 우리 삶을 변화시킨 성경적 복음주의적 신앙이 진보적 사회(세속적 사람들과 진보적 주류 교회 사람들로 이루어진 사회)뿐만 아니라 전통적이고 보수적인 문화와도 다르다는 사실을 알게 되었다. 대부분의 사람들이 파란색 주(진보 성향의 민주당 우세 주-역주)와 빨간색 주(보수 성향의 공화당 우세 주-역주)를 말하기 오래전부터, 우리는 복음이 어느 진영의 소유물도 아니라는 점을 간파했다. 바울은 로마서에서 기독교 복음을 고전적으로 제시했는데 1장에서 이방인, 이교도의 부도덕을 묘사하는 것이 그 출발점이었다. 2장에서는 성경을 믿는 대단히 도덕적 유대인들을 묘사했다. 그 다음 3장과 4장에서는 율법주의(도덕적 노력을 통해 구원을 얻을 수 있다는 생각)와 도덕률 폐기론(원하는 대로 살 수 있다는 생각) 모두 예수 그리스도의 사역에 의지하는 대신 구원을 얻기 위해 스스로를 바라보는 방식이라고 설명했다.

나는 여러 주에 걸쳐 호프웰 사람들을 방문하여 천국에 가기를 바랄만한 근거가 있느냐고 물었다. 그들은 모두 천국을 믿었고 사실상 모두 이렇게 말했다. "내가 천국에 가기를 바라는 것은 평생 착한 사람이 되고 그리스도인으로 살려고 노력했기 때문입니다." 바울이 옳다면 (물론 그는 옳다!) 이들은 여러 면에서 우리의 세속적이고 진보적인 친구들 못지않게 복음의 은혜와 하나님 체험으로부터 소외되어 있었다. 두 경우 모두 결과는 비슷했다. 한쪽에서는 결혼과 가정이 무너지고 자기성취와 개인적 행복에 대한 집착이 커져갔고,

다른 쪽에는 독선과 편견, 권력남용이 창궐했다.

우리가 보다 진보적이고 다원적인 북부 문화에서 남부로 이사한 것이 아니었다면, 기독교가 보수적 전통주의의 또 다른 형태일 뿐이라고 생각하는 오류에 빠졌을 것이다. 남부와 북부 사회 모두를 날카롭지만 겸손하게 비판하도록 복음이 우리를 이끈다는 것도 알아보지 못했을 것이다.

우리가 호프웰에 도착하고 얼마 후, 남동생 빌리(Billy)가 자신이 동성애자임을 가족들에게 밝히고 파트너와 같이 살겠다고 볼티모어로 이사를 갔다. 빌리는 동성애자인 동시에 그리스도인이 되는 일은 불가능하다고 결론을 내렸다. 그래도 빌리는 가족 안의 그리스도인들과 관계를 유지하고 싶어 했고, 우리도 그것을 원했다. 우리가 빌리와 그의 파트너 호아킨(Joaquin)을 만날 때면 복음이 어느 문화에도 갇히지 않고 모든 문화를 비판하는 역할을 한다는 것이 선명하게 드러났다. 빌리와 호아킨은 기독교를 전혀 받아들이지 못했다.

특히 호아킨은 선량한 지성인이 성에 대한 역사적 기독교 교리와 견해를 견지할 수 있다는 사실을 믿기 어려워했다. 우리가 아는 복음주의적이고 보수적인 남부 문화권의 많은 사람들은 이런 상황에서 동성애자들과 절대 어울리지 않으려 했을 것이다. 한쪽은 우리가 동성애에 대한 주류문화의 믿음을 받아들이기를 원했고, 다른 쪽은 우리가 동성애자들과의 인연을 완전히 끊기를 원했다. 하지만 복음은 우리에게 어느 쪽도 허락하지 않았다. 복음은 전통적 범주에도, 현재의 주류적 시각에도 들어맞지 않았고, 복음을 따르는 그리스도인들은 모두와 견해가 달랐다. 우리가 이해하는 기독교 신앙은 세속적 사람이든 전통적 사람이든 우리가 누군가와 인연을 끊거나 희화화하거나 악마로 묘사하는 것을 허용하지 않았다. 우리는 자신을 순전한 은혜로 구원받은 죄인으로 이해했기 때문에 누군가를 업신여기거나 정죄하기가 어려웠다.

'세속 도시'에서
목사 되기

우리 가족은 1989년에 뉴욕 시로 이사를 가서 리디머장로교회(Redeemer Church)를 개척했다. 목사 안수를 받고 거의 15년 간 활동한 터였지만, 뉴욕에 도착하고 나서 나의 목회 사역은 여러모로 크게 달라졌다.

호프웰에서 나는 교인들에게 그들이 복음을 이해하지 못하고 있고 바리새인들, 로마서 2장의 사람들과 다소 비슷하다고 외쳤다. 대단히 도덕적인 사람들에게 그리스도의 구원의 은혜로 그분을 정말 아는지 생각해 보라고 도전해야 하는 경우가 많았다. 또한 나는 기독교적 대항문화를 만들어 낸 그들의 문화적 환경을 복음이 어떻게 비판하는지 보여 줘야 했다. 나는 그들이 자신들의 사회를 정죄하기만 할 것이 아니라 직장과 동네에서 섬기고 참여하되 그 사회 안에서 어느 정도 거북함을 느끼기를 바랐다.

하지만 맨해튼은 세속적이고 다원적 사회였다. 그런 면에서는 1960년대 후반의 내 대학 캠퍼스보다 훨씬 심했다. 맨해튼에서 나는 신앙을 거부한 사람들에게 다가가 그들 또한 복음을 이해하지 못했다고 설득해야 했다. 그들은 기독교가 또 다른 형태의 도덕주의, 독선에 불과하다고 생각했다. 자신들이 이해하지 못한 대상을 외면한 것이다.

나는 그들이 로마서 1장의 사람들과 상당히 비슷하다고, 종교가 없는 것처럼 보이지만 신의식과 하나님에 대한 갈망이 있고, 비록 억눌려 있긴 하지만 그들의 열망과 실천 안에서 그 신의식과 신에 대한 갈망을 알아볼 수 있다고 주장해야 했다. 교인들에게는 복음이 바이블벨트(기독교가 강한 미국 남부와 중서부 지대-역주)의 보수적이고 전통적인 문화와 맨해튼의 세속 문화를 다 비판하고 있음을 알려 주어야 했다. 뉴욕의 그리스도인들은 서로 다른 방향으로 세차게 부는 두 바람 중 하나가 그들을 끌어당기고 있음을 강하게 느꼈다.

한 바람은 뉴욕의 개인주의와 상대주의에 과하다 싶을 만큼 동화되고 적응하라고 신자들을 압박했다. 그들은 영감을 얻기 위해 교회에 나가면서도 데이트하는 이성과 여전히 잠자리를 가졌다. 성경이 인종차별주의를 정죄할 때면 좋아했지만, 성욕은 자기 뜻대로

할 수 있는 자기 소유가 아니라는 성경의 가르침은 불편하게 여겼다. 그리고 그들은 누구도 회심시키려 시도하지 않았다. 표면적으로 볼 때, 이런 접근법은 보수적 문화보다 더 자유롭고 마음이 열려 있는 것처럼 보인다. 하지만 실제로는 자기표현과 자기규정에 근거한 현대적 정체성을 받아들인 것뿐이었다. 하나님은 그들의 성취를 가능하게 하려고 끌어들인 액세서리였다.

다른 바람은 신자들이 철저히 하나의 기독교적 울타리 안에서만 살 방법을 찾도록 이끌었다. 맨해튼에서는 1990년대 후반 이후에 이런 일이 가능해졌는데, 그때 많은 복음주의권 젊은이들이 다른 X세대 및 밀레니엄세대와 함께 맨해튼으로 이주했던 것이다.

목사인 나는 두 전략 모두 잘못되었음을 보여 주어야 했다. 그리스도인이 '소금'이라는 성경의 은유가 도움이 되었다. 고대에 소금은 고기의 향을 더 좋게 하고 고기가 부패하지 않게 보존해 주었다. 예수님이 제자들을 가리켜 '세상의 소금'(마 5:13)이라고 말씀하신 것은 그들이 속한 세계와 사회의 소금이라는 의미였다. 소금이 고기 안에 스며들어야 제 역할을 할 수 있듯이, 그리스도인들은 고립되거나 물러나 있을 것이 아니라 세상으로 두루 나가 각자 속한 사회에서 최상의 잠재력을 이끌어내고 최악의 경향들은 상쇄하려고 노력해야 한다.

세속 사회에는 그리스도인들이 여러 성경적 이유로 지지할 수 있는 도덕적 이상들이 있다. 가난한 자들을 보살핌, 약자들을 위한 정의 추구, 만인의 평등 추구 등이다. 사실, 그리스도인들은 공동체 안에서 평화와 정의를 위해 일하는 데 필요한 자기 내어줌과 자기희생을 감당할 엄청난 내적 자원을 갖고 있다. 반면, 극도로 개인주의적인 우리 문화에서는 결혼의 쇠퇴, 부모노릇 회피, 정치의 붕괴, 무례함의 증가, 반대자들에 대한 증오와 경멸이 나타나고 있다.[5] 소금이 짠맛을 유지해야만 고기에 도움이 될 수 있는 것처럼, 예수님은 우리가 고결함을 유지해야만 세상을 도울 수 있다고 덧붙이셨다. 즉, 소금이 고기와 화학적 조성이 똑같다면 고기에 도움이 될 수 없다. 그리스도인들이 그들 사회의 다른 모든 사람과 똑같아진다면 사회를 도울 수 없다. 우리가 문화를 사랑하고 혜택을 줄 수 있으려면 그 문화와 달라야 하고, 세속적 정체성을 받아들일 게 아니라 기독교적 정체성을 유지해야 한다.

또 다른 유용한 성경적 은유는 시민권이다. 크리스틴은 이 책 1장에서 이 주제를 탐구한다. 바울은 우리의 주된 시민권이 하늘에 있다고 썼지만(빌 3:20-21), 사도행전을 보면 그는 자신의 로마 시민권을 자주 언급하고 활용했다. 이것은 우리가 예레미야 29장에서 볼 수 있는 바와 같다. 예레미야 29장에서 하나님은 궁극적으로 예루살렘 시민이었던 유대인 유배자들에게 바벨론의 가장 탁월한 시민이 되라고 명하셨다(4-7절). 직관적인 인상과는 반대로, 그리스도인들은 안정, 사랑, 기쁨과 우리 '이름이 하늘에 기록'(눅 10:20)되었다는 확신에 힘입어 모든 지상 공동체에서 가장 진취적이고 자기희생적인 시민들이 되어야 마땅하다.

나는 이런 성경적 주제들로 무장한 채, 문화의 바람에 휩쓸려 동화나 은둔 중 한쪽으로 향하는 두 종류의 신자들에게 다가갔다. 첫 번째 집단을 상대로는 그들이 이 사회에 좀 더 거북함을 느끼게 하려고 시도했다. 그들은 하나님 나라의 시민권이 이 세상의 시민권보다 우선함을 깨달아야 했다. 그로 인해 성, 돈, 힘을 쓰는 방식이 도시의 나머지 사람들과 뚜렷이 달라져야 함을 알아야 했다. 두 번째 집단은 자신들이 뉴욕의 진짜 시민이라는 사실을 인식해야 했다. 나는 그들에게 세 가지 방식으로 섬기고 참여하도록 독려했다. 사람들과 만날 때 자신의 신앙을 밝히고, 신앙을 자신이 하는 일과 통합시키고, 지역 사회에서 정의와 긍휼을 위해 일하라는 것이었다.

세월이 갈수록 이런 식으로 이중의 시민권에 충실하게 사는 일은 점점 더 어려워졌다. 내가 뉴욕에 도착했을 때는 복음주의 그리스도인들이 당혹스럽고 진기한 대상으로 취급을 받았다.[6] 하지만 지금은 복음주의자들을 종종 불길한 세력으로 여긴다. 뉴욕의 전문가 세계는 인간관계와 인맥을 기반으로 움직인다. 그렇기 때문에 그리스도인들은 그 안에서 자신의 신앙을 공개적으로 밝힐 경우 여러 면으로 피해를 볼 수 있다고 두려워한다.

중심 도시인 뉴욕의 상황은 미국 전역의 일반적 상황을 보여 준다. 그러므로 그리스도인들이 소금과 빛이 되고 이중의 시민권을 갖고 살아가려면 많은 목회적 지도, 지지, 훈련이 필요할 것이다.

사랑은
길을 찾기 마련이다

세속적이고 다원적 문화 속의 그리스도인들은 무슨 말을 해야
할지 몰라 종종 믿음에 관해 말하기를 두려워한다. 그런 지역의 목
사들은 교인들에게 지적 내용을 충족시켜 주어서 모든 반론에 응수
하고 논증을 펼칠 수 있다는 자신감을 갖게 해 주어야 한다. 그러나
지적 논증이 필요하기는 해도 가장 중요한 요소는 아니다.

프롤로그에서 밝힌 대로, 존의 책 *Confident Pluralism*(확신 있는
다원주의)는 다원적 사회에서 예의와 평화를 가능하게 만드는 세 가지
실천 사항을 제시한다. 바로 겸손, 관용, 인내이다. 우리는 방어적이
되기보다 겸손해야 하고, 강요하고 소외시키기보다 인내하며 설득
해야 하고, 상대를 악마로 묘사하기보다 관용하고 존중해야 한다.
존의 책을 비판한 일부 사람들은 우리의 문화 제도들이 이런 특성을
갖춘 사람들을 더 이상 양성하지 못하니 예의와 화해의 매개자들이
드물 거라고 지적했다. 그 지적이 맞을 수도 있고 틀릴 수도 있지만,
교회는 복음을 활용하여 이런 마음의 습관들과 네 번째 습관인 용기
까지 갖춘 사람을 기를 수 있어야만 한다.

복음은 교만을 제거한다. 섬세하면서도 분명한 생각의 교환을 가로막는 가장 큰 장애물이 교만일 것이다. 복음은 우리가 다른 사람보다 지혜롭거나 나아서가 아니라, 오로지 하나님의 은혜 때문에 구원받은 죄인이라고 말한다. 그리고 복음은 우리가 죄와 거리가 멀다거나 회개와 갱생의 필요가 없다고 생각해서는 안 된다고 말한다. 우리에게는 겸손이 필요하다.

복음은 냉소주의와 비관주의도 제거한다. 사람들이 눈을 뜰 수 있고 변화가 일어날 수 있다는 실질적인 소망을 준다. 우리가 누군가를 가리켜 "저 사람은 결코 진리를 보지 못할 유형"이라고 말한다면, 진리를 보는 '유형의 사람'은 존재하지 않는다는 복음의 가르침을 부정하는 일이 될 것이다.

로마서 3장 11절에 따르면 "하나님을 찾는 자는 아무도 없다." 그러므로 우리가 믿음과 이해를 갖게 되는 것은 오로지 하나님의 개입 덕분이다. 하나님은 어떤 유형의 사람을 상대로도 일하실 수 있(고 실제로 일하신)다. 그러므로 누구에 대해서도 변화의 가망이 없다고 생각해서는 안 된다. 그런 생각에서 벗어나야만 비로소 소망을 갖고 인내할 수 있게 된다.

또 복음은 무관심을 제거한다. 마태복음 5장 43-47절에서 예수님은 제자들에게 하나님이 모든 사람에게, 즉 "의로운 자와 불의한 자에게" 좋은 것을 주시므로 우리도 모든 사람을 사랑하고 환영해야 한다고 말씀하셨다. 요한일서 3장 16절은 그리스도께서 우리를 위해 자기 목숨을 버리셨으니 우리도 다른 사람들을 위해 목숨을 버려야 한다고 가르친다. 우리가 죄와 허물에도 불구하고 도저히 갚을 수 없는 사랑을 받았고 세상에서 가장 위대한 것을 그리스도 안에서 발견했다면, 어떻게 다른 사람에게 거칠게 대하거나 그 위대한 것에 대해 입을 닫고 있을 수 있겠는가? 이것은 그리스도인들에게 불편한 질문이다. 이 지식은 관용뿐 아니라 우리에게 필요한 사랑도 만들어 낸다.

마지막으로 복음은 두려움을 제거한다. 우리는 불필요하게 다른 사람의 심기를 건드리지 않도록 주의해야 한다. 하지만 하나님의 사랑과 용납하심을 온전히 확신한다면, 비판과 불인정을 직면할 용기를 가지게 될 것이다.

근본적으로 다른 사람들 사이에서 평화롭고 서로에게 유익한 생각의 교환이 일어나려면 네 가지 마음의 습관이 필요하다. 비신자들에게 신앙을 전하는 일이 결실을 맺는 데도 똑같이 네 가지 특성이 필요하다. 복음 전도가 열매를 맺지 못하는 네 가지 주된 이유는 겸손, 소망, 사랑, 용기의 결핍이다. 우리가 복음을 진정으로 믿고 이해하고 기뻐할 때, 복음은 이 모든 것을 공급한다. 목사는 이러한 습관들과 특성들이 자랄 때까지 복음이 마음에 새겨지도록 가르치고 기도해야 한다.

그 다음엔 무엇이 필요할까? 그리스도인들은 성경과 신학에 대한 가르침 및 훈련이 필요하고 회의자들의 반론에 답변할 수 있도록 준비해야 한다. 하지만 다른 무엇보다 겸손과 인내, 사랑과 용기의 복음이 우리 안에서 자라고 있다면, 사랑은 언제나 길을 찾는다.

우리가 그리스도 안에서 누리는 수많은 축복 중 몇 가지만 떠올려 보라. 변하는 상황에 의지하지 않는 만족, 고난이 앗아갈 수 없는 인생의 의미, 맡은 일의 수행 능력에 근거하지 않기에 쉽게 부서지거나 으스러지지 않는 정체성, 어떤 것이라도, 심지어 죽음까지도 담대하게 직면할 수 있게 하는 미래에 대한 소망, 용서와 화해를 주고받을 수 있는 능력, 정의를 행하는 데 필요한 자기희생의 내적 원천 등이다. 이런 것들을 어떻게 비밀로 할 수 있겠는가?

누군가는 분명 이렇게 물을 것이다. "주위 사람들을 겸손과 인내와 사랑과 용기로 대해도, 그들이 분노와 독설로 대응하고 우리를 소외시키려고 하면 어떻게 해야 하나요?"

대답은 간단하다. 우리가 이 길을 가는 이유는 성공이 보장되어 있어서가 아니라 옳은 길이기 때문이다. 유배의 땅에 살던 시편 기자는 자신이 "화평을 미워하는 자들"과 함께 살았다고, "나는 화평을 원할지라도 내가 말할 때에 그들은 싸우려"(시 120:6-7) 한다고 탄식했다. 그가 포기하고 싸움에 나서야 한다는 암시는 성경에 없다. 오히려 예수님은 우리를 저주하는 자들을 축복하라고 말씀하셨다 (마 5:44).[7]

결국, 세속 도시의 목사들은 이 문화를 헤쳐 나갈 방법에 대한 정교한 세미나를 끊임없이 진행하는 지성인이 될 필요가 없다. 소

박한 은혜의 방편들 -설교와 가르침, 기도, 예배, 성찬, 교제와 우정-
을 사용하여 교인들의 마음에 복음 신앙의 불길이 타오르도록 부채
질을 하면, 사람들을 향한 사랑과 주님 안에서 누리는 기쁨이 자라
나 두려움을 극복하게 될 것이다. 그리고 그리스도인들은 다른 이
들에게 다가갈 방법을 알아낼 것이다. 하나님의 은혜로 태어난 사
랑은 길을 찾기 마련이다.

3

모험가

톰 린(TOM LIN)

앞이 보이지 않지만
부르시는
땅으로

"아직 멀었어요?"

아빠의 대답은 한결같았다. "조금만 더 가면 된다. 참을성을 가져라." 그래도 나는 자동차 뒷좌석에서 몸을 앞으로 내밀었다. 내가 의지력을 발휘하면 좀 더 빨리 갈 수 있는 것처럼 말이다. 앞좌석 머리 받침대 사이로 전면을 유심히 바라보면서 목적지로 다가가고 있다는 조짐을 찾았다. 우리는 도로변의 야외 테이블에서 짤막한 휴식 시간을 갖고 엄마가 준비해 준 김밥과 볶음면을 점심으로 먹은 후 다시 차에 올랐다.

연례 캠핑 휴가였다. 옷 몇 벌과 아이스박스, 콜맨 프로판 버너, 텐트만 챙겨서 집을 떠날 기회였다. 그 시절의 내게 그 여행은 황야로 떠나는 모험처럼 느껴졌다. 남동생과 나는 하이킹과 탐험을 하면서 우리가 안락한 집에서 멀리 떨어진 그 길을 걷는 최초의 인류라고 상상했다. 얇은 폴리에스테르 천을 사이에 두고 자연을 그대로 느끼며 텐트 안에서 불편하게 지내는 것이 좋았다. 매일 먹던 대만식 진미와는 다른 캠핑 음식의 소박한 풍미를 음미하는 일이 좋았다. 얼마 후, 나는 다시 물었다. "아직 멀었어요?"

나는 모험을 위해 집을 떠나는 것을 좋아했다. 이런 모험 사랑은 집안 내력이지 싶다. 나의 부모님(성-차이 린, 슈에-슈아 린)은 대만 이민자들이다. 젊은 시절에 두 분은 친숙한 음식, 친구, 가족 곁을 떠나 요리와 문화, 언어와 생활 방식, 가치관과 비전이 언제나 다소 낯설게 느껴질 나라로 향했다. 두 분의 모험 정신의 결과로 지금 나는 루이스와 클라크(1804-1806년 프랑스에서 매입한 루이지애나 지역의 탐사를 맡았던 '루이스 클라크 원정대'를 이끈 메이웨더 루이스와 윌리엄 클라크, 미 서부 개척의 선구자들로 인정된다-역주), 암스트롱과 올드린(1969년 인류 최초로 달에 착륙한 우주비행사들-역주) 같은 이름이 이상적 인간상을 대변하는 나라의 시민으로 살고 있다.

나는 아브람과 사래, 모세와 십보라의 영적 자녀이기도 하다. 그리고 허드슨과 마리아 테일러 부부(중국내지선교회를 창설한 영국인 선교사 부부-역주), 존과 베티 스탬 부부(1934년 중국에서 순교한 미국 선교사 부부-역주) 같은 선교사들의 발자취를 따른다. 그들은 하나님의 부름에 순종해 집을 떠나 머나먼 곳에 머물렀다. 그들의 삶은 모험으로 변화되었다.

하나님의 부르심을 따라 선교의 모험에 나선 그리스도인들의 이야기는 지금 나의 모습과 내가 세상에 참여하는 방식에 영향을 끼쳤다. 그들의 이야기는 오늘날 그리스도인들이 집 근처의 불확실한 영역을 헤쳐 가는 일을 도울 수 있다.

진짜 모험은
불확실성과 함께 시작된다

어린 남동생과 나에게 캠핑은 언제나 좀 위험하게 느껴졌다.

우리는 집에서 멀리 떨어진 숲속에 있었고 도움을 받을 수 있는 곳이 가까이 있지도 않았다. 우리 둘만 있다면 위험했을 것이다. 하지만 부모님이 계셨기에 달랐다. 부모님은 여행을 계획하고, 필요한 물건을 준비하고, 우리를 차에 태워 목적지에 도착하고, 우리의 탐험을 감독하셨다. 그리고 정부가 있었다. 정부는 도로를 내고 관리 가능한 거리 안에 긴급 서비스를 배치하고 국립공원 제도를 유지했다. 그리고 악천후 시 차로 돌아가 호텔을 찾는다는 대안이 마련되어 있었다. 우리의 대단한 모험은 사실 세심하게 준비된 가족 휴가일 뿐이었다. 어쩌면 그래서 우리가 그 시간을 그렇게 좋아했던 것인지도 모른다. 완벽하게 안전하면서도 위험하게 느껴지는 시간이었기 때문이다.

오늘날 일부 그리스도인들이 경험하는 방향 감각 상실과 낙담은 가족 캠핑 여행만 떠나본 이들이 진짜 황무지에 도착했을 때 받게 되는 느낌과 비슷할 것 같다. 아마도 그들이 바란 것은 어린아이가 부모님과 휴가를 떠나면서 바란 것과 같았을 것이다. 곧 안전한 환경에서 누리는 '모험'과 '위험'일 것이다. 그러나 환경은 더 이상 안전하게 느껴지지 않는다. 1950년대부터 1990년대 사이의 복음주의 부흥에 힘을 실어 주었던 문화, 법률, 정치가 달라졌다. 그리스도인들이 인정이나 찬사를 받는 일은 이제 흔치 않다. 오히려, 우리의 분열, 위선, 실패가 공개되면서 때때로 불신과 경멸의 대상이 되고 있다. 우리는 더 이상 편안하게 느끼지 못하고 공공설비가 없는 진짜 고된 상황과 위험에 대비되어 있지 않다. 길이 잘 닦여 있지 않은 곳, 안전망이 없는 상황, 계획이 막히고 즉흥적 대처가 시작되는 어려운 환경 앞에서 동요한다.

우리는 길을 잃은 걸까? 이제 절망만 남은 걸까? 아니면 혹시 하나님이 우리를 공공설비가 없는 곳으로 떠나는 여행, 위험의 가능성이 있지만 변화의 기회가 될 수도 있는 모험으로 초대하신 것은 아닐까? 교회가 하나님은 주위의 변화를 용기와 충실함, 회복 탄력성을 기를 기회로 보기를 원하시는지도 모른다. 삼위 하나님에 대한 확신과 신뢰를 반영하는 성숙한 신앙으로 우리를 부르고 계시는지도 모른다.

만약 그렇다면, 우리는 그 초청을 어떤 식으로 수락해야 할까? 첫째, 우리의 '진입 자세'에 주목해야 한다. 진입 자세란 새로운 장소나 바뀌는 문화에 접근하는 마음가짐을 말한다. 우리는 의심, 비판, 편견, 닫힌 자세를 선택할 수도 있고, 개방, 수용, 신뢰, 적응을 택할수도 있다. 진입 자세는 새로운 상황에서 피할 수 없는 좌절과 불화를 경험할 때 우리가 보일 반응에 영향을 준다. 그리고 새로운 상황을 만난 후 우리가 어떤 모습이 될지, 즉 소외와 관계 단절을 경험할지 아니면 이해가 깊어지고 관계가 더욱 견고해질지 예견할 수 있게 해 준다. 모험가는 의도적으로 개방적인 자세를 선택한다. 만만찮은 환경을 예상할 때 우리는 민첩하게 대응한다. 장애물과의 조우는 창의성을 발휘할 기회가 되고, 적대감을 표출하는 사람과의 만남은 공감능력을 기를 기회로 이어진다. 뜻밖의 상황은 실험의 기회이다.

가족 캠핑 여행을 마치고 돌아온 어느 여름, 나는 초등학교에 입학했고 새로운 모험과 마주했다. 1학년에 소수민족 학생은 나를 포함해 둘 뿐이었기에, 나의 상황은 더 이상 안전하게 느껴지지 않았다. 나는 새 학교라는 황무지에 서 있었다. 새로운 인간관계와 문화적 차이로 인한 불확실성 속에서 나는 반 친구들을 의혹의 눈길로 바라봤다. 다른 학생들이 동양인인 나의 외모를 어떻게 생각할지 무서웠고, 나의 정체성을 설명하거나 다른 사람들이 나를 이해하도록 돕는 모험을 감수하고 싶지 않았다. 그리고 첫 주에 불가피한 질문이 나왔다. "톰, 넌 뭐야? 어디 출신이야?" 나는 주저 없이 이렇게 대답했다. "나 하와이 사람이야."

나의 인종적 정체성에 대한 동요와 불안은 대학까지 이어졌다. 하버드대학에 입학해서는 캠퍼스 기독교 단체들에 아시아계 미국인이 없다는 사실이 거북했다. '나와 같은 동양인들은 어디에 있을까? 그들은 왜 내가 성경과 공동체와 선교 여행을 통해 누리는 놀라운 경험의 혜택을 받지 못할까? 누가 그들을 찾고 있을까?'

다른 면에서는 적극적인 (백인 위주의) 기독교 단체들이 이 부분에 대해서는 인식이 없는 것 같았다. 당시 내가 알던 소수의 아시아계 미국인 그리스도인들도 여기에 관심이 없는 듯 보였다. 세속적 아시아계 미국인 공동체는 폐쇄적인 느낌이 들었다. 나는 고민을 했다. 그리고 모험에 나설 기회를 발견했다. 어느 캠퍼스 선교 단체가 내가 느끼고 있던 문제 의식에 공감했고, 그 일의 타당성을 확인해 볼 것과 더 많은 아시아계 미국인들에게 다가갈 수 있는 새로운 프로그램을 시작하길 권했다. 나는 주로 백인 학생들을 위해 만들어진 기존의 조직에서 나와 새로운 사람들 안으로 들어갔다. 새로운 사역 도구를 실험하면서 자주 실패했고 창피한 일도 많이 겪었다. 그러나 나는 새 모임의 씨앗이 뿌려지는 것을 보았고, 그 모임은 최근에 설립 25주년을 기념했다. 그 자리에서 수십 명의 동창들이 하나님께서 하버드대학에서 자신들을 만나시고 변화시키신 이야기를 들려주었다. 문화적 다양성은 창의성을 요구했고 변화의 기폭제가 되었다.

오늘날에도 대학 캠퍼스에는 문화적 이질성이 존재하지만 지금의 학생 세대가 이런 상황에 대처하는 모습은 내게 격려가 된다. 세인트루이스의 워싱턴대학교 기독학생회 지부는 무교 또는 무신론자 학생들의 증가에 주목했다. 그들은 문화적 다양성의 증가를 겁내지 않고 기회로 바라보았다. 무신론자 학생들이 대화와 관계 형성에 열려 있을 거라고 믿었다. 그래서 어느 날 기독학생회 회원들이 자유사상가협회 모임의 문을 두드렸고 세인트루이스에서 열리는 주말 공동체 모임에 무신론자들을 초대했다. 그들은 이렇게 대답했다. "그래요! 흥미진진한 모험이 될 것 같네요!" 함께 시간을 보내면서 이야기를 하고 경청했다. 서로의 경험을 나누면서 관계를 쌓자 서로를 신뢰하고 존경하게 되었다. 몇 주 후, 매주 있는 성경공부 모임 장소 문밖에서 노크 소리가 들렸다. 자유사상가협회 회원들이었다. 그들이 물었다. "우리도 성경공부를 같이 할 수 있을까요?"

불확실하고, 끊임없이 변화하는 오늘날의 풍경 한가운데서, 모험은 우리에게 두려움 대신 포용의 자세를 요구한다.

뜻밖의 대가와
뜻밖의 은혜

아브람과 사래도 모험 가운데서 문화적 이질성을 경험했다. 그들의 여행은 모든 것을 두고 떠나라는 부름으로 시작되었다. "여호와께서 아브람에게 이르시되 너는 너의 고향과 친척과 아버지의 집을 떠나 내가 네게 보여 줄 땅으로 가라"(창 12:1).

모든 모험은 친숙한 것을 떠남으로 시작된다. 선교지로 화장지, 영양바, 휴대용 게임기까지 챙겨 온 단기 선교사들처럼 친숙한 것들을 붙고 있으면 자기 짐에 짓눌린다. 수십 년 전에 많은 서구 그리스도인들이 누렸던 특권, 지위, 인정을 요구하다가는 그때를 동경하며 자꾸 뒤를 돌아보게 되고, 결국 롯의 아내처럼 딱딱하게 굳어버려 앞으로 나아갈 수 없게 된다. 그래서는 우리 앞에 펼쳐진 것에 참여하지 못한다. 덜 친숙한 영역으로 들어가는 데는 종종 희생이 따른다.

나는 부모님을 상대로 이런 희생을 치렀다. 부모님이 이민의 노고와 인종차별의 상처를 감내하며 열심히 일하신 것은 내게 더 나은 미래를 주기 원하셨기 때문이다. 부모님이 바라신 대로, 나는 학교 생활을 무사히 마쳤고 스포츠와 리더십으로 여러 상을 받았다. 고등학교를 수석으로 졸업했고 〈유에스에이투데이〉가 뽑는 최우수 고교생 20명에 들었다. M&M에서 수여하는 '전미 학업 우수상' 수상자 8명 중에 들어서 인기 있는 십대 잡지에 이름이 실리고 ESPN 텔레비전 특집에 출연하기도 했다. 그리고 모든 대만인 부모가 열망하는 최고의 명예를 얻었다. 바로 하버드대학 합격 통지서다. 나의 미래는 확고했다. 나는 소수민족의 귀감이 될 만한 학생이었다.

그러나 하버드대학에 입학한 나는 새로운 방식으로 그분을 따르라는 예수님의 부름을 들었다. 마가복음 10장을 다룬 성경공부 시간에 주님이 이렇게 말씀하신다고 느꼈다. '톰, 너에게 맡길 사명이 있다. 가서 내가 가진 모든 것을 팔아 가난한 자들에게 주어라. 그러면 하늘에서 보화가 있을 것이다. 그런 다음 너는 와서 나를 따르라.' 월급이 십만 불 단위에서 출발하는 취업 기회에 등을 돌리고 기독학생회 선교사가 되어 기금 모금을 시작하겠다고 말씀드렸다. 부모님의 얼굴에는 이루 말할 수 없는 고통과 실망이 어렸다.

부모님은 큰 충격을 받으셨다. 우리는 며칠 동안 이야기를 나누고 언쟁을 벌이고 울었다. 나의 결심이 확고함을 아신 부모님은 결국 무릎을 꿇고 두 손을 내밀며 간청하셨다. "톰, 우리 인생이 네

손에 달렸다. 제발 우리를 망가뜨리지 말아 줘." 어머니의 마지막 말씀은 이것이었다. "네가 이렇게 나오면 난 죽을 거다."

내가 그토록 사랑했던 부모님이 연락을 끊으셨다. 고통스러웠다. 전화를 해도 받지 않으셨다. 편지를 보내도 답장이 없었다. 두 분 모두 극심한 우울증에 빠졌지만 여전히 내게 아무 말도 하지 않으셨다. 부모님은 교회 출석을 중단했고 어울리던 친구들과도 만나지 않으셨다.

부모님의 침묵과 은둔은 몇 년 동안 이어졌다. 그러다 2001년, 아내 낸시와 내가 선교를 위한 새로운 기회를 찾기 시작했을 무렵, 어머니가 위암 4기 진단을 받으셨다. 하나님은 이 극심한 고통의 때에 가족을 모이게 하셨다. 부모님의 연락을 받은 우리 부부는 나의 경력, 낸시와 함께할 이후의 여정, 지난 몇 년 간의 일까지 일체 거론하지 않았다. 우리는 어머니의 항암 화학요법, 주 1회의 병원 방문, 매일 드실 약에 집중했다. 부모님과 함께 많은 시간을 보내면서, 나는 하나님이 우리를 화해시킬 문을 여신다는 생각이 들었다. 이 기회를 위해 더욱 진실하고 간절하게 기도하기 시작했다.

이후 몇 달 동안 하나님이 부모님 안에서 비범하게 일하시는 것을 보았다. 부모님은 하나님께 돌이켜 도움과 자비를 구했고, 용서와 함께 하나님과의 관계를 회복시켜 주시기를 간청했다. 부모님은 함께 기도하며 매일 성경을 읽으셨고, 어머니의 상태가 괜찮은 날에는 교회에 가서 예배를 드리셨다. 또 어머니의 암 소식을 친구들과 공유하면서 끊어진 관계를 회복하기 시작했다. 몇 년 간의 고립에서 벗어나 공동체 안에서의 관계도 점차 회복되었다.

가장 마지막에 회복된 것은 나와의 관계였다. 성탄절을 맞아 부모님 집에서 2주간 머물던 어느 날 저녁, 어머니가 쉬고 계시던 소파로 나를 부르셨다. 어머니의 볼에서는 눈물이 흘렀고, 어머니는 내 손을 잡고 이렇게 말씀하셨다. "토미, 오래전부터 하고 싶었던 말이 있단다. 너무 미안하다. 너무 미안해. 지난 몇 년 간 내가 너에게 너무 큰 고통을 주었어. 널 지지하고 그냥 사랑했어야 하는데. 정말 미안하다, 토미. 사랑한다, 토미야."

나는 어안이 벙벙했다. 내 마음에서 엄청난 짐이 벗겨지는 것이 느껴졌다. 여러 해 동안 드린 기도가 마침내 응답되었기 때문이다. "알아요, 엄마, 알아요. 용서합니다. 저도 엄마를 많이 아프게 해서 죄송해요. 저도 엄마 사랑해요."

엄마와 나의 치유는 2002년 초까지 이어졌다. 그러던 어느 날 낸시와 나는 부모님을 집에 모시고 우리의 향후 계획을 나누었다. 우리는 몽골에 기독 학생 운동을 개척하러 갈 생각이었다. 입을 떼면서 내 심장은 두려움으로 쿵쾅거렸다. 어머니의 암이 드러난 후 몽골을 입밖에 내길 꺼려했지만, 주님은 그해 우리를 몽골로 떠나라고 부르고 계셨기에 부모님의 축복을 받고 싶었다. 우리는 부모님이 다시 버림받았다고 느끼실까 봐 두려웠다.

우리가 마음에 있던 계획을 말씀드리자 아버지는 눈물을 흘리기 시작하시더니 이렇게 말씀하셨다. "지난 한 해 동안 내 인생을 많이 돌아봤단다. 그리고 내 모든 꿈이 이루어졌다는 것을 깨달았다. 나는 이 나라에 왔고, 하나님은 내게 안정된 직장, 멋진 두 아들, 네 엄마, 집을 주셨다. … 토미, 네 꿈들도 이루어지면 좋겠다. 그러니 하나님이 너를 몽골로 부르신다면, 너는 가야 해."

지난 10년 동안 간절히 듣고 싶었던 말이었다. 용납의 말, 지지, 사랑의 말, 그리고 한 달 후에 어머니가 돌아가셨다. 하나님은 그분의 때에 회복을 안겨 주셨다. 부모님의 전폭적인 축복을 받은 채 낸시와 나는 더 큰 모험에 나서라는 부름을 부담 없이 받아들일 수 있었다.

가볍게 여행하기

몽골에는 1989년까지 알려진 그리스도인이 전혀 없었다. 성경이 몽골어로 번역된 것도 2000년의 일이었다. 몽골의 평균 가계 소득은 40달러 미만이었고 겨울의 평균 온도는 영하 40도였다(겨울은 9월말부터 4월까지 이어진다). 점잖게 말해서 버거운 난관들이었다. 하지만 우리는 여행 가방 세 개, 백팩, 겨울 코트만 챙겨서 친숙한 친구들과 익숙한 문화를 떠나 지구 반 바퀴를 돌아 몽골로 갔다.

그곳에서의 시간은 쉽지 않았다. 울란바토르의 아파트에서 보낸 어느 추운 밤의 기억이 생생하다. 낸시와 나는 어둠 속에서 욕실 바닥에 웅크리고 앉아 흐느꼈다. 전기가 또 나갔지만 말다툼을 하느라 그 사실을 알아채지도 못했다. 집이 그리웠다. 친구들이 보고 싶었다. 외롭고 모든 면에서 소외감이 느껴졌다. 그러나 하나님은 우리를 여행자에서 거류민으로 바꾸고 계셨다. 우리는 진정한 상실을 겪고, 진정한 위험을 감수하고, 취약함을 절감하고 있었다. 친숙한 모든 것이 사라진 가운데 우리는 하나님이 허락하신 조건에서 모험을 감행했다. 하나님의 공급하심에 의존했고 그분의 자비에 의지했다. 낸시와 나는 예수님이 (우리와 비슷한 상황에서 사역했던) 바울에게 하신 말씀이 우리에게도 해당한다고 믿지 않을 수가 없었다. "내 은혜가 네게 족하도다 이는 내 능력이 약한 데서 온전하여짐이라"(고후 12:9).

종종 궁금해진다. 미국의 그리스도인들이 하나님이 마련해 두신 모험을 받아들이려면 무엇을 버려야 할까? 우리가 절박하고 무력한 상태로 하나님만 붙들 수 있게 하시고자 한다면 그분이 무엇을 벗겨내실지 궁금해진다. 권력과 특권과 지위를 향한 욕구는 어떻게 우리를 있는 자리에서 얼어붙은 듯 꼼짝 못하게 만들까? 우리의 재정적 자원, 기술적 도구, 문화적 오만함은 우리가 하나님 및 세상과 정직하게 만나는 일을 어떤 식으로 막을까?

오늘날 우리가 가볍게 여행한다면 그것은 어떤 모습으로 나타날까?

삶으로
겸손을 보이다

낸시와 나는 2002년에 몽골에 도착했다. 든든한 미국 여권과
자금이 풍부한 선교단체의 지원이 우리와 함께했다. 그러나 우
리는 새로운 취약함을 경험했다. 비유적으로 말해 우리는 눈멀
고 귀 먹고 말 못하는 신세였다(몽골어를 읽을 줄도 말할 줄도 몰랐다). 아
무런 기술이 없었고(도시에서 자란 우리는 대부분의 지역이 시골인 나라에서 부
딪칠 실질적 난관을 해결할 준비가 되어 있지 않았다), 고립되어 있었고(소셜미
디어와 편리한 인터넷 접속이 등장하기 이전이라 네트워크를 활용할 수가 없었다) 하
찮은 존재로 여겨졌다(외국인이었던 우리는 자주 조롱을 받고 가진 것을 빼앗
기고 경찰의 면밀한 조사를 받았다). 이런 취약함들은 새로운 미덕을 갖
추라는 초대장과 같았다. 우리는 레슬리 뉴비긴(Lesslie Newbigin)의
책 《오픈 시크릿》(*The Open Secret*)에서 예언적으로 쓴 내용이 진실임을
깨달았다.

우리는 서구 교회가 탄생한 이래 한 번도 할 필요가 없었던 일을
해야만 하는 상황에 있다. 그것은 바로 서구 국가들의 힘과 영향
력을 거부한 세계에서 유효한 방식으로 선교적 교회의 형태와 내
용을 찾는 일이다. 선교는 더 이상 서구의 세력 확장의 흐름을 따
라 이루어지지 않을 것이다. … 이런 상황에서 우리는 신약성경

이 19세기[와 그 시대의 초기 서구 선교운동]의 경우보다 우리에게 더욱 더 직접적으로 말씀하시는 것을 발견하게 될 것이다. 우리는 강함의 자리가 아니라 약함의 자리에서 복음을 증거하는 것이 무엇인지 새롭게 배우게 될 것이다.[1]

낸시와 나에게는 미국인들이 국내외의 모험에서 흔히 동원하는 여러 재능과 도구들이 없었다. 우리가 직면한 문제들은 돈을 쏟아 부어 해결할 수가 없었다. 더 나은 전략, 더 뛰어난 의사소통, 더 많은 인원 동원도 불가능했다. 아무것도 없는 그런 상황이 마음에 들지 않았다. 우리는 어린아이나 다름없었고 현지 몽골인들에게 철저히 의지해야만 했다. 그들에게 우리가 필요한 것보다 우리에게 그들이 더 필요했다. 그런데 그렇게 겸허해지는 과정에서 진실한 관계들이 열렸고 우리가 주위 사람들에게 어떤 식으로 부담이 되었는지 살피게 되었다. 그렇게 해서 우리는 인간관계, 의무, 기회의 네트워크 안에 받아들여질 수 있었다. 그 과정에는 인내가 필요했다. 겸손이 필요했다. 그리고 거기서 사랑이 생겨났다.

우리는 바트카(Batka) 같은 친구들을 통해 이 모든 은혜를 경험했다. 바트카는 우리가 주최한 여름 영어 캠프에 참가해 신앙을 갖게 된 몽골인 대학생이다. 낸시와 나는 그를 가르쳤고, 우리는 바트카와 같은 몽골인 학생들을 위해 온 선교사들이었다. 그러나 바트카야말로 우리를 가르칠 사람이었다. 그는 몽골 문화에 대해, 그리고 우리가 사용하는 미국식 방법이 효과가 없다는 사실에 대해 진솔하게 얘기해 주었다. 그것은 우리에게 꼭 필요한 지적이었다. 그가 새롭게 발견한 예수님에 대한 사랑이 우리에게도 필요했다. 그 사랑이 우리 신앙에 자극제가 되었기 때문이다. 또 우리는 그의 우정이 필요했고, 그 우정은 관대함과 품위를 가르쳐 주었다. 3년 후, 바트카는 본인의 결혼식 사회와 주례를 맡아 달라고 요청했다. 우리는 오늘날까지 가까운 친구로 지내고 있다.

바트카 같은 친구들에게 의존하면서 우리는 평소에 무의식적으로 달고 살았던 서구적 오만, 성급함, 개인주의를 상당 부분 지울 수 있었다. 내세울 것이 하나도 없었기에 과거 서양의 선교 노력을 너무나 자주 오염시켰던 메시아 콤플렉스와 문화제국주의에서 벗어날 수 있었다. 우리는 사무엘 에스코바(Samuel Escobar)가 *The New Global Mission*(새로운 세계 선교)에서 말한 '아래로부터의 선교'의 도전을 받아들일 준비가 되고 있었다. 아래로부터의 선교는 구 기독교 세계의 선교패턴이던 '위로부터의 선교', 즉 군사적, 문화적, 재정적, 기술적으로 힘 있는 자리에서 하는 선교와 반대되는 개념이었다.[2]

아래로부터의 섬김을 생각하면 아버지가 떠오른다. 아버지는 대만에서 가난하게 자랐다. 가진 것이 거의 없고 영어도 잘 모른채 미국으로 이주했다. 여러모로 아버지는 성공했고 아메리칸 드림을 실현했다. 그러나 본인이 다른 사람들보다 더 열심히 일했다거나 더 신실해서 그렇게 된 거라고 스스로를 속이지 않았다. 아버지 못지않게 열심히 일했어도 아시아에서 여전히 가난하게 사는 다른 이들이 많다. 비슷한 영어 실력을 가진 다른 이민자들은 아버지처럼 중산층이 되지 못했다. 여러 나라들에서 온 다른 이민자들은 더 노골적이고 치명적인 인종차별을 겪었다.

아버지는 자신이 가진 모든 것이 하나님이 은혜로 주신 선물임을 알았다. 그렇기 때문에 다른 이민자들을 포함한 모든 사람에게 관대할 수 있었다. 직장 동료들에게 따돌림을 당하거나 승진에서 누락될 때도 따뜻한 마음을 잃지 않을 수 있었다. 아버지는 이런 일들에 대해 많이 이야기하지 않았지만 삶이 말해 주었다. 아버지의 겸손과 하나님에 대한 의존을 보고 느낄 수 있었다. 그래서 나는 모험에 나설 때마다 성-차이 린의 아들로 알려지기를 바란다.

또한 나는 하나님의 아들로도 알려지고 싶다. 우리가 예배하는 하나님은 취약한 상태로 세상에 오셨다. 아기로 태어나 요셉의 보호와 마리아의 부양에 의지하셨다. 막달라 마리아, 수산나, 요안나 같은 여인들(눅 8:2-3)의 재정적 지원을 기꺼이 받으셨다. 사마리아 여인이 주는 물을 받아서 드셨다. 마리아와 마르다의 식탁에서 자주 식사하셨다. 겟세마네에서 제자들의 격려와 우정을 바라셨다. 이것은 문화 참여 윤리의 본이 되어 한때 제국을 변화시켰고, 그런 일은 다시 이루어질 수 있다.

함께
여행하기

낸시와 나는 몽골의 신자들에게 어떻게든 뭔가 귀한 것을 줄 수 있기를 바라면서 그곳으로 갔다. 결과적으로 우리는 그 일을 해 냈지만, 새로운 몽골인 친구들로부터 많은 것을 받기도 했다. 우리의 사역은 현지 몽골인 신자들과의 진정한 동역으로 이루어졌고, 우리가 다른 사람들에게 철저히 의지했던 몇 달 간 형성된 진실한 관계가 그 사역의 토대가 되었다. 우리는 각 사람에게 서로 다른 중요한 기술과 지식이 있고 그 모두가 하나님이 펼치신 몽골 선교의 일부임을 알아보게 되었다.

어느 토요일 오전, 몽골인 학생 리더들이 수련회를 이끄는 사이에 낸시와 나는 잠시 휴식을 취하고 있었다. 학생 리더들은 몽골어로 성경공부를 인도하고 비기독교 친구들과 어울리는 일에 잘 준비된 이들이었다. 그런데 갑자기 우리 집 전화벨이 울렸다. 리더들의 급한 목소리가 들렸다. "바로 오세요! 두 분이 필요해요." 가서 보니 그들이 낸시와 나를 찾은 이유가 각각 달랐다. 낸시에게는 열렬히 기도하는 학생들이 가득한 방을 가리키며 축사(逐邪) 사역을 부탁했다. 그들은 낸시의 특별한 은사를 알고 있었다. 나에겐 다른 방으로 가서 학생들과 보드게임을 하는 일을 맡겼다. 우리 부부는 각자가 가진 구체적 은사로 수련회에 기여했다.

우리 문화 안에는 과연 잘 지낼 수 있을까 싶은 다양한 개인들이 팀으로 모여 각기 독특하고 아주 중요한 방식으로 자기 몫을 해내는 사례들이 가득하다. 〈어벤저스〉(The Avengers)와 〈반지의 제왕〉(The Fellowship of the Ring)같은 영웅적 이야기들이 있고, 경쟁자들로 이루어진 링컨의 내각과 뜻밖의 군사적 승리 같은 역사적 사례들도 있고, 많은 이들이 주변에서 직접 체험한 개인적 이야기들도 있다. 우리가 상호의존의 필요성을 인식하면 우리 자신과 다른 이들을 제대로 보게 된다. 특별하고 귀중한 재능이 있는, 하나님의 형상으로 만들어진 사람들로 보게 되는 것이다. 그런 자세는 우리를 이끌어 함께 모험에 나서게 한다. 우리는 각 사람의 모든 기술이 하나님 나라에서 중요하다는 것을 알기 때문에 다른 사람의 성공에 위협을 느끼는 대신 함께 기뻐하게 된다. 이것은 더 깊은 연합으로 이어진다.

우리가 다른 이들과의 참된 상호의존 정신을 받아들인다면 무엇이 달라질지 상상해 보라. 우리가 서로의 필요성을 긍정하고 우리의 죄와 상처를 기꺼이 인정하면, 인종차별, 동성애혐오증, 여성혐오, 우리와 다른 면을 가진 이들에 대한 냉담함이 사라질 것이다. 선교하는 교회들, 특히 재정적으로 넉넉한 미국 교회들과 영적 활력이 넘치는 다른 나라 교회들이 참된 동역 관계로 이어질 수 있다. 종교와 문화를 초월한 진정한 대화는 공통 관심 영역뿐 아니라 서로의 차이도 진지하게 받아들이게 할 것이다. 우리는 좀 더 사람답고 좀 더 예수님과 비슷하게 보일 것이다.

겸손과 상호의존성에서 나올 수 있는 하나님 나라를 확장하는 동역 관계의 사례들이 잠깐씩 등장하곤 한다. 몇 년 전, 나는 위클리프성경번역선교회, 세이브더칠드런, 유니세프, 이케아의 로고가 동시에 등장하는 중국 신문 공고를 보고 강한 흥미를 느꼈다. 그들은 중국의 소수민족 어린이들에게 모국어로 된 교육 자료를 제공하기 위한 언어 번역 사업을 공동 후원하고 있었다. 세이브더칠드런은 그 아동들을 교육하고 싶어 했지만 언어학적 전문 지식이 부족했다. 위클리프는 언어학적 전문 지식이 있었지만 정부의 승인이 필요했는데, 이 부분은 유니세프가 해결할 수 있었다. 유니세프는 소수민족 집단을 가난에서 벗어나게 할 전 지구적 사업을 시작했지만 어린이들과 함께 일하는 법을 아는 숙련된 조직들이 필요했다. 각 단체는 자금이 필요했고, 이케아는 가진 것을 너그럽게 나누고 수익을 지역 공동체에 투자하기 원했다. 그 결과, 영리 가구 회사, 복음주의 선교 단체, 두 개의 국제 비정부 단체의 독특한 동역을 통해 하나님 나라가 확장되었다!

기독학생회에서 활동하면서 다른 사례들도 보았다. 최근에 캘리포니아의 한 대형 공립 대학이 기독학생회 측에 국제 학생들을 위한 환경 주간 운영을 부탁했다. 대학 측은 우리의 다문화적 역량과 지역 공동체 동원 능력을 인정했다. 우리는 그런 방식으로 학교를 섬기는 일이 새로 입학한 외국 학생들에게 더 많이 다가가는 데 도움이 될 것임을 인식했다. 이와 유사하게, 미국대학체육협회 소속의 한 학교가 기독학생회 측에 자신들의 코치와 운동부 직원들을 대상으로 토론 훈련을 시켜 달라고 요청했다. 그들은 코치와 운동부 직원들이 학생들을 맡아 인종차별과 다문화 협력에 관한 토론을 이끌게 되길 원했다. 기독학생회 학생들이 성경공부 시간에 모여 이런 토론을 진행한다. 학교의 코칭 스태프들도 비슷한 역할을 할 수 있으면 좋겠다고 생각한 것이다. 그렇게 된다면 캠퍼스 전체에 유익할 터였다. 기독학생회로서는 학생 선수들과 날마다 소통하는 많은 코치들에게 도움을 받고 있었는데, 그들이 기독학생들도 이끌어 주고 지지해 주었기 때문이다. 우리의 상호의존성은 하나님 나라를 확장하는 협업으로 이어졌다.

상호의존에는 어려움이 없지 않다. 서로 얼마만큼 동역하거나 동일시할 수 있는지 분별해야 한다. 다른 기독교 전통(자신들보다 신학적으로 부정확하고, 선교적 역동성이 떨어지고, 행실에 일관성이 부족하다고 여겨지는 전통)과 자신들이 어떻게 다른지 드러내는 방식으로 영적 혈통을 따지는 일부 그리스도인들의 경우에는 동역 관계가 특히 어려워진다. 그들은 신학적 타협과 불순함을 경계한다.

2015년에는 상호의존의 문제에 대해 새로운 방식으로 씨름해야 했다. 그때 나는 기독학생회 구성원 1만 6천 명이 모여 3년마다 한 번씩 개최되는 세계선교대회 '어바나'(Urbana)의 기획을 이끌고 있었다. 우리는 전 세계 그리스도인들이 압제에 어떻게 대응하는지에 초점을 맞춘 일일 프로그램의 일환으로 아시아의 성경 강해자, 이란의 교회 개척가, 튀니지의 캠퍼스 선교 리더를 비롯해 자신들의 경험을 나눠줄 여러 사람을 초대했다. 우리는 세인트루이스의 아프리카계 미국인 예배 인도자도 초청하여 인종차별의 억압 아래에 있는 미국 흑인 교회의 경험을 들려달라고 했다. 그녀는 흑인 교회가 예배와 기도에 의지하여 주위의 파괴적 세력에 맞선 과정에 초점을 맞추었고, 강연 도중에 백인이 주류인 복음주의 교회의 침묵을 비판했다. 그녀는 블랙라이브즈매터(Black Lives Matter, 흑인 목숨도 소중하다) 운동에 참여한 이들을 포함한 아프리카계 미국인들이 예언자적 목소리로 그 침묵을 꾸짖은 것을 긍정적으로 인용했다.

나는 어바나 대회를 앞두고 어느 정도의 논란을 예상하고서 블랙라이브즈매터 웹사이트에 접속했다. 해당 웹사이트는 흑인 공동체가 "이 사회와 인류에 기여한 바와 치명적 압제를 거치며 기른 회복 탄력성"을 인정했고 나는 그리스도인들이 거기에 당연히 동의할 수 있을 거라고 생각했다. "흑인들을 위해, 더 나아가 모든 사람의 자유와 정의를 위해 집단적으로, 사랑으로, 용감하고 힘차게 일한다"는 목표를 충분히 공유할 수 있을 것으로 보았다. 물론 그 웹사이트에는 내가 동의할 수 없는 입장과 진술들도 있었고, 해당 운동 산하에서 이루어지는 모든 조치를 인정할 수도 없었다. 그러나 그것은 많은 기독교 선교 단체와 교회들의 웹사이트를 살펴본다 해도 다르지 않을 터였다. 비기독교적 시각을 분명히 드러내는 운동의 모든 주장을 우리가 전폭적으로 받아들일 수 있을 거라고 기대하진 않았지만, 미국이 저지르는 인종차별의 죄에 대해서는 함께 맞서 싸울 수 있기를 바랐다.

하지만 이 문제에 대한 생각이 모두가 나와 같지는 않았다. 개인적 성결에 대한 기독학생회의 입장에 찬사를 보내지만 구조적 불의에 대응해야 한다는 우리의 호소는 거부하는 일부 그리스도인들이 나의 지도력에 대해 성난 비판을 쏟아냈다. 몇 달 후, 기독학생회는 인간의 성(性)에 대한 역사적 기독교의 가르침에 헌신한다는 입장을 명확히 했는데, 그때는 다른 쪽에서 비판의 소리가 들려왔다. 인종적 불의를 다루는 우리의 입장은 인정하지만 성에 대한 견해는 거부하는 이들이었다. 개인적 의와 사회적 의를 아우르는 성경적 윤리를 전폭적으로 수용하는 기독학생회는 우리와 생각이 다른 부분이 있는 다른 여러 공동체들과 동의하는 부분도 있다.

'그리스도인들은 인류가 공통적으로 확신하는 이슈들에 대해 다른 단체들과 어느 정도나 협력 또는 연대를 표현할 수 있고 표현해야 할까?' 나는 궁금해졌다. 존 이나주는 이와 비슷한 생각을 〈워싱턴포스트〉지에 실린 "흑인의 목숨은 복음주의자들에게 중요한가?"라는 에세이에서 다루었다. 그는 다음과 같은 결론으로 그 기고문을 마무리했는데, 내가 볼 때 그 내용은 지금도 여전히 옳다.

공통점을 찾는다는 것은 우리가 가까이 다가가는 사람들의 목표

또는 가치를 전부 인정한다는 의미가 아니다. 그러나 그들에게 가까이 다가간다는 것은 분명하다. 이것이 내가 '확신 있는 다원주의'라고 부른 비전의 핵심이다. 이 비전은 다원주의라는 현실 속으로 들어가라는 요구이다. 우리는 자신의 믿음을 확신하면서 그렇게 할 수 있다. [3]

우리는 보통 자신과 핵심 신념이 다른 사람들, 기관, 운동과 협력한다. 우리가 구성원으로 있는 가족, 직원으로 있는 기업체, 시민으로 있는 나라의 목표와 갈망은 기독교적인 목표와 갈망에 못 미칠 때가 많다. 그런 조직의 목표와 갈망이 부당하거나 약한 것일 때는 그것들과 거리를 둘 필요가 있다. 그러나 가능한 지점에서는 가까이 모이고 공통점을 찾아내야 한다. 구분 짓는 일은 최대한 자제해야 한다. 소금이 소금그릇에 남아 있어서는 안 된다. 등불을 그릇으로 덮어 두어서는 안 된다. 그리스도인은 선하고 참되고 아름다운 것을 볼 때마다 어김없이 그것을 인정해야 한다. 설령 그것이 우리가 다른 면에서는 동의하지 않는 출처에서 나왔더라도 말이다.

우리는 차이가 있는 사람들과도 함께 여행할 필요가 있다. 세상 속에서 산다는 것은 복음을 가장 중요하게 생각하지 않는 사람들 및 활동과의 공통점을 찾는다는 의미다. 모험가에게 이것은 반가운 소식이다. 다양한 질문을 던질 수 있는 기회가 생기기 때문이다. 이 상황에서 하나님은 어떤 일을 하실까? 내가 공감할 수 있는 싸움은 무엇일까? 어디에서 다리를 놓을 수 있을까? 하나님의 나라는 어디서 드러나게 될까?

이런 관대한 정신의 원천은 순진한 낙관주의가 아니라 하나님의 주권과 긍휼에 대한 신뢰다. 관대한 정신은 기쁨을 예고한다. 낯선 것을 간신히 견디는 상태에서 벗어나 뜻밖의 상황을 겸손하게 감상할 줄 아는 단계로 우리를 몰아간다. 새로운 경험, 새로운 생각에 열려 있게 만든다. 분별과 성경적 비판이 필요할 때가 분명히 있지만, 분별과 비판은 겸손과 사랑으로 전해져야 한다. 어떤 이들은 이런 자세가 우리를 위험에 노출시킨다고 주장할 것이다. 분명히 그렇다. 모험은 본질적으로 위험하다. 이 사실을 무시해서는 안 된다. 하지만 이 모험에 소망과 확신을 가질 수 있는 것은 우리의 안내자가 믿음직한 분이기 때문이다.

실패를 통해
회복 탄력성을 기르다

물론 우리는 실패할 때가 있을 것이다. 그러나 모험에 잘 나서는 사람들에게 위험과 실패는 회복 탄력성을 기를 기회이다. 나는 단기 선교 여행을 위해 대학생들을 훈련시킬 때 자주 이렇게 말하곤 했다. "여러분이 무슨 일을 하든 중요하지 않아요. 여러분이 그 다음에 하는 일이 중요하지요." 학생들이 어리둥절해하면 나는 이렇게 말을 이었다. "여러분이 아무리 조심하고 공들여 준비해도, 이번 여행에서는 다문화적 상황에서 실수를 저지를 겁니다. 창피한 일이 있을 테고 아마도 우리를 받아 주는 현지인들을 불쾌하게 만들 겁니다."

학생들은 이 말에 대개 당황한 표정이 된다. 그러면 나는 이렇게 설명한다. "나는 여러분이 저지른 실수에는 큰 관심이 없습니다. 나의 관심사는 여러분이 그 다음에 어떻게 할 것인가에 있습니다. 부끄러워하며 뒤로 물러날 겁니까? 그 일을 그냥 무시해버릴 겁니까? 자신을 탓할 것입니까?" 나는 여기서 말을 멈추고 학생들이 자신의 반사적 경향을 따져보는 모습을 지켜본다.

그리고 내 말은 이렇게 이어진다. "아니면, 달려들까요? 질문을 해서 무엇이 잘못되었는지 알아낼까요? 사과를 하고 보상을 제안하겠습니까? 자신에게 자비를 베풀겠습니까? 이미 벌어진 일을 관계를 깊게 할 기회, 취약해지고 의지하는 쪽을 선택할 기회로 보겠습니까? 여러분이 어떤 일을 하는가가 아니라, 그 다음에 하는 일이 중요할 것입니다."

그 학생들은 올바른 일을 하고 올바른 생각을 하고 올바른 말을 해서 그때까지 늘 성공했던 이들이었다. 그들은 내 말을 받아들이기 어려워했다. 평생 실패를 모르던 이들이었다. 그들은 언제나 어려움을 완화시킬 방법을 찾아왔다. 그것은 사회학자 크리스천 스미스(Christian Smith)와 멜린다 런드퀴스트 덴튼(Melinda Lundquist Denton)이 "도덕주의적, 치료적 이신론"이라 부른 문화, 즉 불편을 두려워하고 실패를 회피하는 문화에서 자라난 그리스도인들에게 딱 들어맞는 상황이었다.[4] 그 결과, 그때나 지금이나 많은 학생들에게 회복 탄력성, 즉 실패에서 회복할 능력이 부족하다.

어떻게 하면 회복 탄력성이 있는 믿음을 가진 그리스도인을 기를 수 있을까? 나는 비서구권 국가의 교회들, 이민 공동체의 교회들, 유색인종이 다니는 교회들이 이 영역에서 우리를 지도할 수 있다고 믿는다. 그들은 수 세기에 걸쳐 회복 탄력성을 보여 주었다. 그들은 사회적 제재와 문학적 억압 한복판에서도 즐거운 증인의 모습이 어떤 것인지 본을 보여 준다. 성경을 굳게 붙들고 불의 및 죄와 직접적으로 싸우는 애도의 표본을 제시한다. 섹스, 돈, 권력과 기타 우상들 주위에 모여 있는 정사와 권세들에 맞서는 법을 보여 준다. 그들은 대단한 재정 자원 없이도 세계 선교 및 자국 선교에 참여한다. 그들이 보여 주는 '아래로부터'의 신학과 선교는 너무나 오랫동안 위에서 아래로 사역해 왔던 이들에게 축복이 된다.

몇 년 전, 나는 나이지리아 복음주의학생선교회 전국 대회에 참가했다. 여느 대학 선교 대회에서처럼 그곳 학생들은 열정적으로 예배했고 성경공부에도 열심히 참여했다. 그러나 미국에서 열리는 대부분의 대학생 대회와 달리, 콘퍼런스 센터 주위에서는 기관총을 든 수십 명의 경호원들이 혹시 모를 이슬람 무장 세력의 테러공격에 대비하여 경계를 서고 있었다. 이것은 그들의 일상적인 사역 환경이다. 그들 또래의 기독교인 학생들이 2015년 케냐의 가리사대학교(Garissa University)에서 그리스도인들을 겨냥한 테러 공격으로 사망했다. 그들의 친구들과 가족들이 보코하람(2002년 결성된 나이지리아의 이슬람 극단주의 테러 조직-역주)에게 죽임을 당했다. 150만 명이 넘는 그리스도인들이 살던 집에서 쫓겨나 먹을 것이 없이 지내고 있다. 그렇지만 수천 명의 학생들이 무슬림이 지배하는 북부로 이주하라는 부름을 수락했다. 아시아의 폐쇄된 국가들로 가서 복음을 전하라는 도전을 받아들인 학생들은 그보다 더 많았다. 누가 그들에게 회복탄력성을 주었을까? "우리는 두려움에 지지 않을 것이다. 복음은 우리 생명을 희생할 만한 가치가 있다." 그들은 복음의 소중함을 알았기에 그렇게 선언할 수 있었다.

보다 최근에 나는 레바논, 요르단, 이스라엘, 팔레스타인을 방문하여 아랍계 그리스도인들의 말을 들었다. 그곳에 있는 동안 나는 하나님이 수 세기에 걸쳐 친히 교회를 보존하신 여러 방식을 떠올렸다. 나는 하나님이 여러 무슬림들을 기적적으로 부르셔서 그분을 따르게 하신 이야기를 들었다. 강제 이주, 군사 점령, 국제적 고립을 당하는 팔레스타인 사람들을 돕는 팔레스타인 기독교 지도자들을 알게 되어 그들로부터 배우는 시간을 가졌다. 무엇이 그들에게 회복탄력성을 주는가? 그들은 하나님의 능력과 주권을 이해한다.

미국에서 나는 흑인 교회와 히스패닉 교회들이 복음 증거 안에 정의와 전도를 모두 담아내는 것을 보며 끊임없이 도전을 받는다. 그들의 예배에는 탄식과 찬양, 깊은 소망과 정직한 고통이 울려 퍼진다. 같은 신자인 그들은 구조적 억압, 경제적 빈곤, 지속적 실향을 경험했다. 다른 그리스도인들은 그들의 관심사를 외면하거나 가볍게 여기기 일쑤다. 그들은 흔히 한정된 자원을 가지고 창의적으로 일해야 한다. 무엇이 그들에게 회복 탄력성을 주는가? 그들은 하나님 나라가 이미 왔고 오고 있다는 것을 이해한다.

모험으로
변화되다

내가 모험을 좋아하는 것은 참된 모험으로 우리가 변하기 때문이다. 무모한 일탈로는 변하지 않는다. 〈스타워즈〉(Star Wars)와 〈인디애나 존스〉(Indiana Jones)처럼 내가 자라면서 본 영화에는 대부분 필요한 것을 거의 다 갖춘 영웅이 등장했다(당시에는 거의 언제나 남자였다). 재치, 기막힌 육체적 힘과 민첩함, 충분한 재력, 그리고 고대어와 정체모를 언어를 이해하는 놀라운 능력. 자신에게 없는 것은 빼앗는다. 그가 현지인에게 의존한다면, 그것은 축하할 기회가 아니라 고쳐야 할 문제이다. 집으로 돌아온 그는 처음 그대로이고 상처 하나 없다. 아주 재미있는 영화들이긴 했지만 궁극적으로는 만족스럽지 않았다.

그에 반해, 아주 만족스러운 이야기들에서는 모험가가 모험을 통해 변화된다. 〈반지의 제왕〉의 시작 부분에서 주인공 프로도는 약하고 무력하다. 그는 길 찾기, 보호, 식량공급을 비롯한 모든 일을 다른 사람에게 의존한다. 너무나 무력하고 취약해서 실패한다. 그는 잘나서가 아니라 못난 모습에도 불구하고 사명을 완수한다. 그러나 그 여정은 그를 변화시킨다. 그것은 무모한 일탈이 아니다. 그는 변화된 채 집으로 돌아온다. 그러나 너무나 고결해지고 부서진 나머지 고향에 머물 수 없다. "난 샤이어를 구하려고 했고 샤이어는 구원받았어, 하지만 나는 구원하지 못했지. 샘, 아마 이런 일이 많을 거야. 위험한 상황이 닥치면, 누군가는 소중한 것을 포기하고 잃어야 하나 봐. 그래야 다른 사람들이 소중한 것을 지킬 수 있는 것 같아."[5]

프로도처럼 우리가 처한 황무지를 받아들이고 하나님이 우리 앞에 펼치시는 여행을 받아들이면, 우리는 현재의 자리에 머물러 있지 않을 것이다. 우리가 출발했던 그 자리로 돌아올 수 없을 것이다. 우리는 모험에 나설 필요가 있다. 서로와 함께, 하나님과 함께.

"아직 멀었어요?" 대답은 늘 한결같다. "조금만 더 가면 된다. 참을성을 가져라."

4

기업가

루디 카라스코(Rudy Carrasco)

우리가
걷는 곳이
길이 되다

잡지 시안이 사라졌다. 전날 밤 사무실 책상에 두고 퇴근했는데, 아침에 출근해 보니 어디에도 보이지 않았다. 열여섯 장의 백지를 스카치테이프로 이어붙인 그 시안에는 파란색 잉크로 쓴 글과 박스와 표제들이 담겨 있었다. 그것은 〈어번 패밀리〉(Urban Family) 창간호를 위한 가공되지 않은 샘플이었다. 때는 1991년 여름이었고, 지역 사회 개발 선교사이자 인종 화해자인 존 퍼킨스 박사(Dr. John Perkins)가 흑인 공동체에 대한 언론의 집요한 부정적 보도에 대응하기로 결정한 시기였다. 그는 사회 문제를 보다 희망적으로 바라볼 다른 렌즈를 제공하여 시각의 균형을 잡아 줄 잡지의 창간을 구상했다. 나는 대학을 졸업한 뒤 바로 퍼킨스 박사의 팀에 합류했고 일 년도 못되어 〈어번 패밀리〉의 책임 편집자가 되었다.

무에서 유를
창조하는 사람들

그날 정오가 되자 사라진 잡지 시안의 미스터리가 풀렸다. 퍼킨스 박사가 그것을 챙겨 친구들 및 교회 지도자들과의 모임에 참석했던 것이다. 나중에 나는 그가 내 잡지 시안을 광선검처럼 휘두르면서 도시의 난제들에 대한 희망과 해결책을 미국 전역에 제시하고 흑인들과 기타 소외된 집단들을 긍정적인 시각으로 다룰 잡지의 비전을 이야기했다고 전해 들었다.

몇 주 후 그날 모임에 참석했던 누군가가 10만 달러를 보내왔다. 그때 내가 받았을 충격을 상상해 보라. 우리는 테이프를 붙여서 만든 잡지 시안의 거친 외형도 그 선물이 오는 데 일조했음을 알게 되었다. 후원자는 퍼킨스 박사에게 이렇게 말했다. "등사한 원고를 스테이플러로 찍어서는 독자를 확보할 수 없을 겁니다. 표지 색깔도 디자인도 제대로 하세요."

퍼킨스 박사는 〈사회에의 위협〉(Menace II Society) 같은 영화들을 보고 나서 〈어번 패밀리〉 구상을 떠올렸다. 그는 흑인들을 보여 주는 대중매체의 전반적 묘사에 낙심했다. 대중매체는 범죄 조직의 현실을 다룬 영화에 대규모로 투자하면서 보다 희망적인 내용은 잘 소개하지 않았기 때문이다. 그는 불평만 하지 않고 대중매체의 이런 묘사에 대해 조치를 취하기로 결심했다. 〈어번 패밀리〉는 전문성을 갖추고 출발했지만, 그는 필요하다면 잡지를 복사해서 손으로 나눠 줄 각오까지 하고 있었다. 그는 문제를 만나면 불평하는 데 그치지 않고 해결책을 찾았다.

우리는 스스로를 기업가라고 부르지 않았지만, 사실은 기업가였다. 우리는 무에서 유를 창조하여 특별한 빈자리를 메웠다. 우리는 흑인이 사장인 잡지사였고 희망과 해결책에 초점을 맞추었다. 일 년이 지나자 흑자까지는 아니었어도 1만 5천 부를 인쇄했고 광고수입도 상당했다. 비영리 조직이었던 우리는 퍼킨스 박사의 광범

위한 인맥에서 나오는 후원에 의지했다. 월급은 적고 직원은 다섯 명에 불과했다. 그래도 사무실 공간, 전화, 컴퓨터를 포함한 기반시설은 이미 갖추고 있었다. 빈약한 신규 사업이었지만 잡지는 충실한 취재와 시각적 편집으로 충분한 파급력이 있었고 〈크리스채너티 투데이〉는 시장의 반응을 보기 위해 1년 간 우리 기사를 구매하여 게재하기로 했다.

사업을 시작할 때 가끔 있는 일이지만, 역사의 우연으로 우리 신규 잡지의 시의적설성이 증폭되었다. 〈어번 패밀리〉 창간호는 1992년 4월 29일에 우편 발송에 들어갔는데, 그날 로스앤젤레스에서는 흑인 운전자 로드니 킹(Rodney King)을 폭행하는 장면이 비디오로 찍힌 네 명의 경찰관이 무죄를 선고받았다. 이 선고는 닷새에 걸친 사회 불안으로 이어졌다. 전 세계인이 지켜본 이 사태의 결과로 63명이 사망했고 2300명이 다쳤으며 약 12000명이 체포되고 10억 달러 이상의 재산피해가 있었다. 이 기간에 로드니 킹은 텔레비전에 출연하여 이렇게 물었다. "우리 모두 잘 지낼 수 없는 겁니까?"

한편 〈어번 패밀리〉의 창간호 기사 제목들은 그와 비슷하게 "흑인 공동체는 누가 대변하는가?", "흑인과 백인은 이웃이 될 수 있을까?" 등의 생각을 일깨우는 질문들을 제시하고 있었다. 인종 갈등은 로스앤젤레스만이 아니라 미국 전역에 걸쳐 이후 수년 동안 증폭되었고 그 상태가 이어지면서 〈어번 패밀리〉는 해결책과 인종 화해를 바라는 사람들 사이에서 기반을 구축했다.

내가 〈어번 패밀리〉를 경험하면서 배운 한 가지 교훈이 있다. 사회 문제의 대처에서 기업가적 풀뿌리 활동이 발휘하는 힘이다. 우리 팀은 비판 이상의 일을 하자고, 문제의 심각성을 부각시키는 것을 넘어서자고, 해결책을 제안하고 실행에 옮기자고 거듭거듭 다짐했다. 퍼킨스 박사는 이것이 "문제에 책임을 지는 일", 우리가 초래하지 않은 난장판을 깨끗이 치우기로 선택하는 일이라고 말했다. 나는 이 일에 적극적으로 참여했다. 달려 들어서 문제를 내 것으로 삼았고, 당면 과제를 감당할 준비가 되어 있지 않다고 느끼면서도 해결책을 찾고자 노력했다.

행동할 힘을 주는
세 단계

스스로를 기업가로 여기든 아니든, 가끔은 삶에 떠밀려 기업가의 역할을 맡게 된다. 그리스도인들은 종종 자신이 전혀 준비되지 못했다고 느끼는 중대한 상황에 맞서 실제적 대응에 나서라는 부름을 받는다. 독자들에게도 이런 경험이 있을 것이다. 어떤 사안에 대해 발언을 했는데 주위 사람들이 당신의 메시지에 동의하고 그 다음에 어떻게 해야 하는지 묻는다. 어떤 문제에 대해 조치를 취했는데 여러 사람과 단체가 찾아와 그들의 문제로 도움을 청한다. 사람들이 당면한 어려움에 대처하도록 실제적 조치를 돕는 리더로 자처한 적이 없는데, 어느 순간 포레스트 검프라도 된 것 같은 느낌이 든다. 그냥 뛰고 싶어서 뛴 것뿐인데, 많은 사람들이 당신의 뒤를 따르고 당신의 말을 기다린다.

여기에 해당하는 용어가 바로 마지못해 나선 기업가다. 우리는 기업가라고 하면 흔히 기존 자원의 제약을 느끼지 않는 상태에서 도전에 나서는 사람들로 생각한다. 그에 반해, 마지못해 나선 기업가는 작가 랜디 오터브리지(Randy Otterbridge)의 정의대로, 두려움을 넘어서서 기업 설립의 첫 걸음을 내디딘 사람이다.[1] 그리스도인 지도자들이 늘 기업가로 지목되지는 않겠지만, 도전적 상황으로 부름 받은 사람들은 마지못해 나선 기업가라고 할 수 있을 것이다.

그리고 그런 이들은 우리 주위에 가득하다. 세상에는 용감한 행동으로 여러 운동의 씨앗을 뿌리는 패니 루 해머(Fannie Lou Hamer) 같은 사람들이 있다. 패니 루 해머가 1964년에 민주당전당대회에서 한 증언은 미국 흑인투표권의 행로를 바꿔 놓았다. 그녀는 투표권 참여에 이어 빈곤퇴치를 위한 활동을 이끌었고, 1969년에는 지역 사회 기반의 농촌경제개발사업인 자유농장협동조합을 설립했다.

오래된 시급한 필요를 채우기 위해 행동에 나선 이들도 있다. 청소년 상담가로 훈련받았던 웨인 고든(Wayne Gordon)과 시카고 론데

일커뮤니티교회(Lawndale Community Church)에서 그가 이끄는 팀은 교인들을 포함한 여러 사람들에게 저렴한 주택이 필요함을 보고 지역사회 출신의 리더십을 갖춘 인재들과 전문 기술을 확보한 론데일기독교개발회사를 설립했다. 이 회사는 2019년에 이르기까지 1억 달러가 넘는 규모의 저렴한 주택 사업을 추진했다.

나도 마지못해 나선 기업가이기 때문에 이런 사례들에 격려를 받는다. 〈어번 패밀리〉에서의 시간을 시작으로 마지못해 창업에 나서는 상황을 너무 많이 경험한 터라 행동에 나설 힘을 주는 세 단계의 격언을 정리했다.

> 1단계: 모든 것이 산산이 부서지다.
> 2단계: Se hace camino al andar(네가 걷는 곳이 길이 된다).
> 3단계: "내게 능력 주시는 자[그리스도] 안에서 내가 모든 것을 할 수 있느니라"(빌 4:13).

부서진다고
끝나지 않는다

치누아 아체베의 책 《모든 것이 산산이 부서지다》(*Things Fall Apart*)는 나이지리아 공동체가 영국 식민지배에 굴복하면서 주인공이 절망하는 과정을 연대기순으로 기록하였다. 나는 이 의미심장하고 통렬한 제목에 늘 깊은 인상을 받았다. 세상은 부서지고, 무슨 일이 벌어지는지 우리가 이해할 수 있든 없든, 때로는 모든 것이 산산이 부서진다. 모든 사람은 이런 부서짐을 만나게 된다. 나는 새로운 부서짐을 경험할 때마다 이렇게 말하며 스스로를 위로한다. '그렇다, 모든 것이 산산이 부서지는 것처럼 보인다. 하지만 그것으로 세상이 끝나진 않는다.'

"Se hace camino al andar(쎄 아쎄 까미노 알 안다르)." 이것은 스페인어다. 길과 계획, 어떤 역할 모델도 없고, 자신이 취해야 할 행동노선의 선례가 없다는 생각이 들면 사기가 떨어질 수 있다. 마지못해 나선 기업가가 이런 버거운 과제와 마주하면 한동안 마비되어 버릴 수도 있다. 그러나 "네가 걷는 곳이 길이 된다"는 조언은 큰 대가가 따를 수 있지만 우리 앞에 길이 있음을 말해 준다.

"내게 능력 주시는 그리스도 안에서 내가 모든 것을 할 수 있느니라"라는 구절은 기독교 신앙의 중심 교리이자 마지못해 나선 기업가의 슬로건이다. 결국 우리는 죽은 자들 가운데서 살아나신 분을 믿는 사람들이다. 큰 도전에 직면할 때, 해결책이 없는 것처럼 보이는 문제들에 맞닥뜨릴 때, 우리는 무로부터 세상을 창조하신 성령께서 우리가 이 장애물을 뚫고 나가도록 인도하신다고 믿고 안심할 수 있다.

나는 30년이 넘게 사역을 하면서 나를 비롯한 여러 사람들이 주저하면서라도 두려움을 떨치고 기업가적 첫걸음을 내디딜 때 긍정적 변화들이 나타나는 것을 보았다.

1994년, 〈어번 패밀리〉지에서 일하던 나는 퍼킨스 박사가 설립한 다른 단체인 '하람비 기독교 가족 센터'(Harambee Christian Family Center)로 자리를 옮겼다. 하람비는 인종 화해에 헌신하는 도시 청소년 사역이었다. 하람비가 위치한 곳, 그리고 내가 거주하면서 섬겼던 패서디나 북서부 지역의 당면 과제는 소수 인종들과 다수 백인들 간의 인종 갈등이 아니라 아프리카계 미국인들과 라티노들 사이에서 커지는 갈등이었다. 1980년대에는 흑인이 주를 이루던 지역이었는데 라티노들이 많이 들어오면서 불신이 커졌다. 흑인 갱들과 라티노 갱들은 주민들을 더욱 갈라놓았다.

하람비의 우리 팀은 이런 지역 사회의 역학 관계 안에서 복음의 능력을 어떻게 전할 수 있는지 고민했다. 사역 동역자인 데릭(Derek)과 나는 기업가적 사고와 계산된 위험을 감수할 의향, 그리고 무로부터 유를 창조할 필요가 있다는 인식을 갖고 있었고, 우리가 가능하다고 믿었던 흑-갈 인종화해의 산 증인이 될 필요가 있다고 판단했다.

데릭은 미시시피에서 자란 흑인 지도자였고 나는 로스앤젤레스 동부에서 태어난 멕시코계 미국인이었다. 우리는 사역지에 거주하고, 두 가족이 한 집에서 지내며 식탁을 공유하고, 동등한 의사결정권을 갖고 단체를 공동 운영하기로 의기투합했다. 이것은 데릭에게 더 큰 희생을 요구했는데, 그는 나보다 열 살이 많고 도시 사역 운영의 경험도 훨씬 풍부했기 때문이다. 첫 3년의 노력을 통해 우리는 흑인들과 라티노들이 서로 챙겨 주는 문화를 하람비 안에 만들어 냈고, 많은 동네 사람들에게 우리가 복음이 가진 화해의 능력을 진지하게 믿는다는 확신을 심어 주었다. 그들도 위험을 감수하고 인종적 경계를 넘어 더 깊은 관계를 맺도록 설득하는 일은 훨씬 더 힘들었다. 하지만 시간이 지나면서 우리에게 영향을 받아, 쓰는 언어가 달라도 서로를 이런 저런 행사나 집에 초대하는 흔치 않은 일들이 일어났다.

1997년, 기업가적 행동을 요구하는 또 다른 상황이 발생했다. 데릭과 나를 포함한 한 무리의 청소년 사역 리더들이 오렌지카운티의 데니스 레스토랑에서 아침식사를 하고 있었다. 우리는 도시 환경에 맞게 설계된 청소년 사역 자원이 부족한 상황을 한탄하다가 이런저런 가정을 해 본 뒤 직접 관련 행사를 만들기로 결정했다. 우선 산타아나 히스패닉사역센터의 래리 아코스타 박사(Dr. Larry Acosta)와 연계하여 시범행사를 추진했다.

우리 리더들은 그 행사를 함께 기획했고 각자의 네트워크와 의사소통을 하며 행사를 홍보하고 아주사퍼시픽대학(Azusa Pacific University)을 행사 장소로 정했다. 예산은 적었지만 일단 행사가 열리고 사람들이 그 광경을 한번 본다면 이 구상이 추진력을 얻을 수 있다고 생각했다. 그 첫해에 100명 정도의 도시 청소년 사역자들이 행사에 참석했다. 환상적인 시간이었다. 그러나 행사 준비는 진이 빠지는 일이기도 했다. 적어도 하람비 팀에게는 그랬다. 데릭과 나는 래리를 만나 그 행사는 이제 우리가 감당하기에 너무 버겁다고 털어 놓고 그가 도시청소년사역자협회 행사를 맡아 준다면 안심이 되겠다고, 우리가 뒤에서 지원하겠다고 말했다. 래리는 행사와 관련된 전 과정에서 활력을 얻은 듯했고 우리의 제안을 기꺼이 수락했다. 그 이후는 다들 아는 사실이므로 더 말할 것이 없을 듯하다. 도시청소년사역자협회는 지금도 전미 최고의 도시 청소년 사역자 훈련의 장으로서의 위상을 이어가고 있다.

그리고 2007년, 또 다른 기업가적 기회가 찾아왔다. 그때 마이크(실명이 아니다)가 하람비의 내 사무실 출입구에 서서 이렇게 말했다. "이곳에 최고의 갱 프로그램이 있다고 들었습니다. 프로그램의 내용을 알고 싶습니다." 처음 듣는 이야기였다. 우리에게는 갱 프로그램이 없었기 때문이다. 내가 물었다. "누가 그러던가요?" 마이크는 하람비가 갱단의 영향을 받은 청소년들을 대상으로 효과적인 사역을 한다는 얘기를 패서디나 시 주변의 몇몇 사람들, 주로 인근 중학교의 청소년들에게 들었다고 했다. 그 아이들은 우리의 주니어 스탭 프로그램에 참여하고 있었고, 그 프로그램은 대학 입시 준비와 제자화 활동, 시설 곳곳에서 일을 하고 급료를 받는 것으로 이루어졌다.

2007년은 청소년 프로그램 책임자 플로렌스(Florence)가 나를 찾아와 우리가 더 많은 청소년을 고용해야 한다고 말한 해였다. 우리는 그 해에 12명의 청소년이 파트 타임으로 일할 수 있도록 예산을 편성하고 기금모금을 했지만, 그녀는 일자리 소식을 들은 많은 청소년들이 새로 찾아오고 있다고 전했다. 그들은 그리스도인이 아니었고 하람비를 경계했지만 프로그램에는 참여하고 싶어 했다. 그 젊은이들 중 일부는 친척이 갱단에 있었고 그들에게 영향을 줄 위험이 있었다.

나는 플로렌스에게 우리가 무엇을 해야 한다고 생각하는지 물었고, 그녀는 반대로 내게 무엇을 할 수 있느냐고 물었다. 나는 기금모금 노력을 두 배로 늘릴 수 있다고 대답했지만, 필요한 자금을 얼마나 빨리 모을 수 있을지는 분명치 않았다. 플로랜스는 청소년 개인의 평균 노동 시간을 줄이면 주니어 스탭의 수를 늘일 수 있다고 말했다. "정말입니까?" 내가 물었다. 그렇게 되면 노동 시간이 주당 평균 4시간으로 줄어들 텐데, 젊은이들이 그렇게 적은 시간을 일하려고 센터에 올지 확신이 서지 않았다. 그리고 이미 맡길 일이 부족한 상황이기도 했다. "학생들이 같은 화장실을 교대로 청소할 수 있을 것 같은데, 어떤가요?" 내가 물었다. 그녀는 그렇게 만들 수 있을 거라고 대답했다. 그리고 정말 그렇게 해냈다.

그해에 함께한 서른 명의 젊은이들은 내가 하람비에서 19년을 보내며 만난 청소년들 중에서도 가장 배려할 줄 알고 진실하고 예의바른 이들이었다. 늘어나는 젊은이들의 방문에 우리가 기업가 정신을 발휘하여 주니어스탭의 수를 늘리고 이후의 비용을 어떻게 댈지 생각해내지 않았다면 그들은 결코 우리와 함께하지 않았을 것이다.

거름이 필요한 곳에
가다

나눌 사례가 한 가지 더 있다. 2013년 나는 가족과 함께 미시건 주 그랜드래피즈로 이사했고, 기업 참여를 통한 빈곤퇴치에 초점을 맞춘 세계적 기독교 단체인 파트너스월드와이드에서 일하게 되었다. 단체 안의 내가 속한 팀이 그랜드래피즈(Grand Rapids) 전역의 기업계 리더들과 함께하는 모임에 초대를 받았는데, 그들은 구성원들 중 많은 이들과 친분이 있던 한 흑인 젊은이의 죽음을 애도하기 위해 먼저 모여 있었다.

모임에서 논의하는 도중에 아프리카계 미국인, 특히 전과가 있는 이들의 실업 문제 대처 방안에 대한 질문이 나왔다. 그날의 논의는 그들을 잠재적 직원으로 보는 데 초점을 맞추었지만, 우리 팀은 그들이 지속가능한 일을 꾸려가도록 도울 필요가 있다는 것을 알았다. 일자리를 구하는 데 어려움을 겪는 이들이 있었고, 기존 일자리에서 나오는 수입으로는 부족해서 가벼운 건설일, 잡역부, 식당일, 또는 종류와 상관없이 부업이 필요한 사람들도 있었다. 그리고 자기 사업을 꾸리는 일에 관심이 있는 이들도 있었다.

그랜드래피즈는 사기업과 자립을 장려하는 문화가 있는 사기업의 천국이기에 기업가정신이 실업 문제에 대처할 수 있다는 구상에 다들 즉각적인 관심을 보였다. 그러나 사람들은 그 구상이 효과가 있다는 증거를 원했다. 우리에게는 표적 집단의 필요를 딱 맞게 채워 줄 기업가 정신의 지역 내 사례가 전혀 없었다. 많은 사업개발 프로그램이 있었지만 대체로 상당한 교육 수준이나 사업적 감각을 전제하고 있었다. 우리는 교육수준이 낮고 사업계획, 예산, 스프레드시트, 마케팅 계획, 세세한 법률준수 같은 사업의 형식적 틀에 익숙하지 않은 이들과 협력해야 할 것이었다.

그래서 우리 팀은 우리가 표적으로 생각하는 이들을 상대로 가장 성공적인 결과를 냈던 미국 내의 프로그램을 찾아 나섰다. 우리는 테네시 주 채터누가의 한 그룹을 발견했는데, 론치(LAUNCH)라는 이 그룹은 아직 공식 사업가가 아닌 이들에게 사업의 언어를 교육하는 커리큘럼과 방법론을 만들어 낸 바 있었다. 파트너스월드와이드는 론치의 방법론을 그랜드래피즈로 도입하도록 도왔다. 이 접근법으로 전과가 있는 실직자들보다 훨씬 넓은 범위의 청중과 만났고 그들의 필요를 채웠다. 첫 구상이 나오고 5년 후, 그랜드래피즈의 실업률이 아주 높은 여러 지역에서 300명이 넘는 사람이 사업 훈련 과정을 이수하고 확대 사업 코치를 받고 200개가 넘는 사업을 시작했다.

어번 패밀리, 하람비, 도시청소년사역자협회, 주니어 스탭 프로그램, 파트너스 월드와이드. 이상은 기업가 정신과 추진력으로 사회적 도전들에 대응하고자 노력했던 많은 사례 중 다섯 가지에 불과하다. 행동에 나선 일이 강력하고 실제적인 목적을 이루는 데 보탬이 되었다. 그런 시도들을 통해 변화가 실시간으로 일어나는 것을 보여 줄 수 있었기 때문에 다른 사람들도 문제 해결이 가능하다는 확신을 갖게 된 것이었다.

기업가적 방식으로 버거운 사회적 도전들에 대응하는 일에는 실제적 근거뿐 아니라 신학적 근거도 있다. 톰이 3장에서 지적한 대로, 예수님은 하나님의 빛이 가장 필요한 곳에서, 우리 쪽의 기업가적 노력이 가장 필요할 것 같은 장소에서 신앙을 삶으로 살아내라고-세상의 소금이 되라고- 우리 각 사람을 부르신다.

앤터니 브래들리 박사(Dr. Anthony Bradley)는 이 소금의 성질에 대한 이해를 돕는 시각을 제시한다. 소금을 거름으로 보는 시각이다. 2016년 〈크리스채너티 투데이〉 기사에서 그는 고대 세계에서는 소금을 거름으로 이해했다는 농업 전문가 유진 디트릭(Eugene Deatrick)과 로버트 포크(Robert Falk)의 연구 결과를 인용했다. 브래들리는 이런 이해가 오늘날에도 이어진다고 덧붙였다. 필리핀 코코넛청에 따르면 소금은 "작물의 성장과 발육을 촉진시키고 수확량을 늘려준다. … 소금을 비료로 쓴 농부들은 소금을 안 썼을 때에 비해 125퍼센트의 코코넛 수확 증가를 이루었다."

브래들리에 따르면, 소금을 거름으로 보는 이런 이해는 그리스도인들이 어떤 것도 제대로 자라지 않는 곳으로 가서 새생명이 자라도록 도우라는 부름을 받았다는 적용으로 이어질 수 있다. "그리스도인들은 세상에 맛을 더하거나 세상이 부패하지 않게 막아 주는 역할로만 여기 존재하는 것이 아니다. 예수 그리스도를 따르는 자들은 황폐한 지역의 성장을 자극하고 세상의 거름더미에 섞여 들어가 하나님이 새롭고 덕스러운 삶을 이루시는 데 그 거름을 쓰실 수 있게 준비하는 사명을 받았다."[2]

세상에 비료를 주고
필요한 곳에 생명을 전하다

나는 브래들리의 시각이 맘에 든다. 내가 관여했던 기업가적 노력을 통해 하나님이 하신 일을 알아보는 데 도움이 되기 때문이다. 당시 나는 뭔가를 해야 하고 그 일은 위험을 무릅쓸 가치가 있다는 것밖에 몰랐다. 그러나 그리스도인들이 믿음으로 반응하고 기업가가 되기로 선택함으로써 세상에 비료를 주고 있고 필요한 곳에 생명을 전하고 있음이 이제는 더 분명하게 보인다.

2007년의 패서디나에는 기름이 필요했다. 내가 그곳에 도착했던 1990년대 초에는 지역 사회가 겪고 있는 갱단 관련 폭력의 파도가 배경처럼 깔려 있었다. 1991년 〈로스앤젤레스 타임스〉는 하람비 사역 현장에서 두 블록 떨어진 곳에서 벌어진, 달리는 차량에서 총기를 난사한 사건을 보도했고, 그런 일이 2주 동안 여섯 번이나 일어나 주민들이 긴장하고 두려움에 떨고 있다고 언급했다.[3] 2007년에는 우리가 있던 패서디나 북서부 지역에서도 이와 유사한 일련의 갱단 폭력 사태가 벌어졌다. 그해 9월 무렵에는 갱 관련 살인사건이 이미 10건이었다. 지역 주민들은 사건 횟수에 깜짝 놀랐다. 이전 3년간 있었던 갱 관련 살인이 총 13건 이었기 때문이다. 경찰의 보수적 추정에 따르면, 우리 지역에서 11개의 갱단이 신원이 확인된 500명 정도의 단원들을 거느리고 활동하고 있었다.[4]

주민들과 지역 리더들은 갱단의 영향력이 증가하는 상황을 우려했고, 이 난관에 맞서고자 비전 20/20 사업을 기획했다. 이 사업은 2007년 후반, 패서디나 시의원 재크 로빈슨(Jacque Robinson)의 행동촉구에 반응하여 시작되었고, 로스앤젤레스 카운티 전역에서 갱들과 함께 일했던 현지 기독교 지도자 앤터니 마센게일(Anthony Massengale)이 개발한 폭력 예방 체계를 빠르게 도입했다. 갱단 활동 예방과 교정교육에 초점을 맞춘 비전 20/20사업은 경찰, 지역 사회 단체들과 신앙 기반 단체들, 자선단체, 기업체, 시민단체, 교육기관

등 여러 분야의 연합으로 시행되었다.

하람비도 이 연합체에 합류했다. 그리고 얼마 후 나는 우리의 참여가 우리 조직에 어떤 영향을 미칠지 따져보았다. 우리가 연합체에 참여한 것은 함께 모이면 각 단체가 개별적으로 일할 때는 찾을 수 없었던 해결책에 도달할 수 있기 때문이었다. 우리 지역에는 갱단의 일원이거나 갱단의 위협을 받는 젊은이들과 부모들이 많았기에, 지역에서의 모든 긍정적 움직임은 그들에게 도움이 될 터였다.

하지만 우리에게는 시간 사용 문제와 조직가치의 향방이라는 두 가지 난제가 있었다. 시간 사용이 문제가 되는 것은 지역 사회 연합체가 움직이는 데는 끝없게 느껴지는 모임들이 따르기 때문이었다. 정기 모임, 위원회 일을 위한 후속 모임, 연합체에 참여한 각 단체를 알기 위한 모임, 변화를 촉구하거나 이 사업에 대한 지지를 호소하기 위한 공직자 및 후원자들과의 만남 등 시간과 노력을 들여야만 하는 모임이 줄줄이 뒤따랐다.

조직 가치의 향방이 다른 난제로 등장한 이유는 연합체에 참여한 모든 집단이 하람비의 기독교 중심적 사명에 동의하는 것은 아니라는 데 있었다. 하람비의 후원자들은 연합체 참여를 하람비의 사명과 가치의 타협으로 인식할까? 그와 동시에 연합체의 다른 단체들은 하람비의 참여를 염려했다. 그들은 우리의 청소년 제자화 프로그램을 알고 있었고 우리가 정치적 입장이 다른 개인 및 진보적 정치의제에 동의하지 않는 교회들과 동역한다는 것도 알았다.

연합체 참여의 장점과 난점을 인식한 하람비 팀과 나는 신뢰를 쌓는 일에 공을 들였다. 하람비는 그해 20/20 사업에 참여한 소수의 신앙기반 단체 중 하나였고, 그 사업에 참여한 많은 단체 리더들은 우리의 지지에 감사했다. 나는 그들이 이후 각자의 네트워크에 하람비를 소개했을 거라고 믿는다. 그렇게 해서 마이크가 하람비의 갱 프로그램에 대해 듣고 우리 사무실 문앞에 오게 된 것이다. 그렇다, 인근 중학교의 아이들이 마이크에게 우리 이야기를 했지만, 20/20 사업 논의에 참석했던 사람들도 그에게 하람비가 갱단의 영향을 받는 젊은이들과 하는 일을 알아보라고 말했을 것이다.

20/20 사업은 갱단에 관여한 젊은이들을 돕는 다양한 접근법을 개발했는데 그중에는 현장기능직 일자리를 제공하는 견습생 프로그램이 있었고, 그 진행과정에서 평소에 자주 협력하지 않았던 기관들 사이에 새로운 관계가 형성되는 중요한 부산물이 발생했다. 하람비가 이 일에 모종의 '거름'이 될 수 있었던 이유를 돌이켜 보니, 두 가지 요소가 떠오른다. 근접성과 무언의 메시지였다.

근접성에 대해 말하자면, 우리는 다른 사람들과 직접 얼굴을 마주할 때 그들의 관점이나 성격에 대해 전해들은 내용에 매이지 않고 개인적으로 그들을 알게 된다.

그러면 처음 생각했던 것보다 서로 공통점이 많다는 것을 발견하는 경우가 많다. 20/20 사업에 참여한 어떤 이들은 하람비의 신앙 기반 접근법에 대해 듣고 우리의 유일한 관심사가 사람들을 개종시키거나 교회에 데려가는 것이라고 생각했다. 그 회의론자들은 우리가 지역 사회의 모든 사람들을 섬기는 데 헌신하고 기독교 영역만이 아니라 공동선에 보탬이 되는 해결책에 초점을 맞춘다는 사실을 알고 나서 깜짝 놀라며 기뻐했다.

무언의 메시지는 몸짓언어를 말한다. 우리의 몸짓언어가 보내는 메시지는 거름이 될 수 있는 우리 능력을 강화시킬 수도 있고 훼손할 수도 있다. 갱단의 영향을 받는 젊은이들을 섬기는 연합체와 같은 깨어지기 쉬운 판에서 우리는 참여자들 사이에서 신뢰를 쌓기 위해 할 수 있는 일을 다 해야 했다. 연합체 논의에 참가한 사람들에게 정말 신경을 썼는가? 다른 사람들이 하는 말에 진정한 관심이 있었는가? 협업 과정을 따를 마음이 있는가?

팔짱 낀 손, 꼰 다리, 뻐딱한 자세는 우리가 이런 질문들을 어떻게 생각하는지 전해 준다. 그리고 우리의 몸짓언어를 스스로 점검하면 자신의 동기와 마음을 들여다볼 수 있다. 가끔 나는 내 몸짓언어에서 불편함을 발견하는데, 그러면 다음과 같은 질문을 깊이 생각해 본다. 나는 왜 불편할까? 이 상황에 대해 어떤 조치를 취할 수 있을까? 이 불편함의 원인은 사람일까, 생각일까, 그 외의 다른 요소일까? 나는 다른 사람들과 어떻게 의사소통을 하고 있나? 내 몸이 말해 주는 내용에 반응하여 해야 할 일이 있을까?

우리는 하나님의
형상임을 기억하라

기업가가 된다는 것은 무에서 유를 창조할 의향을 갖는다는 의미다. 그리고 마지못해 나선 기업가가 된다는 것은 두려움과 불안에도 불구하고 이 방향으로 움직인다는 뜻이다. 사회 평화, 인종화해, 공동체적 선의의 확장에 대한 전망이 희망적이지 않을 때도 있을 것이다. 그러나 기억해야 한다. 우리가 섬기는 하나님은 창조적인 분이므로 우리도 지역 사회의 어려움에 창조적으로 대처할 수 있다. 하나님은 우리를 그분의 형상으로 만드셨고 그분이 우리에게 맡기신 일을 감당할 능력을 주셨다.

우리가 사는 시대는 불편하고 비범한 행동에 나서라고 우리를 부를 수 있다. 우리가 그런 상황을 선택하는 경우는 드물다. 우리는 당면 과제를 감당할 준비가 되지 못했다고 자주 느낀다. 그런데 우리가 교회나 교단이 당대의 거대한 사회적 이슈들과 씨름하는 것을 보며 지역 사회 안의 긴장을 직시하게 되기도 하고, 공적 장소에서 신실하게 자리를 지키는 동료 신자들을 지원하라는 부름을 받기도 한다. 어느 쪽이 주어지든 우리는 안심하고 확신할 수 있다. 하나님은 그분을 공경하고 생명을 전하는 사람들을 위해 길을 열어 주시는 분으로 정평이 나 있기 때문이다.

신학자

목회자

모험가

기업가

작가

송라이터

스토리텔러

번역자

의료인

화해자

Part 2

내가
선 자리에서

어떻게 신앙을
구현하며
살아야 하는가

5

작가

티쉬 해리슨 워런(Tish Harrison Warren)

영원한 것들을
내가 속한 시대의 언어로
말하며

스스로를 작가라 부르는 일은 때로 불편하다. 나를 비롯해 어느 누구도 포괄적인 '작가'일 수 없고, '작가들'을 대변할 수도 없다. 많은 이들이 글을 쓴다. 희곡이나 사용 설명서, 이메일이나 소설, 시나 판타지, 블로그나 아동 도서, 미스터리나 회고록, 철학 논문이나 화학 교과서를 쓴다. 이 모두가 글쓰기이고, 각각 다른 종류의 기술이다. 나는 한 종류의 작가일 뿐이다. 나는 흔히 대중 신학 -비전문가용 신학- 이라고 부를 만한 것을 쓴다. 글을 쓰는 모든 사람의 일은 특정한 장르, 목적, 독자의 영향을 받는다.

내가 스스로를 작가로 부르기가 주저되는 이유는 또 있다. 이 용어는 이국적이고 유쾌한 느낌을 주기 때문이다. 작가라고 하면 머릿속에서 헤밍웨이(Hemingway)나 케루악(Kerouac, 1922-1969, 미국의 소설가-역주) 같은 소설가의 섹시하고 쿨하고 불안정한 모습이 떠오른다. 그러나 내가 아는 글 쓰는 이들은 대부분 평범한 보통 사람이다. 우리는 그리 흥미롭지 않다. 빨래를 하고, 잔디를 깎는다. 그리고 종이 위에 그럴싸한 말을 늘어놓기를 바란다. 그 일이 잘 될 때도 있고, 그렇지 못할 때도 있다.

'작가'라는 용어가 불편한 가장 큰 이유는 내가 작가가 되려고 나선 적이 없기 때문이다. 나는 언제나 목사가 되고 싶었다. 열네 살 무렵 하나님이 나를 목회로 부르심을 느꼈고 결국 내가 다니던 침례교회의 복도에서 "내 삶을 전임 기독교 사역에 바쳤다." 나는 사회정의와 경제정의를 향한 열정을 품고 대학을 졸업했고 내가 속했던 캠

123

퍼스 선교 단체에서 말한 '세계를 변화시키는 사람'이 되고 싶었다. 그러나 어떻게 세상을 변화시키기 시작할지는 전혀 알지 못했다. 나는 해외로 나가 가난한 사람들과 함께 일했고 미국 내에서는 이민자 아동을 섬기는 교회와 함께 일했다. 그리고 서점, 병원, 마약 재활원, 유기농 식료품점, 초등학교, 보모 일 등을 전전했다. 신학교에 진학한 이후에는 거의 10년 간 캠퍼스 선교 단체에서 일했다. 그리고 성공회 사제로 서품을 받았다.

사제서품을 준비하는 5년 동안 나는 글쓰기가 조금씩 더 크게 내 삶에 자리 잡는 것을 발견했다. 참으로 놀랍게도, 내가 글쓰기의 소명을 발견한 것 못지않게 글쓰기의 소명도 나를 발견했다. 나는 동시에 발생한 전혀 다른 두 환경에서 작가로서의 내 자신을 처음으로 이해하기 시작했다. 그 두 환경은 새로운 사랑과 갈등의 도가니였다.

나는 아기를 바랐지만 불임선고를 받았고 그 상태로 몇 년을 보냈다. 그런데 어느 행복한 가을 아침에 내가 임신했다는 것을 알게 되었다. 그리고 모든 의미에서의 생성기가 시작되었다. 딸아이가 내 속에서 자라면서 글이 쏟아져 나오기 시작했다. 오래전부터 말을 갖고 노는 것을 좋아했던 나는 지역 대학에 개설된 대학원 수준의 시 수업을 충동적으로 신청했다. 시를 가르치고 배우는 교수들과 학생들의 모임은 낱말 열광자들의 동맹 같았다. 우리는 매주 낱말들을 기뻐했고, 나의 언어 기술은 조금씩 늘었다. 작가 경력을 쌓겠다는 전략적 계획 같은 것은 없었다. 이 수업이 나를 어디로 이끌게 될지 전혀 몰랐다. 나는 그저 쓰는 게 즐거웠다. 그러다 마샤를 만났다.

그녀는 남편과 사별한지 얼마 안 된 중년의 여인이었고, 마음의 슬픔이 깊고 생생했다. 하지만 마샤는 활기와 삶에 대한 사랑으로 빛났다. 그녀는 나의 멘토이자 뜻밖의 뮤즈가 되었다. 마샤는 한 온라인 잡지의 편집자였다. 그녀와 만나자마자 나는 남편과 내가 결혼생활의 아주 어두운 시기에 안식일을 지키기 시작했고 그 일이 우리의 결혼생활이 바뀌는 데 도움이 되었다는 얘기를 했다. 그녀는 잡지에 실어 줄 테니 그에 대한 글을 써 보라고 했다. 내가 글을 보냈더니 그녀가 전화를 걸었다. "당신에겐 특별한 목소리가 있어요! 계속 쓰세요. 계속 쓰세요. 계속 쓰세요."

그녀의 말은 내게 큰 의미가 있었지만, 당시엔 바빴고 출산을 앞두고 있었기에 자주 쓰지는 못했다. 마샤는 나를 그냥 두지 않고 몇 달에 한 번씩 전화를 했다. 우리는 지난 소식을 나누었고 그때마다 그녀는 내게 글을 쓰라고 말했다. 그러다 마침내 하나님께 감사하게도, 나는 어느 매체에 글을 썼다. 얼마 후 글을 쓸 기회가 더 많이 열렸다. 쓰면 쓸수록 더 많은 기회가 생겨났다.

글쓰기와 엄마노릇을 시작한 이 새로운 시기는 정말 신났다. 단어들이 내 안에서 밝게 타올랐다. 밤에 자다가도 일어나 글을 쓰고 나서야 잠들곤 했다. 문장들이 자신들을 쓰라고 나를 닦달했다.

내가 글을 쓸 매체가 있다는 발견과 신뢰할 수 있는 편집자가 있다는 사실은 짜릿했다. 나는 사랑에 빠진 여자였다. 새로운 일과 새로 태어난 아기, 새로운 낱말들과 사랑에 빠졌고, 내 자신과 하나님과 세상을 주목하고 그 모두와 상호작용하는 새로운 방식과 사랑에 빠졌다.

글쓰기와
사랑에 빠지다

나는 내 삶을 이해하고 내 삶에 주목하고 내 삶의 의미를 파악하기 위해 썼다. 배우기 위해 썼고, 내가 생각하고 믿는 바를 알아내기 위해 썼다. 가끔은 글쓰기 자체의 아름다움 때문에 썼고, 지나가는 빛나는 순간을 보존하기 위해서 썼다.

글을 쓸 때 우리는 아담과 하와가 에덴동산에서 받았던 소명에 참여하게 된다. 이름짓기라는 소명 말이다. 우리는 실재에 말을 부여하고 우리의 말과 글을 통해 실재의 형성을 돕는다. 에세이로든 운문으로든 이야기로든, 우리는 이름짓기의 소명을 통해 우리가 이름 짓는 실재와 새롭고 신비로운 깊이의 관계로 만나게 된다. 이 창조적 행위는 우리가 세상을 경험하는 방식을 변화시키고 우리 자신을 변화시킨다. 우리가 하는 이야기, 우리가 쓰는 시, 우리가 펼치는 주장이 우리 삶의 모양을 빚어낸다.

글쓰기와 사랑에 빠져 있을 당시 나는 충돌과 상실의 시기도 통과하고 있었다. 사제서품을 준비하는 2년 동안 밴더빌트대학교 (Vanderbilt University)의 대학원생 및 교수진을 상대로 사역하는 캠퍼스 선교 단체에서 일했다. 그런데 2011년의 어느 봄날, 밴더빌트의 종교생활 책임자가 내게 연락을 해서 우리 캠퍼스 선교 단체의 지위가 위험하다고 알려 주었다. 그의 말에 따르면, 우리는 학생 리더들이 우리의 교리 선언문과 목적 선언문을 인정해야 한다는 요구 조건을 철회해야 했다. 그렇게 하지 않으면 캠퍼스에 남아 있을 수 없었다.

그 전에 한 학생이 자신이 동성애자라는 이유로 기독교 남학생 사교클럽에서 쫓겨났다고 주장한 일이 있었다. 밴더빌트대학 측은 캠퍼스 그룹에 참여하거나 리더가 되고 싶은 학생들을 상대로 한 일체의 신념 기준을 금지하는 것으로 그 일에 대응했다. 그러나 우리는 핵심 학생 리더들 -임원들과 소그룹 성경공부 리더들- 에게 선교 단체의 교리 선언문을 인정할 것을 요구했다.

대학 행정당국은 구속력 있는 모든 신념 선언문에 의심의 눈초리를 보냈다. 그들은 교리적 충실함을 요구하는 일이 성소수자들을 소외시키는 트로이의 목마로 쓰일 수 있다고 생각했다. 뿐만 아니라, 대학 당국자들은 어떤 이유로든 배제는 억압적이고 부당하다고 보았다. 한번은 비공개 모임에서 내가 당국자들에게 성경공부 인도자들에게 부활을 인정하도록 요구하는 일과 인종적 편견을 동일시하는 것이 정말 정당하다고 생각하느냐고 물었다. 대학부총장은 이렇게 대답했다. "교리상의 차별도 차별입니다."

지역 캠퍼스의 이 갈등은 금세 널리 다뤄지는 뉴스거리가 되었다. 전국으로 보도하는 언론매체들이 나타나 종교 단체들을 캠퍼스에서 제거하려 하는 새로운 '반차별' 정책에 대해 말할 수 있는 모든 사람을 찾아서 인터뷰했다. 우리는 일부 매체들이 현장의 복잡한 사실들을 왜곡했다는 것을 곧 알게 되었다. 밴더빌트대학의 갈등은 손쉬운 비유가 되어 버렸다. 청취자의 이데올로기에 따라, 진보적인 세속 대학이 캠퍼스의 온순하고 온화한 그리스도인들을 억압하는 이야기가 되거나, 그와 반대로 진보의 영웅들이 완고하고 퇴행적인 그리스도인들에게 응분의 벌을 내리는 이야기가 되었다.

우리가 직접 얘기하지 않으면 다른 이들이 우리 이야기를 하게 될 테고, 그것은 절반의 진실만을 담은 채 문화전쟁의 분노에 휩쓸려 잘못 표현될 것임을 우리는 깨닫게 되었다. 그래서 나는 글을 쓰기 시작했다.

동료들과 나는 지역 주민들, 학생들, 지켜보는 세계 사람들이 캠퍼스에서 벌어지는 일을 제때에 접할 수 있도록 블로그를 개설했다. 개별적 이름은 사용하지 않고 공동으로 글을 쓰기로 결정했다. 한 공동체를 대표하여 공동체로 글을 쓰기로 한 것이다.

우리는 블로그를 통해, 그리고 내가 대학신문에 싣는 에세이들을 통해, 여러 신조와 종교 공동체를 짓밟아 차이를 없애버리는 대신 캠퍼스에서 관점과 생각의 다양성을 보존해야 한다는 주장을 펼쳤다.

캠퍼스에서 보낸 그 해는 힘들고 슬픔으로 가득했다. 그 논쟁이 있기 전에는 대학이 우리 가족의 휴식처이자 집이었다. 남편은 그곳에서 박사학위를 마무리하고 있었고 교수가 되고 싶어 했다. 거절을 경험한 우리는 갈피를 잡을 수가 없었다. 대학당국자들은 우리를 백인 우월주의자들에 비겼다. 그들은 이렇게 말했다. "우리는 종교적 신념이 이 캠퍼스의 바른 결정에 영향을 미치기를 원하지 않습니다."

우리는 조롱과 조소의 대상이 되었고, 캠퍼스의 정책이 계속 바뀌어 혼란스럽기까지 했다. 관찰 대상이었다가 이제 더 이상 관찰 대상이 아니라는 말을 들었다. 당국자와의 좋은 만남 후에는 희망이 부풀었다가 2주 후에 대학당국이 정책을 더욱 강화했다는 뉴스기사를 읽었다. 결국 우리는 14개의 다른 종교 단체들과 함께 캠퍼스에서 쫓겨났다. 그 단체들이 대표하는 학생 수는 모두 합쳐 약 1,400명에 이르렀다. 나는 이 모든 일이 진행되는 내내 글을 썼다.

그 해에 내가 계속 글을 쓴 것은 부분적으로는 주장을 펼치기 위해서였다. 사태의 진상에 도달하기 위한 시도였다. 어두운 격동의 시간에 명확성과 빛을 제시하길 바라면서 글로 논쟁에 참여했다. 대학 캠퍼스에서 논쟁을 펼치던 그해에 나는 글의 힘을 새롭게 깨달았다.

논쟁의 초반부에 우리 캠퍼스 선교 단체의 상급자는 가장 적대적인 대학 당국자 앞에서 말하거나 쓰지 않을 내용은 어디서도 말하거나 쓰지 말라고 당부했다. 우리는 불필요한 갈등을 일으키지 않으려고 조심했다. 그러나 우리 상급자는 실용적인 외교기술을 넘어, 우리가 다른 사람들을 사랑하도록 부름받았으니 우리와 의견이 다른 이들에게 그들이 알아볼 수 있는 용어로 말하고 글을 쓸 필요가 있다고 지적했다. "남에게 대접을 받고자 하는 대로 너희도 남을 대접하라"(마 7:12)라는 성경의 명령에 따라 우리는 상대를 존중하는 신중한 언어를 구사해야 했다.

그리고 이 과정에서 나는 우리의 언어 구사 방식이 우리를 형성하는 작은 기적을 발견했다. 사랑으로 말과 글을 쓰라는 상급자의 훈계에 따르자 대학과 대학당국을 향한 우리의 느낌이 달라졌다. 그렇게 말과 글을 사용했더니 우리와 의견이 다른 사람들에게 좀 더 너그러워졌고 벌어지는 상황을 이해하는 방식도 달라졌다. 대학에 유익이 되는 부분을 존중하면서 대학당국과 우리의 차이를 표현하는 일은 쉽지 않았다. 학계의 진보적 엘리트들을 맹렬히 혹평하는 쪽이 훨씬 쓰기 쉽고 관심도 많이 끌었을 것이다. 우리의 보다 미묘한 과제는 공개적으로 의견을 달리하되, 어설프고 불완전하게나마, 진실하고 겸손한 언어와 논쟁 상대의 존엄을 존중하는 논증을 구사하는 것, 즉 확신 있게 말하고 글을 쓰되 잠깐의 만족을 위한 독선적 독설은 거부하는 것이었다. 이 과제에 충실하려니 정신을 바짝 차릴 수밖에 없었고 우리를 거부한 이들과의 의미 있는 관계 유지를 위해 긴장하면서 노력할 수밖에 없었다.

우리는 우리가 절대 동의하지 않는 이들이 제시하는 최고의 논증을 이해하려고 애쓰는 동시에 우리의 신념을 당당하게 표현하려고 노력했다. 좋은 게 좋은 거니 그냥 잘 지내자는 입장이나 악을 쓰고 덤벼드는 전투적 입장과는 다른 대안을 찾고 싶었다. 상급자의 만만찮은 권고를 받아들이자 우리는 사상적 적수를 보다 공감적으로, 우리가 스스로를 볼 때처럼 바라볼 수 있었다. 그들도 오류의 가능성이 있고 하나님이 귀하게 보시는 인간이었다. 우리의 언어가 우리 마음을 변화시켰다.

그러나 그해 나는 언어의 한계에도 부딪쳤다. 나는 올바른 논증을 제시하고 올바른 권위자의 말을 인용하고 잘못된 범주에 도전하면, 즉 충분히 글을 잘 쓰면 갈등을 해결할 수 있을 거라고 정말 믿었다. 올바른 말을 찾는 일이 결국 우리를 구해 줄 줄 알았다. 그러나 매력과 지적 엄밀함, 문화 참여나 섬세함을 아무리 많이 동원해도 화해를 가져오기에 충분하지 않음을 알게 되었다. 말 그 자체는 구원을 주지 못한다. 말과 글은 오해나 두려움에서 우리를 건져 내지 못한다. 말은 편협함과 이기심, 어리석음이나 근시안적 시각에 빠지는 우리의 경향을 이길 힘이 없다.

나는 말과 글을 사랑하는 사람이고 그것이 가진 아름다움과 힘을 인정하지만, 말과 글이 흔들리고 넘어지는 경우를 종종 떠올린다. 말이 없으면 우리는 문화를 변화시키지 못하고 우리 자신의 삶을 이해하지도 못하며 온전히 알지도 알려지지도 못할 것이다. 그러나 말만으로는 그런 과제를 감당하기에 결코 충분하지 않을 것이다.

그리스도인들은 말이 우리를 진리로 이끄는 정도만큼, 궁극적으로는 말씀이신 분께 이끄는 정도만큼만 우리에게 도움이 됨을 인식하면서 말을 사용한다. 말씀이신 그분은 모든 말 이전에 계셨고 모든 일을 심판하시고 구속하신다. 거기에는 우리의 영광스럽지만 다루기 힘든 말, 빛나면서도 제한된 작은 말도 포함된다.

선포하는 일,
글쓰기

사도(이자 작가!) 요한은 예수님을 말씀 -로고스- 이라고 불렀다. 예수님은 하나님의 말씀, 만물을 존재하게 만든 언어다. 말씀이 우리에게 말을 주신다. 말은 베토벤의 미사곡 C 장조와 릴케의 시, 일요일판 신문의 십자말풀이, 이케아의 카탈로그가 태어나도록 돕는 투박한 도구이다. 이 투박한 말의 기술을 발휘할 때, 우리는 말씀의 구원역사에 감히 참여하게 된다.

신학교 시절 어느 교수가 나의 특정한 부르심은 전령이 되는 것이라고 내게 말했다. 당시에는 그 일에 글쓰기가 포함될 줄은 전혀 몰랐다. 그러나 말을 글로 빚는 작업에 많은 시간을 보내면서 그 이미지가 자주 다시 떠올랐다. 전령은 구조자나 구원자가 아니고 이야기의 영웅은 더욱 아니다. 전령의 말은 사실 누구도 구하지 않는다. 전령의 임무는 구조가 아니라 다른 사람이나 다른 일을 선포하는 사자가 되는 것이다.

문학에서 전령은 전형적인 캐릭터, 원형적 인물에 해당한다. J. K. 롤링의 해리 포터 시리즈에서는 해그리드가 전령이다. 그의 도착은 현실이 해리가 생각했던 것과 다르고 새로운 이야기가 이제 곧 펼쳐질 거라는 선언이다. 신데렐라 이야기에서 전령은 무도회 초청장을 전달했다. 고대 그리스 신화에서 헤르메스는 신들의 전령이었다. 고대 로마에서는 전령이 도시로 들어와 새로운 왕의 등극이나 새로운 법의 반포, 또는 왕가의 결혼, 전투의 승리나 적군의 패배 같은 중요한 사건을 알렸다. 전령은 새로운 현실을 선언한다.

작가들은 현실과 가능성을 진실하게 선포하려고 한다. 기독교 작가들은 전령이다. 우리의 과제는 하나님 나라의 새로운 실재 -어린 양의 혼인잔치, 부활을 통해 거둔 승리, 죽음의 패배- 를 알리는 일이다. 우리는 또 다른 현실이 우리의 현실 속으로 돌진해 들어왔음을 알린다. 우리는 이야기의 결말을 선언한다. 모든 것이 망가졌고 모든 것이 새롭게 될 것임을 문장으로, 시로, 속삭이고 말하고 외친다.

우리의 메시지, 우리의 복음을 항상 직설적으로 진술하는 것은 아니다. 우리의 메시지를 변증적 또는 논증적으로 전달할 때도 있다. 그러나 에밀리 디킨슨(Emily Dickinson)의 표현처럼 "빗대어 말하기"도 한다. 잘 만든 이야기, 소네트, 은유나 적절한 어구전환이 빗대어 말하기의 통로가 된다. 나는 기독교의 이야기가 의심스러워질 때 N. T. 라이트의 부활에 대한 변증서를 읽는다. 그러나 정말 의심이 들 때는 스캇 케언스(Scott Cairns)의 시나 애니 딜라드(Annie Dillard)가 《돌에게 말하는 법 가르치기》의 '족제비처럼 살아가기'에서) 족제비의 머리를 묘사한 대목이나 루시 쇼(Lucy Shaw)의 바다에 대한 시들을 읽는다. 이 작가들은 우주가 지금 내가 맛볼 수 있는 것보다 훨씬 더 깊고 풍성한 아름다움, 비극, 신비를 품고 있다고, 하나님은 실재하실 뿐 아니라 세상에서 거칠고 거침없이 일하신다고 믿도록 나를 이끈다.

제대로 본
전령노릇

그리스도인이자 작가인 우리는 하나의 메시지를 전한다. 그러나 중요한 것은 제한된 기존 언어를 가지고 역사 속 특정한 순간에 특정한 상황 속의 청중을 대상으로 그 일을 한다는 것이다. 시간과 공간, 언어와 문화를 초월하는 복음이 특정 문화에서 쓰이고 시간의 제약을 받고 수명이 짧은, 글이라는 투박하고 때로는 어설픈 선물로 전해지고 기록되고 수용된다.

전령의 일에는 '말'의 사용이 언제나 포함된다. 전령의 말은 자기보다 더 큰 무엇인가를 선포할 때 즉시 쓸 수 있는 도구다. 그는 질그릇에 신성한 보물을 담으려고 시도한다. 그러므로 전령의 일에는 메시지를 알고 선포하는 것뿐 아니라 시공간 안에서 자신에게 주어진 순간을 알고 이해하는 것도 포함된다.

시몬 베유(Simone Weil)는 이렇게 말한 것으로 널리 인용된다. "언제나 시의 적절하려면 영원한 것들을 말해야 한다."[1] 그리고 우리는 이 영원한 것들 -피조물들의 존엄과 가치, 인류의 근본적인 부서짐, 하나님의 거침없는 구원, 우리에게 손짓하는 영광스러운 새로움- 을 우리가 속한 짧은 시대와 장소 특유의 혼란과 갈등, 갈망과 한계 속에서 이해하게 해 줄 언어와 목소리로 말하는 법을 배워야 한다. 전령이 된다는 것은 메시지를 말하는 법을 배우는 것일 뿐 아니라 그 메시지를 맥락에 맞게 즉석에서 제때에 올바른 방식으로 말하는 법을 배우는 것이다.

그리스도인으로서 전령이 되는 일의 일면은 냉엄한 -심지어 인기 없는- 진실을 말하는 것이고, 문화에 따라 달라지지 않고 모든 문화에 어떤 식으로든 불쾌감을 주는 영원한 메시지를 말하는 것이다. 그러나 그 불편한 진실을 말하는 동기가 우리의 옳음을 드러내기 위해, 스스로에게 만족하기 위해서일 수는 없다. 우리의 과제는 부분적으로는 인간의 번영을 위한 의미 있는 비전 -하나님을 아는 길- 을 다른 이들에게 전달하는 것이다. 사람들은 그런 비전이 진실이기를 원하게 된다. 물론 모든 청중이나 독자가 다 우리의 메시지를 받아들이지는 않을 것이다. 그러나 그들이 거부한다 해도 전령은 그들이 그가 전한 정확한 메시지를 거부하기를 원한다. 부자 관원을 상대하신 예수님의 경우처럼, 우리도 청중이나 독자가 슬픈 기색으로 떠나가는 상황을 감수해야 할 것이다. 그러나 그들이 우리의 생각을 거부한다 해도 우리가 전하는 실제 메시지 때문이어야지, 우리가 그것을 알아볼 수 없고 사실도 아닌 뭔가로 꼴사납게 바꿔버렸기 때문이어서는 안 될 것이다. 우리는 그런 일이 일어나지 않도록 열심히 노력해야 한다.

1998년 영화 〈위대한 레보스키〉(The Big Lebowski)의 듀드가 친구 월터의 지나치게 열성적인 주장에 이렇게 대꾸하던 장면이 기억난다. "월터, 자넨 틀린 게 아니야. 자넨 그저 개자식이야." 전령의 목표는 그저 할 말을 틀리지 않게 전하는 것이 아니다. 그리스도인들은 정확한 말을 아주 불쾌하게, 맞는 말을 진부하게 사용할 가능성이 있다. 그렇게 되면 친절을 베푸는 일에 실패할 뿐 아니라 하나님 나라를 전달하는 일도 실패하게 된다. 우리가 전하는 영원한 메시지는 수학방정식처럼 인지적, 명제적으로 나열하거나 인정할 수 있는 보통의 개념이 아니기 때문이다. 우리는 실재, 인간됨의 의미, 잘 사는 것의 의미, 하나님을 안다는 것의 의미에 대한 전체론적 비전을 선포한다. 우리는 이 비전을 글로, 이야기와 문장으로, 우리의 삶으로 선포한다. 우리의 말과 실천 모두로 선포한다.

결정적으로, 우리의 말은 우리의 실천에 영향을 준다. 실천이 말에 영향을 주듯 말이다. 사물에 이름을 짓는 우리의 과제는 진실을 말하기 위한 훈련이다. 이 과제는 실재에 충실하게 이름을 짓는 일을 가르칠 뿐 아니라 실재에 충실하게 사는 법도 가르친다. 루시 쇼의 표현을 쓰자면 "신적 초월성과 흙내 나는 인간의 경험을 한데 엮는 이야기를 들려주고 다시 들려주는" 이 의도적 훈련은 우리를 신자로 빚어내고 우리 독자들을 빚어낸다.[2] 내가 스탠리 하우어워스의 책에서 배운 것처럼, 우리의 거짓말은 우리 자신에게 영향을 미친다.[3] 우리가 말하는 진실도 우리에게 영향을 미친다. 우리의 말, 논증, 예의와 자제의 실천, 말을 만들고 쓰는 습관은 우리에게 다시 돌아와 사람됨, 생각하는 방식, 세상 안에서, 그 세상을 향해 우리가 할 수 있는 말에 영향을 미친다.

오늘날에는 인류 역사상 일찍이 볼 수 없었던 방식으로 글이 어디에나 있다. 광고판, 문자, 트윗, 포스팅한 글이 우리를 에워싼다. 스마트폰이 도래한 이래, 대부분의 사람들이 빛나는 말의 세계를 통째로 주머니에 넣고 다닌다. 수없는 글을 계속 접하는 이런 상황은 글을 너무 중요하게 보거나 충분히 중요하게 보지 못하는 상황으로 이어질 수 있다.

한편으로, 우리는 글에 너무 많은 비중을 둔다. 우리는 정의의 추구 -제도와 체계를 건설하고 변화시키는 느린 작업- 를 올바른 해시태그 사용이나 소셜미디어에 의견을 표명하고 분노를 표출하고 도덕성을 과시하는 일과 혼동한다. 해시태그 달기나 소셜미디어 사용이 나쁘다는 말은 아니다. 그러나 소셜미디어는 절대 중립적 도구가 아니고, 우리가 세상을 보는 방식, 그 안에서 말하고 행동하는 방식에 영향을 준다. 아이러니하게도, 소셜미디어는 우리가 세상에 대한 정보를 소비하면 할수록 세상에 더욱 참여하지 않게 만들 수 있다. 그로인해 우리는 말하고 쓰는 데는 너무 빨라지고, 경청하고 이해하고 깊이 있고 창의적 행동으로 대응하는 데는 너무 느려질 수 있다.

글이 어디에나 있다 보니 가치가 떨어지고 가볍게 취급될 수 있다. 블로그와 소셜미디어의 등장으로 지금은 거의 누구나 키 하나만 누르면 어떤 주제로든 출판 작가가 될 수 있다. 매스컴은 우리 손끝에 항상 있고, 그와 더불어 빨리 모든 사건에 -말을 사용해, 공개적으로- 뛰어들고 싶은 유혹이 찾아온다. 우리는 매일 매 순간 수천 가지의 객관적이지 않은 논평에 휩싸인다. 그러나 넘쳐나는 글의 한복판에서 우리의 글에 조심하지 않게 되고, 의미 있는 논증과 지혜를 잃어버릴 수 있다.

이제 우리는 인터넷이 우리의 뇌신경로를 변화시킨다는 사실을 안다. 온라인 세상에 편재한 글은 실제로 우리 뇌의 회로를 재구성하여 단편적 정보를 빨리 받아들이게 만들고, 길고 미묘한 논증과 이야기를 따라갈 능력은 빼앗는다. 해일처럼 밀려오는 글과 정보는 제대로 생각하고 쓰는 일을 더욱 어렵게 만든다. 이것은 무례함과 부족주의를 만들어 낸다. 니콜라스 카(Nicholas Carr)는 이렇게 썼다. "우리는 깊은 관심보다 표면적 관심을 기울이는 데 길들여지고 있다. 한때 나는 글의 바다 속을 헤엄치는 스쿠버다이버였는데, 이 제는 제트스키를 타는 사람처럼 수면 위를 빠르게 지나간다."[4]

작가들은 여기에 대응하여 깊이 있는 함양을 추구할 수 있다. 이것을 위한 한 가지 방법은 참을성 있는 침묵과 경청을 실천하는 것 이다. 이것은 아마도 반직관적인 일이겠지만, 우리는 경청의 능력을 길러 다른 사람들, 우리 내면의 삶, 교회의 거대한 전통, 그리고 하나 님께 깊이 귀 기울여야 한다. 토머스 머튼은 "침묵에서 태어나지 않 은 설교는 시간낭비"[5]라고 말했다. 글쓰기도 마찬가지다. 아니, 이 문제에 있어서는 언어를 사용하는 모든 일이 마찬가지다.

우리는 숨 가쁜 속도로 벌어지는 일들에 반응하고 싶은 충동에 저항할 수 있다. 문화적 논쟁을 너무나 쉽게 가둬버리는 기존의 정 해진 틀에 반대할 수 있다.

글쓰기는 힘들다. 힘들어야 마땅하다. 그렇게 해서 우리의 생 각이 개선된다. 세상을 이해하는 데는 침묵, 경청, 주의 깊은 사색이 필요하다. 이 모두가 시간과 인내, 훈련을 요구한다.

우리는 작가로서의 신념에 확신을 갖되 겸손해야 한다. 팀은 이 책의 2장에서 이 어려운 균형을 탐구한다. 우리는 가끔 겸손과 확신을 대립적인 것으로 생각한다. 우리가 틀릴 수 있다(실제로 자주 틀 린다)는 현실과 어떤 것도 명확하게 진술하는 법이 없는 일종의 상대 주의를 하나로 보는 것이다. 우리는 교리를 멀리하는 일과 교만을 멀리하는 일을 하나로 본다. 그러나 우리 모두는 어딘가에 자리를 잡아야 한다. 모두가 모종의 실재, 진리, 도덕에 자신의 삶을 건다.

작가들은 밴더빌트대학교 캠퍼스에서 우리 사역자들이 목표로 삼았던 것, 우리의 신념을 명확하고도 ('명확하지만'이 아니라!) 겸손하게 진술하는 것을 목표로 삼아야 한다. 우리는 확신 있게 살아가는 법을 배우되, 우리가 타락했고 우리의 글쓰기마저 타락했음을 늘 기억해야 한다. 이런 현실 앞에서 우리는 적절한 양의 두려움과 떨림을 가지고 하나님의 자비를 더욱 소망하며 펜을 들고 컴퓨터를 켜야 할 것이다.

글을 되찾기

소설가이자 시인인 존 버거(John Berger)는 이렇게 썼다. "우리가 제대로 살고 죽기 위해서는 사물의 이름을 제대로 지어야 한다. 우리의 글을 되찾자."[6] 글을 사용한다는 것은 대수롭지 않은 일이 아니다. 글을 되찾는 -글을 구속(救贖)하는- 이 소명은 인류가 에덴동산에서 했던 이름짓기와 맥을 같이 하는 그리스도의 새 창조의 일부이다. 그리고 이름짓는 이 행위는 우리가 어떻게 살고 죽을지를 결정한다. 글은 우리가 누구이고 무엇을 믿는지 안내하는 이정표이다. 그렇기 때문에 우리는 글을 잘 쓰고 진실하게 쓸 수 있도록 공동체 -교회-

의 도움을 받아야 하고, 작가로서 책임감을 가져야 한다.

진실하고 신중하게 세상의 이름을 짓는 것은 사랑의 행위다. 작가는 이야기, 논증, 비유를 통해 독자들을 사랑할 수 있고, 그들이 보다 풍성하게, 경이에 민감하게, 보다 정의롭고 사려 깊고 분별 있게 살도록 도울 수 있다. 우리 시대의 기독교 작가가 받는 사랑의 소명 중 한 가지는 좌파와 우파, 좋은 사람과 나쁜 사람, 악당과 선인이라는 게으른 구분을 흔들어 놓는 것이다. 그것은 우리의 대화를 교착 상태에 빠뜨리는 단순화되고 자기만족적인 꼬리표이다. 레크래가 7장에서 쓴 것처럼, 이것이 바로 좋은 스토리텔링의 비결이고, 보다 일반적으로는 좋은 글쓰기의 비결이다. 우리는 사람들을 갈라놓는 지나치게 깔끔한 범주에 기대는 대신에 모든 인류, 모든 정치체계와 해결책에 영향을 미치는 공통의 부서짐을 선포하고 모든 사람의 공통적 가치와 존엄을 외친다. 프랜시스 스퍼퍼드(Francis Spufford)는 이렇게 썼다. "기독교는 우리가 관례적으로 세상을 이해하는 틀, 구별된 범주들을 넘나들며 거북할 정도로 공통점을 내세운다." 그리고 "이것이 썩 편안하지 않"음을 상기시킨다.[7]

작가들은 다른 예술가들과 마찬가지로 어떤 차이점들이 우리를 갈라놓아도 우리에게는 공통점이 더 많다는 사실을 상기시킨다. 우리 모두는 피를 흘린다. 희망을 품고, 절망한다. 어둠 속에서 새벽을 기다린다. 맛보고 만지고 냄새를 맡는다. 겁 없는 복어와 반딧불이, 바다오리, 펭귄, 산호초와 지구를 공유한다. 우리 모두 죽고, 우리가 사랑하거나 사랑하지 못한 모든 사람이 죽는다. 모두가 부서지기 쉽고 취약한 상태로 매 순간을 살아간다. 작가들은 우리가 살아 있는 것이 우리가 잘나서가 아니고, 빛과 어둠이 공존하는 이 세상의 모든 이에게 주어진 선물임을 상기시킨다. 우리 모두는 너무나 인간적이다. 우리 모두가 깊이 두려워한다. 모두가 서로 너무나 비슷하다. 최고의 사람, 최악의 사람까지도 그렇다.

그리고 슬프게도, 작가는 독자들을 사랑하려 하지만 독자들은 작가를 사랑하지 않을 때가 있을 것이다. 글쓰기에는 언제나 위험이 따른다. 작가와 작품은 비판과 비평을 받게 마련이고, 그것은 고통스럽지만 진실에 도달하고 더 나은 작가가 되기 위한 유익하고도 필수적인 과정이다. 그러나 우리 시대에는 어떤 것에 대해 진술할 때 꼭 필요한 반응만 나오는 것이 아니라 불합리한 인신공격성 독설(때로는 어마어마하고 금세 퍼져나가는 독설)도 듣게 될 수 있다.

사랑으로 글을 쓰면 많은 기쁨이 따르지만 어느 정도의 상처와 고통도 피할 수 없다. 글쓰기가 사랑의 행위가 되려면 비판자들에게까지 관용과 사랑을 베풀어야 한다. 기독교 작가와 리더로서 충실하고자 하면 우파와 좌파 양쪽 모두에서 비판을 받을 것이고, 때로는 양쪽 모두가 자신들의 목적을 위해 우리의 글을 이용하려고 할 것이다. 이런 긴장된 곳에서 살면서 글을 쓰려면 훈련이 필요하다. 우리는 글쓰기 기술을 연마한다. 그리고 시간 속에서 공동체 속에서 참을성 있는 침묵, 경청, 기도를 통해 진실하게 세상에 이름을 짓고 분명하고 겸손하게 우리의 메시지를 전할 방법을 배운다.

나는 새로운 사랑과 혼란스러운 갈등 속에서 작가가 되었다. 그리고 사랑과 상실 -과 경이와 공포, 기쁨과 슬픔, 평화와 갈등- 이 가득한 세상에서 계속 글쓰기를 훈련한다. 소중하고 아름다우면서도 길 잃고 우는 이 세상에서 우리는 말씀이신 하나님을 증거한다. 영광스러운 최종 발언권을 가지신 하나님을 증명한다.

6

송라이터

사라 그로브즈(Sara Groves)

폭탄으로 파괴된
건물 한복판에서
첼로를 연주하는 것처럼

얼마 전에 나는 열 살배기 딸 루비(Ruby)와 둘만의 시간을 보냈다. 피자를 먹으면서 서로 어떻게 지내는지 얘기하다가 루비에게 엄마가 요즘 그리스도를 따르는 사람이 되는 것에 대한 책에 글을 써 달라는 요청을 받았는데 어떤 말로 시작해야 할지 모르겠다고 말했다. 아이는 다 안다는 듯 웃으며 말했다. "요즘이요? 써도 되는 내용이 뭔지 알아요? 뭐가 적절한지 물어봤어요?" "아니, 안 물어봤어." 내 말에 루비는 한숨을 내쉬고 두 손을 식탁에 올려놓았다. "좋아요." 아이는 엄마의 문제를 해결해 줄 준비가 되어 있었다.

"요즘에는요, 기술 이야기를 해야 해요. 트럼프 대통령 이야기도 해야 하구요, 가만 있자." 아이는 잠시 고개를 가로젓고는 진지하게 말했다. "인종차별. 인종차별에 대해서 말해야 해요." 긴 침묵 후 "슬라임(진흙 같은 점액성 장난감으로 일명 액체 괴물-역주)이요. 친구 중에 슬라임 없는 애가 없어요." 루비는 잠시 더 생각을 했다. "요즘 일은 이 정도예요. 하지만 사람들에게 연락해서 뭐가 적절한지 알아봐야 해요."

지난 20년 간 나는 송라이터로 세상에 참여하려고 노력해 왔다. 송라이터는 신학자, 목사, 번역자처럼 우리의 경험에 이름을 붙이고 우리가 느끼는 바를 이해하도록 도와줄 언어를 찾는다. 이 일에는 정확한 언어가 중요하고 나는 여러 해 동안 정확한 언어를 추구해 왔다. 그런데 송라이터의 일이 추가되었다. 이제 송라이터는 전부 다 말하라는 요청을 받는다. 인간 경험의 모든 범위를 그 긴장까지 포함하여 증언하라는 요청이다. 탄식, 두려움, 따분함, 침묵, 불의, 정의, 소망, 열렬한 흠모, 아름다움, 사랑, 열정, 자연적인 것들과 초자연적인 것들에 대해서 말하라는 요청이다. 송라이터가 현장으로 불려가서 할 일은 상황을 영적으로 이해하거나 책임을 지는 것이 아니라 그저 주위를 둘러보고 이렇게 외치는 것이다. "세상에! 이 헤아릴 수 없는 아름다움을 보세요!" 또는 "세상에! 이 엉망진창인 상태를 보세요!" 어쨌든 이것이 우리가 시편에서 볼 수 있는 내용이다.

글을 더 진행하기 전에, 송라이터인 내가 삶을 묘사할 때 쓰는 많은 언어가 음악계와 예술계에서 내가 사표로 삼는 이들로부터 나왔음을 밝히고 싶다. 음악 프로듀서 찰리 피콕(Charlie Peacock), 그의 아내이자 작가인 앤디 애쉬워스(Andi Ashworth), 시각 예술가 마코 후지무라(Mako Fujimura)가 그들이다. 그들은 대화와 글, 삶으로 내게 영감을 주었고 나는 그 영감을 나의 세계와 나의 음악으로 내 이웃들에게로 가져갔다. 그들은 "생성적 삶"[1]에 대한 그들 나름의 정의를 통해 내가 확신을 가지고 문화에 참여하도록 도왔다.

마코는 그의 책 《컬처 케어》(Culture Care)에서 문화는 싸워 이겨야 할 전쟁이 아니라 가꿔야 할 정원이라고 주장했다. 이 아름다운 생각의 혁신은 적의 개념에 매달려 있던 우리를 양육과 창조성의 품으로 데려간다. "우리가 생성적일 때, 창조성을 활용하여 새롭고 생명을 주는 무언가를 탄생시킨다. … 생성적인 것은 저하시키거나 제한하는 것과는 정반대이다. 그것은 건설적이고 확장적이고 긍정적이며 결핍의 사고방식을 뛰어넘어 자라난다." 마코는 "생존이 위협받는 가장 가혹한 환경에서도"[2] 이것이 더없이 중요하다고 믿었고, 나도 그렇게 믿게 되었다.

더없이 가혹한 환경에서도 생성적일 수 있다는 생각은 사라예보(Sarajevo)의 첼로 연주자 베드란 스마일로비치(Vedran Smailović)의 이야기로 내게 실감나게 전해졌다. 유명한 이야기였지만 나는 2003년에 찰리와 〈대상의 이면〉(The Other Side of Something)을 작업하면서 비로소 그 이야기를 듣게 되었다. 당시 나는 정체성의 고민과 신앙의 위기 끝자락에서 글과 사상의 가치에 의문을 품고 있었고 보다 실천적인 새로운 일을 시작해야 하는지 따져보던 중이었다. 나는 이런 생각을 했다. '노래와 시가 무슨 소용이지? 피를 보고 기절하지만 않으면 간호사가 되어 내 두 손으로 환자들을 위로하고 보살필 텐데. 그러면 얼마나 좋을까?' 내가 식탁에서 찰리와 앤디에게 이런 생각을 말했더니 찰리가 사라예보의 그 첼로 연주자 이야기를 들려주었다.

스마일로비치는 보스니아 내전 기간에 고국에서 큰 슬픔을 목격했다. 빵을 사려고 줄을 서서 기다리던 민간인들 사이에 표적을 빗나간 폭탄이 떨어져 스물두 명이 사망한 것이다. 다음날, 스마일로비치는 그 일로 목숨을 잃은 사람들을 기념하여 스물두 번의 콘서트를 열기로 했다. 그는 연미복을 갖춰 입고 보스니아 전역을 다니며 폭탄 구덩이와 파괴된 건물 한복판에서 첼로를 연주했다. 그의 아름다운 저항은 내 삶을 움직이는 은유가 되었다. 폭격으로 만들어진 구덩이 주위에 둘러서서 그 구덩이에 대해, 즉 구덩이가 어떻게 생겨났고 누구 탓이며 어떤 특징들이 있는지 말하기는 쉽다. 그러나 그 가장자리를 지나 가운데로 내려가 뭔가 생성적인 것을 말하거나 만들거나 행하기는 훨씬 어렵다. 찰리는 그의 책 *A New Way to Be Human*(인간이 되는 새로운 방법)에서 이렇게 진술한다.

> 여기 내가 스스로 알아낸 사실이 있다. 내가 그러려고 하든 아니든 내 삶은 이야기를 할 것이라는 사실이다. 내 삶이 들려줄 이야기는 이렇게 펼쳐질 것이다. 이것이 예수를 따르는 이의 모습이고, 그나 그녀의 관심사이고, 그나 그녀가 믿고 신뢰하는 바이고, 그나 그녀가 중요하게 생각하는 바라고.[3]

내가 이해하는 바로는, 예수님은 완전한 공동체를 떠나 우리의 폭탄 구덩이로 내려오셨고 그분의 것이 아닌 고난 속으로 들어가 곡을 연주하셨다. 그것은 참으로 놀라운 곡이었다! 주위의 모든 사람이 진군과 군대 동원을 원했지만, 예수님은 지금까지 울려 퍼진 것 중 가장 아름답고 참된 곡을 연주하셨다. 전쟁으로 찢긴 나라에 있지 않더라도 폭탄 구덩이를 찾을 수 있다. 내가 어디에 있든 신적 본성에 참여할 수 있고, 만물을 새롭게 하는 일에 하나님과 동역할 수 있으며, 무너진 데를 수축하는 자가 될 수 있다. 송라이터인 나는 인간 경험 전체를 증언하라는 초청에 응하고 폭탄 구덩이에서 연주된 곡처럼 내 증언을 올려 보냄으로써 그 일을 시작할 수 있다고 믿는다.

제 옆에 앉아 다시 들려주세요.
늘 들려주던 그 이야기를
우리를 붙잡아 줄 능력을
그 아름다움, 아름다움을
그것이 왜 중요한지를.
제가 이해할 때까지 말해 주세요.
이 아름다움, 오 이 아름다움과
우리가 생각하는 것과 창조하는 것과
이야기하려는 노력이 왜
어떻게 중요한지를.[4]

스스로에게
진실을 말하라

내가 받은 최고의 글쓰기 조언은 내 일에서 가장 많은 결실을 거두게 했다. 자신을 편집하지 말라는 것이다. 이것은 자제하지 말라는 뜻이 아니라, 참된 것에 가장 가깝게 말하라는 뜻이다. 진실을 말하라. 온전하고 복잡하고 엉망이고 상충되고 달갑지 않은 진실을 말하라.

진실을 말하는 일은 "무슨 말을 해야 하지?"라는 질문으로 시작될 수 없다. "어떤 말이 신실한 말이지?" 조차도 적합하지 않다. 진실을 말하는 일은 우리의 경험에서 출발하고, 거기에서 흘러나오는 고백, 찬양, 이름짓기, 증언하기로 이어진다. 우리가 생각을 경험할 기회를 갖기도 전에 그 생각을 판단하면, 우리의 참된 증언에 다가갈 수 없는 적대적 환경을 만들게 된다.

몇 년 전, 나는 충동적 선택으로 사람들에게 상처를 준 친구의 사연으로 곡을 작업한 적이 있다. 그 사연을 접하자 죽 한 그릇에 자신의 유산을 팔아버린 에서가 떠올랐다. 나는 삶의 좋은 것들에는 어느 정도 헌신이 필요하다는 내용을 그 곡에 담을 생각이었다. 당연히 코러스에서는 우리가 삶의 선하고 영원한 것들을 기다리는 힘든 일을 감당해야 한다고 강조할 생각이었다. 그러나 우리는 이런 마음을 꾸준히 갖지 않고, 나의 경우도 마찬가지였다.

그 곡에 공을 들일수록 내 마음에 가득 찬 죽이 점점 더 많이 보였다. 그로부터 7년이 지나서야 나는 무엇을 해야 하는지 말하는 교훈적 노래가 필요한 것이 아님을 깨달았다. 내게 정말 필요한 것은 에서와 함께 앉아 소중한 것을 죽 한 그릇에 넘긴 일을 후회하고 여기 지상에서는 죽이 차갑게 식어버린다는 것을 인정하는 노래였다. 나는 무한히 더 나은 미래의 유산을 버리고 지금 이곳의 나라에 거듭 연연한다는 사실을 인식할 여유가 필요했다.

오, 치료하지 않고 방치한 상처의 힘이
내 나라를 번개 한 번에 팔아 버렸네.
손에 잡히는 신(神)을 찾느라
뒤엎어진 모든 것이 내 탓이겠지?
중성자의 하늘을 지나가는 양자처럼 움직이며
지나가는 모든 사람에게 치료받기를 구하니
오, 죽 한 그릇에 판 나의 유산이여
따뜻하고 실질적인 것이 대신해 버린 당신의 자리여.[5]

스스로에게 진실을 말하는 일은 아주 어려웠다. 꾸미지 않은
진실과 씨름하고 그것을 곡으로 쓰기 위해서는 겸손, 자각, 은혜, 여
유가 필요했다. 나는 자주 이 목표에 미치지 못하고 편집되지 않은
자아를 표현하는 데 실패한다. 곡을 쓸 때면 거의 언제나 내가 말해
야 할 것 같은 내용에서 출발해 참된 것으로 힘겹게 나아간다.

플래너리 오코너(Flannery O'Connor)는 글쓰기에 대한 에세이집인
Mystery and Manners(신비와 예절)에서 이것에 대해 아름답게 말했다.

소설가는 눈을 뜨고 주변 세상을 바라볼 의무가 있다. 그가 보는
것이 그리 교훈적이지 않다 해도, 여전히 그래야 한다. 그 다음에

는 자신이 보는 것을 글로 재현할 의무가 있다. 그리고 바로 이 지점에서 처음으로 [그리스도인] 소설가는 자신이 소설가로서 해야 할 일과 [그리스도인]으로서 해야 할 일 사이에서 모종의 불화를 느끼게 된다. 그가 늘 보는 것은 잘못된 철학으로 왜곡된 타락한 인간이기 때문이다. 그는 그 모습을 재현해야 할까? 아니면 보이는 그대로의 모습이 아니라 신앙에 비추어 생각할 때 인간이 마땅히 갖추어야 할 것 같은 모습을 제시해야 할까?[6]

오코너는 자신이 보는 것에 대해 진실을 말하려 노력하는 이들이 선지자적 비전을 갖고 있다고 판단했다. "선지자는 멀리 내다보는 현실주의자다."[7] 선지자는 완전한 화해에 대한 지식 및 믿음과 고통스럽게 대비되는 현재의 상황을 바라본다.

시편 기자는 분명히 마음 놓고 '멀리 내다보는 현실주의자'가 될 수 있었다. 그는 자신의 어리석음, 수치심과 두려움, 모든 것이 엉망으로 보이는 상황을 공개적으로 밝혔다. 아삽은 시편 73편에서 이렇게 증언했다. "악인들은 참 행복해 보이는구나 그들은 살이 찌고 힘이 있고 다른 이들과 달리 아무 어려움이 없는 것 같다 나는 하루 종일 손을 씻고 깨끗한 마음으로 살아왔는데 그 대가라곤 얼굴을 얻어맞는 것뿐이구나 나는 왜 다시 선을 행하려 노력하는가."[8]

나도 이와 비슷한 생각을 했다. 나는 왜 다른 이들을 섬기고 잘 사랑하려고 전력을 다하고 있는 거지? 이웃이 매일 나를 모욕하는

데 나는 왜 친절하게 답하려고 노력하지? 이웃 사람은 일을 돈 버는 수단으로만 생각하고, 그런 생각에 아무런 문제를 못 느끼는 것 같다. 선악을 분별하려고 하루 종일 씨름하는 일이 정말 필요할까?

아삽은 자신이 본 모든 것 때문에 혼란스러웠다. "나는 우둔하고 무지하여 짐승과 같습니다."[9] 독자는 어떤지 모르겠지만, 나는 이 말씀을 읽을 때 혼자가 아니라는 느낌을 받는다. 나도 자신이 무지하고 사나운 짐승 같다는 생각을 했었다. 그리고 내가 내 마음에 대한 진실을 말하는 것이 중요하다.

다른 사람보다 먼저 그렇게 하기는 힘들 수 있다. 부족함, 분노, 혼란, 두려움을 고백하는 첫 번째 사람이 되는 일은 어렵다. 하지만 그런 위험을 감수할 때마다 결실이 있었다는 사실을 나는 분명히 증언할 수 있다. 내가 약함을 드러내면 다른 사람도 약함을 드러낼 수 있다. 많은 청취자가 내가 가장 힘들게 쓴 곡들을 듣고 위로와 자유를 얻었다는 소식을 내게 전했다.

본 것을
제대로 증언하라

네 번째 앨범 〈대상의 이면〉(The other side of something)에 들어갈 곡들을 작업할 때 나는 신앙의 렌즈 자체보다는 그 렌즈를 통해 본

것들에 대해 더 많이 써야한다는 부담을 느꼈다. 나는 CCM(현대기독교음악) 산업의 문화와 예상 가능한 명료하고 확실한 가사를 요구하는 뻔한 분위기가 힘들었다. 나는 내 결혼생활의 진짜 문제들과 변화와 탈바꿈을 믿는다고 말하면서도 그것을 늘 경험하진 못하는 현실에 대해 쓰고 싶었다.

> 나비는 뒤돌아보고
> 날개를 퍼덕이며 말할 수 있네.
> 난 다시 벌레가 될 필요가 없다고 …
> 내가 바라는 것은 감지할 수 있는 어떤 것
> 내 안에 변화가 일어났다는 증거 …
> 변화는 더디고 내 안엔 큰 의심 가득하네.[10]

지금 보면 별 일 아닌 것 같지만, "내 나비의 시절이 오고 있네" 같은 믿음 좋은 구절을 덧대지 않고 의심의 가사로 그냥 남겨둔 것은 나에게 큰일이었다.

찰리에게 이 얘기를 꺼내자 그는 이렇게 대답했다. "하나님은 넓은 바다세요. 우리는 물 한잔에 대해 계속 쓰는 거구요!" 그는 계속 전진하라고, 모든 것에 대해 쓰라고 나를 격려했다. 인간이 된다는 것의 의미, 지상에서는 성육신이 어떤 모습으로 보일 수 있는지, 우리가 영광에서 얼마나 멀어질 수 있는지에 대해 쓰라고 격려했다. 건강한 신학은 모든 것이 어떻게 중요한지 곰곰이 생각하라고 초청하는 역할을 한다.

우리가 축복을 증언하고 애도는 회피한다면 신뢰를 잃게 된다. 그리고 애도할 것은 너무나도 많다. 몇 년 전, 나는 가난한 지역 사회를 지원하는 시카고의 한 단체를 위한 기금 모금 행사에서 공연했다. 내빈들은 '붉은 선 긋기'(redlining)에 대해 말했는데, 이것은 초기 도시 지도자들이 아프리카계 미국인들의 거주를 허용하는 지역과 금지하는 지역을 (말 그대로 지도 위에 빨간 선을 그어) 결정한 역사적 관행을 의미했다.[11] 이 관행은 잔혹한 부동산 불평등과 결합하여 아프리카계 미국인들이 집을 거의 소유할 수 없게 만들었다. 50대 후반의 한 사람은 성공한 의사였던 아버지가 1978년까지 주택융자를 받을 수 없었다고 눈물을 흘리며 회상했다. 한 집에 두세 가정이 함께 살면서도 여전히 과도한 집세를 냈던 상황을 그가 설명하자 그 자리의 많은 이들이 고개를 끄덕였다. 그것은 많은 사람들이 공유하는 공통된 경험이었다.

그로부터 몇 달 후, 나는 재정 문제에서 평안을 안겨 주기 위해 마련된 교회 모임에 참석했다. DVD에 나온 강사는 집을 살 때 꼭 '제대로 된 동네'에서 사야 한다고 가르쳤다. DVD 시청이 끝난 후 소그룹 사람들은 우리의 시 지도자들이 '제대로 된' 동네와 '잘못된' 동네를 만든 과정에 대한 나의 눈물어린 뜨거운 강연을 들었다. 한 가지 질문이 내 속에서 타오른다. 그리스도를 따르는 우리는 구조적 불평등에 계속 참여하는 일을 어떻게 생각하고 있는가? 나는 불의와 슬픔의 그 폭탄 구덩이 안에 무엇을 놓을 수 있는가?

> 어떤 마음들은 범람원 위에 자리 잡는다.
> 한눈으로 비가 오는지 하늘을 살피면서
> 쓸려나가는 땅을 위해 일한다.
> 더 가까이 살 때…
> 위험과 넘실대는 물에 더 가까이,
> 질주와 연패에 더 가까이,
> 우리를 무릎 꿇리는 것에 더 가까이 살 때
> 어떤 마음들은 범람원에 자리 잡는다.[12]

시편 109편(현대인의 성경)에서 다윗은 어떤 사람이 이웃을 학대하는 광경을 목격하고 하나님께 바치는 노래를 지었다. "그는 다른 사람에게 친절을 베풀지 않았고 가난하고 힘없는 자와 마음이 상한 자를 핍박하고 죽였습니다"(16절). 다윗은 슬프고 화가 났지만 억압받는 자들을 향한 하나님의 마음을 신뢰했다. 그는 그 시를 이런 말로 마무리했다. "내가 … 많은 군중 가운데서 그를 찬양하리라. 여호와는 가난한 사람의 오른편에 서서 그를 죄인으로 몰아 죽이려는 자들에게서 그의 생명을 구하신다"(30-31절).

2005년에 한 젊은 여성을 만났다. 그녀는 언어를 모르는 나라로 팔려와 사창가에서 일해야 했다. 그녀는 국제정의선교회 사람들이 치밀하게 진행한 불굴의 활동을 통해 구출되었다. 그녀를 만나고 나자 나는 구체적으로 행동해야 한다는 부담을 느꼈다. 소용돌이치는 듯한 감정을 느끼며 나는 친구를 찾아가 변호사든 요양보호사든, 송라이터보다 더 의미 있는 일을 하고 싶다고 털어놓았다. 친구는 내 말이 끝나기도 전에 두 손을 가로저었다. "아뇨, 그러지 마세요. 노래를 지으세요. 우리는 노래가 필요해요." 집으로 돌아오는 비행기 안에서 나는 노트북을 꺼내 이렇게 썼다. "짊어지기에는 너무 무겁고 벗어버릴 수도 없다." 집으로 돌아온 나는 이후 몇 달에 걸쳐 내가 만난 젊은 여성에 관한 음반 〈당신이 아는 것을 말해 줘요〉(Tell Me What You Know)에 들어갈 곡을 전부 썼다. 국제정의선교회 사람들을 인터뷰하면서 그들이 경험한 것 중 사람들이 무엇을 알았으면 좋겠느냐고 물었을 때, 한 친구가 이렇게 말했다. "온전한 치유까지는 여러 해가 걸릴 수 있지만, 제가 늘 놀라는 것은 자유를 얻은 지 몇 분 만에 유머가 생기고 노래가 흘러나온다는 겁니다."

> 하나님과 세상과 인간 영혼에 대해
> 당신이 아는 것을 말해 줘요.
> 너무나 많은 것이 잘못될 수 있지만
> 그래도 여전히 노래가 있어요.[13]

어려운 일을 증언함과 그에 대한 진실을 말하려는 노력의 구속적 측면은 그 일이 도리어 나를 구해 주었다는 사실에 있다. 나는 내 세적 신앙에서 체화된 복음으로 이동하는 일이 내 자신에게 얼마나 필요한지 전혀 몰랐다. 내 안과 내 공동체 안의 부서진 곳들을 증언하면서 나는 예수님의 회복하시고 화해시키시는 역사를 보았고, 그 증언이 냉소와 분노로 가득했던 요즘의 나를 소생시켰다.

인간다움을
유지하라

생성적이 된다고 해서 어려운 문제를 다루지 않는다거나 좋은 질문과 논쟁을 외면하게 되는 것은 아니지만, 마코의 말대로 '공동의 번영'에 대한 비전을 추구하게 된다. 타인의 인간성을 망각하는 것만큼 정직한 생각과 증언을 억누르는 것도 없다.

최근에 영화 〈월-E〉에 나오는 한 장면이 생각났다. 로봇 이브는 생명체를 찾는 임무를 띠고 지구로 왔다. 이브는 지령을 수행해야 한다. 오랫동안 지구에 혼자 있었던 구형 로봇 월-E는 우정을 나누고 싶어 한다. 이브와 월-E가 서로 좋아하기 시작할 무렵, 이브의 센서가 살아있는 식물 한그루를 감지한다. 이브는 로봇처럼 경직되더니 그 식물을 저장 공간에 넣고 동면에 들어간다. 지령수행 모드에 돌입한 것이다. 월-E는 무슨 일이 벌어지는지 이해하지 못한다. 이브에게 우산을 씌워주고 빛을 깜빡인다. 월-E는 이브의 손을 잡으려 한다. 그는 이브를 보살피고 인간적인 일을 하지만, 이브는 인간적인 모습이 줄어들고 소통을 차단한다.

요즘 우리의 인간관계에서 이런 과정이 되풀이되기 쉽다. 대화는 긴장이 가득하다. 수많은 화제에 지령수행 모드로 반응할 수 있고, 그렇게 되면 마음을 닫고 지령수행을 위해 지시사항을 기계처럼 읊어대기 시작한다. 생성적이 되려고 애쓰는 송라이터인 나는 열려 있기 위해 싸워야 하고 비인간화를 초래하는 표현과 선동에 저항해야 한다.

나는 우리가 삶, 돈, 시간으로 '의사 표시'를 한다는 생각에 공감한다. 그러나 나의 유일한 정체성이 내가 속한 교회, 교단, 정당을 대변하는 일에 있다고 느낀다면, 나의 말과 창조성은 선전에 불과하게 된다. 나는 긴밀한 동질감을 갖는 집단의 결점을 인정하기가 두려운 나머지 정직한 탐구를 막고 있는 것은 아닌지 스스로에게 물어야 한다. 조직 내의 문제들에 대해 정직하게 말하는 것이 불충한 일이 될까봐 두려워하고 있지는 않은지 살펴야 한다. 목사나 정치가가 말도 안 되는 행동을 할 때, 그로 인해 교회나 정당이 해를 입을까 봐 그 행동을 변호하거나 적당히 둘러대려는 수많은 말이 쏟아진다. 내가 어릴 때 속했던 교단이 몇몇 유명인의 추문을 그대로 뭉개던 기억이 생생하다. 그들은 추문을 감추고 조직을 보호하려 했고 사실을 부인했다. "옹호할 수 없는 것들은 옹호할 필요가 없다"는 사실을 깨닫고 안도하던 날도 기억난다. 내 정체성은 이런 단체들에서 나오지 않는다. 그리스도의 몸은 내 신앙에 꼭 필요하지만, 투명성과 정직한 탐구를 희생하면서 특정 단체를 보호할 필요는 없다.

지금은 여자들이 성폭행 경험에 대해 이야기할 용기를 얻고 남자들은 학대자에게 받은 고통의 깊은 상처를 드러내는 사회적으로 의미심장한 시점이다. 이런 때에 많은 그리스도인 지도자들이 뒤로 숨고 방어적이 되고 책임을 회피하거나 침묵으로 일관하는 현실이 가슴 아프다. 하나님은 약한 자들을 향한 마음을 숨기지 않으시고, 나는 정의를 구하는 자들의 편에 서고 싶다.

> 이 도시에 불이 켜질 때
> 해가 질 때
> 나는 정의의 편에 있고 싶다.
> 이 도시에 불이 켜질 때
> 해가 질 때
> 나는 긍휼의 편에 있고 싶다.
> 불이 켜질 때
> 나는 진실을 말하고 싶다.[14]

그리스도인들이 세상에 내놓아야 하는 것에 대해 동료 그리스도인들과 대화를 나누었다. 어떤 이들은 우리가 신앙 때문에, 그리스도의 기쁨과 관대함을 증언하기 때문에 세상의 공격을 받는다고 생각했다. 또 어떤 이들은 우리가 기독교 내부의 문화와 그 모든 관례와 특권에 눈멀었다고, 우리의 증언이 힘을 잃은 것은 파벌주의와 국가주의를 드높인 탓이라고 주장했다. 나는 그 자리에서 이런 생각을 했다. '난 둘 다 봤어.' 나는 하나님의 사람들의 비할 바 없는 관대함을 보았고, 그것을 증언한다! 나는 기독교 국가주의의 이름으로 난민들에게 쏟아내는 믿을 수 없는 냉담함을 보았고, 그것을 크게 외친다! 나는 시간과 노력을 들여 다른 이들을 섬기는 경건한 사람들을 알고 있고, 그들의 신앙을 증언한다! 나는 현재의 구조적 인종차별이라는 것이 누군가의 상상력에서 나온 허구라고 믿는 이들과 대화해 보았고, 그래서 외친다! 주여, 긍휼을 베푸소서!

내가 보는 것을 말할 용기를 달라고 기도한다. 그것이 내가 속한 집단의 지령을 거스르는 일이고, 그로 인해 미움을 받게 되거나 경제적 희생을 치러야 한다 해도 두려워하지 않게 해달라고 기도한다. 내가 마음을 닫고 지령수행 모드로 들어가는 것을 느낄 때면 지혜를 구한다. 나를 인간답지 못하게 만들고 다른 사람들을 덜 인간적으로 보게 만드는 것들과 잘 싸울 수 있는 법을 하늘에 묻는다.

〈나야〉(It's Me)라는 곡은 내가 결혼생활에서 남편의 인간성을 잊어버리는 순간을 살핀 노래이다. 곡의 앞부분에서 남편 트로이(Troy)와 나는 멋진 곳에 있고 다정함이라는 은혜 안에 살아간다. 그런데 뭔가 상처가 되는 말이 나오면서 우리의 바람과 달리 냉랭함이 내려앉는다. 우리는 각자의 내면으로 깊숙이 물러나 대화를 시도하지만, 다정함은 온데간데없다.

> 목숨을 걸고 달려
> 다정함이 다 사라졌어.
> 눈 깜짝할 사이에
> 선의가 일제히 물러났어.
> 서로의 속도를 확인하고 서로를 응시해 보지만
> 아, 당신과 나는 끝났어 끝났어 끝났어.

섬처럼 느껴지는 부엌에서 이렇게 생각하며 서 있던 기억이 난다. '내가 사랑하던 이 남자 안의 소년은 어디 있지? 저 소년을 사랑하던 내 안의 소녀는 어디 있지?' 상처 입고 성난 채 제멋대로 움직이는 우리의 자아가 상황을 완전히 망치기 전에 우리가 다시 이어질 가능성이 있을지 알 수 없었다.

> 내면 깊은 곳에서 소녀가 깨어난다.
> 소녀는 사랑하는 소년에게 소리친다.
> 나야.[15]

같이 사는 진정 사랑하는 사람과도 이렇게 멀어질 수 있다면,

알지도 못하는 사람들에게는 얼마나 더 비인간적으로 행동할 수 있겠는가? 각 사람 안에 있는 본질적 가치를 알아보는 것은 하나님의 선물이다. 가끔은 이것이 우리 신앙의 핵심이고 그리스도께서 우리 마음속에서 행하시는 일의 전부가 아닐까 하는 생각이 든다. 출애굽 이야기는 너무나 캄캄하여 "사람들이 서로 볼 수 없"(출 10:23)었던 흑암의 재앙을 얘기한다. 우리는 지금 그때와 비슷한 흑암과 싸우고 있는 것 같다. 우리에겐 서로의 번영을 추구하면서 진실을 말할 하나님의 도움과 지혜가 필요하다.

전부 말할 수 있는
안전한 장소

"트로이와 나는 폭탄으로 생긴 구덩이에 무엇을 두게 될까?" 이 질문은 2011년, '아트하우스 노스'라는 공간으로 응답되었다. 우리는 전국을 다녔고 세상에 많은 곡을 더했다. 그러다 보니 길 위에서 경험한 것들의 일부를 공동체와 나눌 수 있는 편안한 장소를 갈망하게 되었다.

아트하우스 노스라는 영감의 원천은 찰리 피콕과 앤디 애쉬워스였다. 그들은 내슈빌 최초의 아트하우스를 설립했다. 찰리와 앤디가 만든 공간은 사람들 안에 있는 천국을 상상하는 힘을 일깨웠다. 그곳은 환대, 생성의 삶, 창조성, 대화, 소망의 장소였다. 내슈빌에는 예술가들이 자신의 경력에 대한 조언이나 사업에 어떻게 접근해야 할지 도움을 받을 곳은 많았다. 하지만 예술가이자 그리스도를 따르는 자로서 세상에서 맡은 역할에 대해 의미 있게 말할 수 있는 곳은 아트하우스밖에 없었다. 아트하우스 사역이 강물이 되고 찰리와 앤디가 그 흐름에 몸을 맡기는 모습은 지켜보기만 해도 흥미진진했다. 그런데 그들은 그곳을 개방하여 우리를 포함한 여러 사람들을 함께 하자고 초대했다. 가끔 우리는 음반을 만들었고, 때로는 모여서 정의를 원하시는 하나님의 마음에 대해 배웠고, 때로는 다양한 사람들과 그냥 저녁식사를 같이 했다.

트로이와 나는 2011년 1월에 미네소타 주 세인트폴의 웨스트엔드에서 아트하우스 노스를 열었다. 미국 전역의 세 곳 아트하우스 중 하나였다. 세 곳은 각기 독특한 공동체의 모습을 보여 주지만, '공동선을 위한 창조적 공동체'라는 슬로건을 공유한다. 이곳에서 우리는 문화 전쟁에서 정원을 가꾸는 일로 옮겨가려고 시도했다. 놀랍게도, 지역 협력 사업에 힘입어 아트하우스는 지역 사회에 뿌리내릴 수 있었다. 주말에 모이는 지역 교회, 1년에 세 편의 연극을 공연하고 아이들을 위해 연극 캠프를 운영하는 극단, 예술가들을 위한 정기적 랍비 성경공부 모임 등에 쓰였다. 그리고 연례 광장 댄스가 인기 있는 새로운 전통으로 자리 잡았다. 몇 시간 동안 도로의 차량 통행을 막고 모든 연령대의 지역 주민들을 춤판으로 초대하는 데,

지역에 이만한 다른 행사는 없다. 작년 여름의 광장 댄스를 마치고 친구 마이크(Mike)가 말했다. "여기 말고 사람들이 두 시간 내내 웃는 모습을 볼 수 있는 다른 데가 있을까?"

트로이와 나는 이런 정기적 일정 외에도 아트하우스 노스에서 여러 행사와 프로그램들을 연다. 찰리와 앤디처럼, 우리는 이런 활동들이 우리가 이미 몸을 맡긴 강물의 흐름 안에 있게 하려고 노력했다. 아이들이 초등학생인 관계로 동네 아이들을 위해 영화 〈스쿨 오브락〉(School of Rock)에 나오는 방식의 음악 교실 '렛츠락'을 시작했다. 아이들이 즉흥연주 밴드 안에서 악기를 배울 수 있는 프로그램이었다.

아트하우스 노스에는 사려 깊은 대화를 돕는 친밀함이 있다. 우리 건물은 140명만 수용할 수 있기에 행사의 규모와 성장 전략에 대한 대화는 멋지게 배제된다. 우리는 종종 행사를 계획하면서 무엇에 대해 말하고 싶은지 자문한다. 주최하는 행사 중 내가 제일 좋아하는 시리즈는 '예술가들의 응답'이다. 이 시리즈에서 우리는 하나의 주제로 세 명에서 다섯 명의 예술가에게 연락해 그들의 예술로 그 주제에 응답해 달라고 요청한다. 할 말이나 결론 같은 것은 제시하지 않는다. 제 1회 '예술가들의 응답'은 샌디후크 총기난사 사건이 벌어지고 한 주 후에 있었다. 뉴스 매체는 이미 움직이고 있었고 나는 교회에서조차 슬퍼할 공간이 거의 없다고 느꼈다. 나는 다섯 명의 예술가들을 초청했다. 지역의 시인, 첼로 연주자, 배우, 송라이터, 댄서였다. 그들은 어떤 방송이나 신문이 절대 할 수 없는 일을 해냈다. 시인 친구는 사라예보의 첼로 연주자에 대한 시를 낭독했고, 첼로 연주자는 같은 이야기에 나오는 유명한 아다지오를 연주했다. 연극 배우 친구는 당시에 일인 여성극 〈나는 안네 프랑크다〉(I Am Anne Frank)에 출연 중이었는데, 그 자리에서 연극의 독백 "어린 소녀의 영혼 안에서 그렇게 많은 일이 벌어졌다고 누가 생각하겠어요?"를 연기했다. 내 친구인 댄서는 "나와 동행하소서, 주님. 나와 동행하소서"라는 느린 애도로 시작해서 춤사위가 차츰 격렬해지다가 마침내 모두가 일어서게 된 놀라운 작품을 공연했다. 나의 송라이터 친구가 진실을 말하는 노래와 애가로 마무리를 했다. 결코 잊지 못할 신성한 경험이었다. 그 자리는 우리의 약함을 드러낼 수 있고 함께 증언할 수 있고 전부 다 말할 수 있는 안전한 곳이었다.

가장 최근의 '예술가들의 응답'은 '창조 세계 돌보기'를 다루었다. 우리가 초대한 예술가들이 도리어 우리와 창조 세계의 관계를 다시 상상하도록 우리 모두를 초대했다. 영감이 넘치는 아름다운 밤이었다. 나는 벅찬 가슴을 안고 집으로 걸어갔는데, 궁금한 것을 묻고 하나님이 예수님 안에서 이루신 화해의 사역이 얼마나 넓고 깊은지 탐구할 수 있는 곳이 있다는 것이 너무나 감사했다. 바울의 골로새서 말씀이 떠올랐다.

아버지께서는 모든 충만으로 예수 안에 거하게 하시고 그의 십자

가의 피로 화평을 이루사 만물 곧 땅에 있는 것들이나 하늘에 있
는 것들이 그로 말미암아 자기와 화목하게 되기를 기뻐하심이라

(골 1:19-20)

나는 송라이터로서, 그리고 이제는 다른 이들이 창조적 목소리
를 내도록 돕는 사람으로서 우리 주위의 폭탄으로 생긴 구덩이들로
겁 없이 걸어가라는 부름을 받았다. 인간 경험의 전체 스펙트럼을
증언하라는 부름을 받았다. 요즘에도 모든 것을 들으시는 하나님께
모든 것을 말할 수 있다고 루비에게 가르치라는 부름을 받았다.

7

스토리텔러

레크래(Lecrae)

우리의 삶으로,
우리의 이야기로
하나님을 따라오라고 하며

나는 스토리텔러다. 내 이야기들은 대부분의 좋은 이야기처럼 복선이 많고, 복잡한 감정을 가진 인물들이 등장한다. 순수한 영웅이나 순수한 악당은 드물다. 성경 이야기가 그렇듯 우리 삶에서도 악당들이 놀라운 힘을 가지며 영웅들은 비극적인 약점을 갖고 있으며, 그 사이에 수많은 사람들이 있다. 그러나 이렇게 구분선이 흐려지면 사람들이 불안해한다.

쉽고 친숙하다는
이유로

나는 성과 속의 구분을 흐리는 공인이고, 오해를 받는 일에 익숙하다. 약물에 취한 채로 쾌락주의에 찬사를 보내는 곡을 쓴 예술가들과 주말에 한 무대에 섰다가 교회 콘퍼런스로 자리를 옮겨서 강연을 하곤 했다. 사람들은 사물을 흑백으로 보길 좋아하고, 복잡성을 혼란스러워한다. 시간을 들여서 미묘한 차이가 드러내는 아름다움에 감탄하는 대신, 자주 그것을 무시하고 친숙한 것을 택한다.

첫 파리 여행에서 친숙함의 압제를 경험했다. 내가 상상한 파리는 언제나 유토피아였다. 그곳에서는 모든 것이 아름답고 매력적이고 쉬울 것 같았다. 그러나 막상 파리에서 지낸 시간은 아주 힘들었다. 언어가 달랐고, 음식이 달랐고, 문화가 달랐다. 나는 파리를 사랑하게 될 것이라고 생각했지만, 이런 차이들이 파리를 즐기는 데 큰 장애물로 작용했다. 식사를 주문하거나 대화를 나누는 간단한 일조차 힘들었다. 이틀 후 녹초가 되었고 친숙한 것이 그리워졌다. 한주도 안 되어 고급 프랑스 음식점 대신에 미국 패스트푸드 체인점을 찾아가고 있었다. 단지 쉽고 친숙하다는 이유에서였다. 나는 파리 생각에 너무 매료되어 있었기 때문에 낭만적 이상화가 생각보다 더 크게 문제가 되었던 것이다. 메뉴판을 이해하기가 어려운 상황에서 아내와 낭만적인 저녁식사를 하기는 힘들다. 내 선입견이 도전을 받는 그 상황이 불편했다. 아는 것을 고수하는 쪽이 더 쉬웠다. 그러나 차이가 주는 생소함에 굴하지 않았던 많은 지인들은 파리의 다양성과 언어, 문화의 아름다움을 발견했다.

어떤 일을 제대로 보고 그 가치를 인식하려면 때로는 노력이 필요한데, 그 일이 우리가 경험해 보지 못한 것이라면 더욱 그렇다. 일반적으로, 운동선수, 정치가, 유명인 등 우리가 사회에서 보는 사람들은 온전히 알려지고 이해될 기회를 얻지 못한다. 우리는 그들의 이야기를 모른다. 남들이 그들에게 부여한 서사를 알 뿐이다.

래퍼들이 주로 사용하는 이야기 전달법은 내게 더욱 실감나게 다가온다. 나는 랩 장르가 귀중하다고 그리스도인들을 설득하는 데 많은 시간을 보냈다. 일부 그리스도인들은 랩을 폭력과 여성혐오를 미화하는 데만 쓰이는 예술 형태라고 본다. 랩이 그런 식으로 쓰이는 것은 사실이지만, 그것은 랩 또는 그 기원의 본질이 아니다. 많은 면에서 랩은 공동체의 상황을 묘사하고 설명하는 서사를 사용한다. 예술가가 직면하는 현실을 서술하는 기록이다. 그 기록은 선지자적 증언의 한 형태로서 가치가 있다. 더욱이, 랩은 나를 예술가로 빚어 냈다. 많은 이들이 저속하다고 치부하는 랩뮤직의 선구자들이 없었다면 나도 여기 없을 것이다.

거리의 현실을 그대로 보여 주는 이야기들과 쾌락주의를 옹호하는 음악의 영향을 받지 않았다면, 나는 랩을 하거나 문화의 언어로 말하는 법을 알지 못했을 것이다. 나보다 앞선 사람들이 내가 만나는 현실을 서술할 법을 가르쳐 주었다. 그들은 이야기를 들려주었다. 나도 이야기를 들려준다. 우리 모두 서사를 만들어 낸다.

우리는 이야기를 하면서 그렇지 않았으면 엉망진창으로만 보였을 상황에 의미를 부여하고, 그런 혼란이 의미하는 모든 것을 머릿속에서 조화시킨다. 우리는 이야기를 이해하기 위해 영웅과 악당을 창조한다. 누가 영웅이고 누가 악당일까? 미국인들은 이런 종류의 이야기를 아주 잘 만들어 낸다. 아메리카의 '발견'을 둘러싼 세부 내용에서 우리가 사랑하는 추수감사절 이면의 실제 참상에 이르기까지, 역사적 사실들을 누락하면서 과거를 입맛에 맞게 이해한다.

영웅에게는 악당의 면모가, 악당에게는 영웅의 면모가 생각보다 더 많을 때가 있다. 서구 문화는 미국 건국의 아버지들의 노예제 승인을 묵인하고 알 카포네처럼 살인을 일삼은 조폭들을 낭만적으로 묘사하는 등 자긍심을 높이기 위해 서사를 바꾸고, 여성혐오와 폭력의 이야기들을 유흥거리로 팔고 있다.

도시 문화의 많은 측면에 영향을 받은 흑인인 내가 책임 있는 아버지와 역할 모델이 된 것은 단지 정신을 차려서가 아니다. 나를 악당으로 여겨 포기하지 않고 성장 중인 장래의 영웅으로 바라본 사람들이 내게 영향을 끼쳤다.

영웅들도 우리가 원하는 것처럼 무결점의 존재가 아니다. 비난의 대상인 악당들도 우리와 늘 그렇게 다른 것은 아니다. 우리의 생활환경이 그들과 같았다면 어떻게 되었을지 장담할 수 없다. 캐릭터들 배후에는 언제나 이야기가 있고, 그 이야기는 이런 미세한 차이들을 드러내고 있다. 우리가 만나는 사람들의 이야기를 공감하며 듣기 위해서는 겸손이 필요하다.

공감어린 경청에는
세계관이 포함된다

공감어린 경청에는 세계관의 이해가 포함된다. 세계관은 세상을 바라보는 뿌리 깊고 종종 무의식적인 방식이다. 공감하는 태도로 귀를 기울이고 다른 이들의 세계관을 이해하려고 노력한 다음에야 인종적 문화적 종교적 간격을 넘어 진실한 관계를 맺는 법을 배울 수 있다. 이것은 일로 맺는 관계만이 아니라 진정한 우정에도 해당된다.

우리가 듣는 이야기들, 나누는 이야기들은 사실과 명제만을 다루는 것이 아니다. 이야기를 나눈다는 것은 감정을 전하고 다른 이들에게 우리의 약함을 드러내는 것을 의미한다. 우리는 이야기 안에서 감정의 긍정적인 면과 부정적인 면을 다 인식할 수 있다. 분노가 바람직하게 사용되려면 파괴적이 아니라 건설적이어야 한다. 건설적 분노는 소외된 자들의 권리를 위해 열정적으로 싸우게 만들지만, 파괴적 분노는 건물 방화와 폭동으로 이어진다.

지난 몇 년 동안 나는 건설적 분노와 파괴적 분노의 차이를 제시하기 위해 노력해 왔다. 테드 강연과 사설, 노래에서도 사람들에게 분노의 감정을 보다 세밀하게 이해하라고 간곡히 요청했다. 물론, 여전히 여러 오해가 있고 나는 참을성을 갖고 포기하지 않는 법을 배워야 했다. 사람들은 세상을 보는 현재의 방식과 일치하는 이야기에 늘 끌리기 마련이다. 우리는 그렇게 만들어졌다. 나의 사례가 설명에 도움이 될 것 같다.

나는 세 번 페퍼스프레이 공격을 당했다. 페퍼스프레이는 화끈거린다. 심하게 화끈거린다. 목구멍이 좁아지고 아주 매운 고춧물을 잔뜩 들이부은 것처럼 눈이 붓는다. 너무나 충격적인 경험이라 아직도 각각의 경우가 생생하게 기억난다. 이 이야기를 제대로 하려면 별도로 몇 장(章)이 필요할 것이다.

내가 페퍼스프레이를 맞았다는 말을 듣고 독자가 어떤 생각을 했을지 궁금하다. 나는 악당이었을까? 누군가를 도발하여 자기방어에 나서게 만든 걸까? 아니면 도움을 주려고 나섰다가 무심코 페퍼 스프레이에 맞은 영웅이었을까? 이런 일들을 이해하려면 줄거리가 있어야 한다. 그렇지 않으면 사건에 의미를 부여하기가 어렵다. 우리는 세상이 이치에 맞기를 간절히 바란다. 주위에서 벌어지는 일에 의미를 부여하기 위해 과학이론, 역사적 서사, 점성술, 종교에 깊은 관심을 갖는다. 우리는 '왜' 그런지 알고 싶어 하도록 만들어진 존재다.

그래서 우리는 이야기에 끌린다. 이야기는 의미를 구체화하는 데 도움을 준다. 설령 이야기를 잘못 파악한다 해도, '왜?'에 대해서는 답을 얻을 수 있다.

우리가 세상을 보는 방식은 이야기를 통해 형성되고 우리의 의미는 모종의 거대서사에서 나온다. 사람들은 차트와 그래프보다는 이야기를 선호하고 더 잘 공감한다. 주위의 교사나 설교자에게 물어보라. 많은 이들이 그렇듯, 나도 툭하면 강연과 설교 도중에 딴생각을 하거나 공상에 빠져 있다가 이야기가 나오면 귀를 기울이게 된다. 마치 마법 같다.

우리는 극장과 텔레비전과 컴퓨터로 이야기를 보고 듣는 데 매년 수십억 달러의 돈을 쓴다. 동일시하고 공감할 수 있는 원형과 캐릭터, 존경하는 영웅을 찾는다. 줄거리가 없이는 주어진 상황에 의미를 부여하기가 어렵다. 그 결과, 대부분의 사람들은 부서진 세상에서 의미를 찾기 위해 세상을 좋은 이들과 나쁜 이들로 나눈다. 모든 이야기에는 필수적 요소들이 있다. 뭔가가 세상을 뒤집어 놓는

다. 뭔가가 파괴된다. 상황을 바로잡고 파괴된 것을 회복시킬 영웅이 존재한다. 그리고 적수 또는 원수인 악당이 등장한다.

2014년 마이클 브라운(Michael Brown)이 살해된 사건에 이어 미주리 주 퍼거슨에서 일어난 일에서도 이런 요소들을 볼 수 있다. 거기서 벌어진 일은 뭔가를 의미한다. 그러나 그 의미는 전해지는 이야기에 따라 달라진다.

한 이야기는 흑인 공동체가 형편이 나쁜 좋은 사람들로 구성돼 있다고 주장한다. 지역 경찰은 권력을 남용하는 나쁜 사람들이다. 흑인 공동체는 이 나라에서 흑인의 목숨이 소중하다는 사실을 보여주기 위해 싸워야 하고 경찰을 꾸짖어야 한다. 많은 사람들이 이 서사를 통해 세인트루이스 교외에서 벌어진 일의 의미를 이해했다.

또 다른 이야기는 경찰이 위험한 일에서 최선을 다하는 영웅이라고 말한다. 마이클 브라운 같은 사람들은 법을 어기고 자신들의 행동에 따라 불운한 결과를 맞는 악당이다. 인종 문제 때문에 범죄에 눈 감아서는 안 되고, 사법체계가 결국 진실을 밝혀낼 것임을 믿어야 한다.

두 이야기에서는 주인공과 적대자가 각기 다르다. 착한 쪽과 나쁜 쪽이 다르다. 사건을 이해하게 해 줄 이야기가 없으면 누구도 미주리에서 벌어진 일을 파악할 수 없는 것처럼 보인다. 게다가, 우리는 자신의 세계관에 맞지 않는 서사를 소화하는 데 어려움을 겪는다. 시각을 뒤흔들고 박살내는 참된 서사보다는 세계에 대한 우리의 시각에 맞는 엉터리 서사를 믿는 쪽이 실제로 더 쉽다. 이것은 각자의 입장과 상관없이 모두에게 해당한다.

우리 모두가 죄인임을 알려 주는
기독교 세계관

성경의 줄거리에 특징적으로 나타나는 기독교 세계관은 일반
적이고 관습적인 이야기와 구별된다. 기독교 세계관은 우리 모두가
죄인이라는 것을 거대한 구도 안에서 보여 준다. 우리 모두는 악당,
나쁜 사람들이다. 진정한 악은 깨어진 인간성을 통해 얼굴을 드러
내는 죄이고, 죄는 모든 사람에게 영향을 미친다. 유일한 참된 영웅
은 깨어진 마음을 회복시키고 죄로 변질된 사회 구조를 바로잡아 줄
예수님과 그분의 능력이다.

어릴 때 들었던 다윗과 골리앗 이야기가 기억이 난다. 골리앗
은 2미터 70센티미터가 넘는 위협적인 전사였고 이스라엘의 군대
에 두려움을 안겨주었다. 아마도 블레셋 사람들은 이스라엘 사람들
보다 전쟁에 훨씬 능했을 것이고 훨씬 뛰어난 무기를 갖추고 있었을
것이다. 그래서 이스라엘 군대의 용감하다고 하는 그 누구도 나라
를 위해 골리앗과 정면으로 맞서겠다고 나서지 않았다. 그때 작고
어린 목동 소년 다윗이 등장했다. 큰 용기를 낸 다윗은 하나님을 의
지하여 물매로 골리앗을 무찔렀고 이스라엘은 승리했다.

독자가 나와 같다면, 이 이야기의 의미를 이런 식으로 이해했을 것이다. "당신이 약하고 준비되어 있지 않더라도 하나님을 신뢰하라. 그러면 당신도 다윗과 같은 영웅이 될 수 있다." 나는 이 견해에 진실이 담겨 있다고 믿지만, 하나님이 이 이야기를 통해 그분의 거대서사를 전하신다고 더욱 믿는다. 우리 모두는 겁에 질려 위축된 이스라엘이다. 골리앗은 우리를 자기 뜻대로 좌우하는 어둠과 악의 세력을 나타낸다. 우리는 무력하지만 하나님은 구원자를 보내신다. 그는 전통적 방식으로 싸우지 않는 겸손한 영웅이다. 그는 용감하고, 전심으로 성부를 의지하고, 어둠을 물리치고 사람들을 해방시킨다.

죄는 적대자이고 예수님이 주인공이다. 죄와 사탄은 여느 대단한 악당들처럼 우리를 어둠의 편으로 열심히 끌어들이려 한다. 힘을 남용하고 폭동을 일으키고 죽이고 미워하도록 부추긴다.

그러나 그리스도께서는 찬란한 빛으로 오라고 우리를 초청하신다. 참된 영웅께서 사랑하고 공감하고 용서하고 죄로 깨어진 것을 회복시키는 방법을 보여 주신다.

예술의 아름다움과 경이는 이야기를 들려주는 능력에 있다. 예술가는 스토리텔러다. 화가, 영화감독, 송라이터도 마찬가지다. 예술가는 이야기를 사용하여 창조, 타락, 구속, 그리고 하나님과 함께 광야를 지나는 여정으로 이루어진 거대서사로 사람들을 떠민다. 사람들은 이야기에 끌린다. 〈반지의 제왕〉(The Lord of the Rings) 3부작은 내가 두 번째로 좋아하는 영화이고, 제일 좋아하는 영화는 존 싱글

턴(John Singleton)의 〈보이즈 앤 후드〉(Boyz n the Hood)이다. 두 영화 모두 인간의 부패, 마음의 어둠, 그리고 죄악된 본성과 씨름하는 우리의 삶을 보여 준다.

C. S. 루이스(Lewis)는 《사자와 마녀와 옷장》(*The Lion, the witch and the Wardrobe*)에서 하나님의 거대서사를 드러낸다. 위대하고 완전한 왕이 전혀 사랑받을 자격이 없는 배신자 소년을 위해 목숨을 내어 준다. 세상은 희생적 사랑에 대해 늘어놓는 일련의 사실들이 아니라 그런 이야기에 관심을 갖는다. 이야기를 듣지 않고는 그런 사실들의 의미를 파악할 수 없다.

예술가는 이야기를 사용하여 사람들이 하나님의 거대서사를 보도록 도울 수 있고, 부족하고 가치 없는 주인공에게 주목하게 만들 수도 있다. 여러 해 전에 나는 〈웰컴 투 아메리카〉(Welcome to Amrica)라는 곡을 지었다. 이 곡은 미국에 대한 세 가지 시각과 세 가지 다른 이야기를 들려준다.

1절은 스스로를 구조적 억압에 맞선 싸움의 주인공으로 여기는 구도심 청년의 시각에서 펼쳐진다. 그는 그런 노력으로 자신이 어떻게든 더 강해지고 더 나은 곳에 가게 될 거라고 믿는다. 범죄 활동이 그리 맘에 들지는 않지만, 보통 이하의 교육시설에 일자리도 없는 지역에서 사는 그로서는 그것이 최선의 패라고 생각한다. 이 젊은이는 가족을 가난에서 구출하겠다는 희망을 품고 범죄행위에 참여할 계획을 세운다. 그에게 적대자는 미국이다. 미국의 편향된 체계는 범죄가 발생하기 한참 전부터 존재했던 대를 잇는 가난과 잘못된 교육이라는 압도적 환경을 고려하지 않는다. 미국이 그를 이렇게 만들었다. 미국이 모든 고통과 부서짐의 근원이다.

2절은 사랑하는 나라를 위해 투쟁하고 싸웠던 군인의 이야기다. 그의 적대자는 그가 한 일에 고마워할 줄 모르는 미국의 비애국적 부류이다. 그는 그들의 유익을 위해 모든 것을 잃었다. 결혼, 정신건강, 친구들의 사랑을 잃었고 목숨까지 잃을 뻔했다. 그는 이 나라를 믿고, 완전하지는 않지만 미국과 그 건국원칙들이 순수하다고 믿는다. 그래서 자신의 싸움이 헛되지 않았다고 믿을 수 있다. 그러나 그는 자신이 싸워 지킨 국민과 나라가 동일한 애국심을 공유하지 않는다는 것을 깨닫고 있다.

마지막 3절은 미국인들이 왜 자신들의 훌륭한 나라에 감사하지 않는지 이해하지 못하는 이민자의 이야기다. 그가 볼 때 미국인들은 풍부한 자유와 기회의 복을 누리고 있다. 음식과 교육도 풍부하게 받는다. 깨끗한 물, 잠자리, 보건서비스도 부족하지 않다. 이민자는 미국인들에게 사치품을 제공하는 노동착취 공장에서 일한다. 그는 이런 상황에 불평하지 않고, 그저 미국인의 대열에 합류할 수 있기만을 바란다. 미국이 주인공이다. 이 나라는 그가 갈망하는 자유를 제공한다. 하지만 이 사람은 미국에 왔으면서도, 이민법 때문에 영주권을 얻지 못한다.

아이러니하게도 이 이야기들은 모두 사실이다. 포괄적인 사실이 아닐 뿐이다. 각 이야기는 모든 악을 악당 탓으로 돌리고 엉뚱한 영웅에게 궁극적 소망을 둔다.

그리스도인은 미국이 깨어짐의 궁극적 원천이 아니고 기쁨의 원천도 아님을 다른 누구보다 제대로 인식해야 한다. 미국은 궁극적 영웅이 아니다. 문제(악당)는 언제나 죄이고, 해결책(영웅)은 언제나 복음이다. 물론, 이것은 죄와 부패가 우리의 마음뿐 아니라 우리의 손과 그 손으로 건설하는 것들도 더럽혔다는 사실을 단순화시켜 표현한 것이다. 죄로 기울어진 사람들이 만들어 낸 제도와 하부구조들이 오늘날의 세계에 부정적 영향을 끼치고 있다. 부패한 마음과 손이 수백 년 전에 만들어 낸 법률, 기업, 통상적 관행이 지금도 여전히 몹쓸 열매를 맺고 있다. 이런 망가진 체계들을 회복시키는 데는 구원받은 사람들이 필요할 것이다.

겨자씨 한 알이
바꾼 세상

이 거대한 이야기에서 우리의 역할을 알아보기는 쉽지 않다. 우리가 어떻게 그 거대한 역경에 맞선단 말인가? 하지만 이 대목에서 예수님의 이야기가 여러 면에서 나에게 강력하게 다가온다. 나는 그분의 인성, 구체적으로는 단순하고 약한 그분의 인성이 공감이 된다. 때로는 그분의 이야기 옆에 내 이야기를 나란히 두고 읽는다. 물론 나는 영웅도 악당도 아니지만 말이다. 아니, 어쩌면 조금씩은 둘 다 일지도 모른다.

나는 미혼모의 아들로 태어났고, 어머니는 한동안 정부보조금만으로 살아야 했다. 아버지에겐 중독 문제가 있었다. 어머니는 내가 태어나기 전에 천사의 방문을 받지 않았다. 적어도 어머니 말씀으로는 그렇다. 유치원에 다닐 때는 화장실에서 폭죽을 터뜨렸다. 초등학교 1학년 때 싸움이 붙었던 존 카니(John Carney)는 내게 맞아서 앞니가 빠졌다. 그 앞니는 이미 흔들리고 있었지만 다른 아이들은 그 사실을 몰랐다. 나는 어릴 때 예수님처럼 헤롯을 피해 달아나거나 목숨을 구하기 위해 이집트로 피난간 적이 없다. 동네 성경학자들에게 감탄을 안겨 주지도 못했다.

중학교에 들어가서는 패싸움을 일으켜 툭하면 정학을 당했고, 경범죄로 경찰차에 태워져 집으로 호송되곤 했다. 나의 모습은 사람들이 저 아이는 "별 볼일 없는 사람이 되겠군"이라고 생각하게 만들 만한 전형적인 패턴(십대 후반까지 계속 이어졌다)이었다. 그런데 이런 일들 -내가 한 일도 있고 내가 당한 일도 있다- 을 겪으면서도 나는 혼자가 아니었다.

이런 배경 때문에 나는 예수님의 이야기에 공감할 수 있다. 사람들은 예수님이 인간의 모습으로 세상에 계실 때 그분과 그분의 나라를 대수롭지 않게 생각했다. 마태복음 13장 31-32절에서 예수님은 이렇게 말씀하셨다. "천국은 마치 사람이 자기 밭에 갖다 심은 겨자씨 한 알 같으니 이는 모든 씨보다 작은 것이로되 자란 후에는 풀보다 커서 나무가 되매 공중의 새들이 와서 그 가지에 깃들이느니라."

현대의 기술사회와 문화에서는 식물이 자라는 이 이야기가 쉽게 다가오지 않는다. 하지만 예수님은 농업이 중요했던 세상에서 이 말씀을 하셨다. 그곳에는 식물, 농장, 동물들이 흔했다. 청중은 이 비유의 핵심을 잘 이해했을 것이다. 겨자씨가 놓칠 수 없을 만큼 크게 자란다는 사실을 알았을 것이다. 예수님의 요지는 사람들이 거대하게 자라날 어떤 것의 시작을 대단하게 생각하지 않을 때가 많다는 것이었다. 하나님의 나라는 인상적이다. 겨자씨 같은 출발은 전혀 인상적이지 않다. 그러나 겨자씨처럼 초라해 보이는 출발을 가지고 하나님 나라를 판단해서는 안 된다.

나는 초라해 보이지만 나중에 위대해지는 작은 것의 개념을 너무나 잘 안다. 중학교 3학년 때 낙제를 간신히 면하자, 진학 지도 상담 교사가 어머니에게 연락해 내가 학습장애가 있는 학생들과 함께 있어야 한다고 말했다. 그리고 또래 일반 학생들과 같이 있으면 안 되고 대안학교에 입학해야 한다고 말했다. 나는 일찍부터 배제된 것이다. 예수님은 이 서사를 잘 아신다. 열두 명의 평범한 사람들과 함께 시작된 그분의 사역은 처음에는 초라해 보였지만 결국 세상을 변화시켰다. 그분은 로마제국의 작은 유대인 지역에서 살다가 돌아가셨다. 당대의 주요 역사적 문헌은 그분을 지나가듯 언급할 뿐이다. 그러나 오늘날 그분의 이름과 능력은 전 세계로 퍼져나갔다.

약해 보이는 사람들이 놀라운 일을 하는 이야기를 우리는 잘 이해한다. 주위에서 흔히 보는 일이다. 우리는 이런 사람들을 알고 존경한다. 우리 문화의 선구자들 중 일부도 배제의 대표자였다.

월트 디즈니(Walt Disney)는 1919년 〈캔자스 시티 스타〉 지에서 해고되었다. 편집장이 제시한 해고 사유는 "상상력이 부족하고 좋은 아이디어가 없다"는 것이었다.[1] 오프라 윈프리(Oprah Winfery)는 발음하기도 어려운 이름의 소도시에서 태어났다. 그녀는 이야기를 전할 때 감정을 배제하지 못하기 때문에 좋은 기자가 되지 못할 거라는 말을 들었다.[2] 제이지(Zay Z)부터 투팍(Tupac)까지 내가 좋아하는 래퍼들은 대부분은 가장 낮은 환경에서 무시당하다가 문화계의 영향력 있는 인물로 떠오른 배경을 갖고 있다.

내가 제일 좋아하는 이 유명한 겨자씨 이미지가 영화 〈매트릭스〉(The Matrix)에 등장한다. 이 영화는 내가 시대를 초월해 가장 좋아하는 영화로 손에 꼽힌다. 이 영화를 처음 보고 몇 년이 지나서야 이 영화와 내가 깊이 이어진다는 것을 이해하게 되었다. 나는 공상과학 영화와 액션 모험 영화를 좋아하지만 좋은 이야기를 무엇보다 좋아한다. 〈매트릭스〉의 주인공은 낮에는 토머스 앤더슨이라는 평범하고 '눈에 띄지 않는' 기술직 종사자이지만 밤에는 네오라는 이름의 거침없는 컴퓨터 해커로 활동한다. 어린 시절 나는 네오(Neo)라는 글자를 재배열하면 "one"이 되는 것을 발견하고 내가 인생의 깊은 의미를 알아냈다고 생각했다.

네오는 잘난 체하지 않지만 악명 높은 리더 모피어스는 그에게서 더 많은 것을 본다. 모피어스는 네오가 새롭게 해방된 세계의 지도자가 될 것이라는 예언을 받은 터였다. 모피어스는 네오를 믿은 것이 아니었다. 사실, 그는 이 젊은이의 잠재력을 여러 차례 의심하기도 했다. 그러나 그는 더 위대한 실체인 예언을 믿었다. 또 다른 등장인물 트리니티도 네오가 선택받은 사람(the chosen one)이라고 믿는다. 네오는 배우는 것이 느리고 두려움이 가득해 보였지만 그들은 믿음을 품고 네오에게 시간과 재능과 귀한 것을 내어주고 공을 들였다. 그리고 네오가 지도자일 뿐 아니라 어느 누구와도 다른 지도자임을 발견한다.

이런 서사들은 우리가 작아 보이는 것의 잠재력을 너무 빨리 무시한다는 사실을 하나님이 알고 계심을 상기시킨다. 뿐만 아니라, 우리 모두는 약하고 부서지고 불완전한 사람들이다. 하지만 하나님은 우리를 기쁘게 받아 자녀로 입양해 주셨고 우리를 창조 목적에 합당한 위대한 자리로 데려가신다. 우리 많은 이들은 하나님 밖에서 목적과 위대함을 찾으려고 분투하지만, 우리는 오로지 하나님을 통해서만 목적과 위대함을 찾을 수 있다.

예수님은 왜 시작이 초라했던 사람들을 믿으시고 그들에게 투자하셨을까? 그 열두 명은 여러 면에서 실패한 사람들이었다. 사회는 그들에게 "너희는 괜찮지 않다"고 말한 터였다. 그러나 하나님은 그들이 충분히 괜찮다는 것을 아셨고, 너희는 괜찮은 것 이상이라고 말씀하신다. 하나님은 말씀하신다. 외적으로 너희가 작은 겨자씨처럼 보인다는 것을 안다. 그러나 나는 너희가 앞으로 어떤 나무가 될지 볼 수 있었으면 좋겠다.

사회는 시골 동네에서 태어나 마약으로 고통받는 한부모 가정에서 자랐고 꾸준히 말썽을 일으켰던 어린 레크래에게 너는 앞으로도 별 볼일 없을것이라고 말했다. 그러나 나를 믿었던 사람들이 계속해서 나에게 투자했다. 하나님은 나의 유익과 그분의 영광을 위해 줄곧 모든 상황을 인도하셨다. 내가 대학에 들어가고 기업가 정신을 따르고 예술 작품을 만들면서 세계를 여행하고 사람들에게 영감을 줄 거라고는 누구도 예상하지 못했다. 나야말로 겨자씨가 분명히 자란다는 사실을 알려 주기에 충분한 증거다.

내가 이야기를 하는 이유는 나에게 발언권이 있고 내 목소리에 귀 기울이는 청중이 있기 때문이다. 나는 최대한 정확하게, 가능한 한 열정적으로 이야기를 한다. 세상의 많은 이야기들이 배제되고 들려지지 않았다는 사실이 내게 동기를 부여한다. 누구든 펜을 쥔 사람이 이야기를 쓰게 된다는 것을 나는 안다. 펜은 말할 것도 없고 목소리도 부여된 적이 없어 자기 이야기를 꺼내지 못하는 이들이 너무도 많다. 사실, 사람들은 특정한 이야기들과 역사는 중요하지 않다고 생각한다. 프랑스 혁명과 르네상스 시대에 대해서는 자주 듣지만 도미니카의 예술과 역사는 어떤가? 빌립이 에티오피아에서 온 사람에게 예수님의 복음을 설명했다는 사실을 알지만, 에티오피아의 교회사에 대해 아는 바가 있는가? 주의하지 않으면 우리는 들려지지 않는다는 이유만으로 어떤 이야기는 들을 필요가 없다고 믿게될 것이다.

나는 아프리카 동부에서 많은 시간을 보내며 경청하는 법을 배웠다. 그곳 사람들의 문화와 역사에 잠기는 법을 배웠다. 그들을 섬긴 동시에 그들에게서 배웠다. 우간다의 콜 지구 사람들은 나의 청중이 들어야 할 이야기를 갖고 있다. 그들의 고통, 고난, 회복력, 재건의 이야기들이 내게 영감을 주었다. 그들은 재주가 아주 많은 사람들이다. 불행히도, 그들의 나라가 역사적으로 무역과 기회의 단절을 겪는 바람에 그들은 외국인들의 혁신을 공유하지 못했고 그들의 뛰어난 점을 우리와 나누지도 못했다. 나는 그들의 복리를 위해 내 시간과 재능을 제공했고, 그들의 마을을 방문하여 이야기를 듣고 유익을 얻었다.

콜 지구의 주민인 마이클(Michael)은 50살 정도 되는 남자다. 그는 원래 마을의 벽돌공이었다. 대단히 힘든 그 일로 그는 등에 부상을 입었다. 그는 자신이 손주들의 대학 학비를 댈 수 있게 도우실 하나님을 믿고 있었다. 그는 손주들이 더 나은 삶을 누리기를 원했다. 그리고 하나님이 응답하셨다. 해외기관과 협력하면서 그는 자신의 땅이 얼마나 비옥한지 알게 되었다. 그는 나무 심는 법을 배웠고 지금은 과실수와 여러 식물을 키우는 농장을 세워 그것을 사업으로 일구었다. 손주들의 교육 문제는 걱정할 필요가 없게 되었다. 그의 이야기는 우리에게 영감을 준다. 그것은 여러 면에서 우리의 이야기이기 때문이다. 많은 이들이 넘을 수 없는 역경에 부딪혔고 두려움이나 극심한 가난 같은 난관에 맞닥뜨렸다. 그래도 우리는 창조주 하나님이 우리가 이기게 해 주실 것을 믿는다. 신적 영웅을 가진 이들의 이점은 결코 절망 속에 남겨지지 않는다는 것이다. 하나님은 절대 실패하지 않으신다. 두려움은 하나님이 잘못하실 수 있다고 믿는 것이고, 원망은 하나님이 잘못하셨다고 믿는 것이다. 그러나 우리 모두 그런 감정을 경험했음에도 불구하고 여전히 그분의 계획을 신뢰할 수 있다. 그 계획의 일부가 우리에게 계시될 때도 있지만, 많은 부분은 그분의 영광을 온전히 보게 되는 날까지 계시되지 않을 것이다.

하나님은 한 묶음의 원리들과 과학으로 우리를 구원하시지 않으셨다. 그분은 그래프와 차트로 우리에게 말씀하시지 않았다. 하나님은 간접적인 통계수치를 써서 역사적으로 죄와 악에 오염된 체계와 하부 구조들을 변화시키라고 우리를 독려하시지 않았다. 이 모든 것 대신에 그분은 우리에게 이야기를 주셨다. 창조, 타락, 구속, 완성의 이야기를 주셨다. 예수라는 사람의 이야기를. 그 이야기를 통해 하나님은 우리를 부르신다. 우리의 삶으로, 우리의 이야기로 하나님을 따라오라고 부르신다.

8

번역자

존 이나주(John Inazu)

세상에
교회를 번역해 주고,
교회에 세상을 번역해 주며

성인이 된 후로 나는 본업 탓에 번역자가 될 수밖에 없었다. 한때는 변호사로서, 이제는 교수로서 특정한 말과 생각을 그것에 익숙하지 않은 청중이 이해하기 쉽게 만들어야 했다. 이런 과제는 나만의 것이 아니라 많은 전문직 종사자에게도 해당한다. 여러 면에서 자신과 다른 사람을 만나야 하는 모든 이에게도 해당한다. 각 사람은 번역의 과제를 요구받는다. 그리고 우리의 삶을 통한 이런 개인적 번역 안에 하나님이 주신 기회가 있다. 바울이 말한 대로, 우리는 "그리스도의 사절"이고 "하나님께서는 우리를 시켜서 … 권고"(고후 5:20, 새번역)하신다.

가장 일반적 의미의 번역은 알려지지 않은 것을 알리는 일, 이해할 수 없는 것을 이해하게 만드는 일이다. 가끔 우리는 친숙한 개념으로 낯선 개념들을 설명하거나 단순한 접점들을 쌓아 보다 복잡한 논점을 제시하는 방식으로 번역을 한다. 새로운 언어를 배울 때 많은 이들이 이 과정을 경험한다. 고등학생 시절에 스페인어를 배우기 시작하면서 친숙한 단어들과 나란히 놓인 낯선 단어들이 보였다. 나는 abuela가 '할머니'를, gato가 '고양이'를 의미한다는 것을 배웠다. 어느 시점에서 문법으로 옮겨갔는데, 문법은 단어들이 더 큰 틀 안에서 어떻게 한데 맞춰지는지 이해하는 것을 의미했다. mi abuela le gusta mi gato("우리 할머니는 내 고양이를 좋아하신다"). 그리고 마지막 단계에서 나는 규칙에 예외가 있음을 발견했다. 스페인어의 예외는 영어의 경우보다 배우기 더 쉬웠다. 영어에는 기본

규칙(이를테면 "i는 e 앞에 오지만, c 뒤에 오거나 neighbor 또는 weigh처럼 '에이'로 발음될 때는 i와 e의 순서가 바뀐다")에서 벗어나는 경우가 현기증이 날 정도로 많다.

새로운 언어를 배우는 사례는 번역의 어려움을 잘 보여 준다. 우리는 기본 개념에서 출발하여 더 넓은 틀 안에서 그 개념을 자리 매김하고, 결국엔 그 틀이 생각만큼 쉽게, 일관적으로 적용되지 않는 것을 발견한다. 번역의 전체 과정은 많은 훈련을 요구한다. 그리고 이 훈련의 필요성이 절대 사라지지 않는 경우가 많다. 학교의 스페인어 수업이 끝나자, 번역을 위한 기초적인 실력마저도 금세 사라졌다. 지금은 스페인어 단어 몇 개만 기억이 나고 더 넓은 틀은 거의 기억나지 않는다. 할머니와 고양이가 나오는 위의 문장도 구글로 검색해야 했다.

효과적인 번역을 위해
대상을 이해하다

효과적인 번역을 위해서는 번역의 대상을 이해해야 한다. 내가 변호사로 일할 때, 때로는 법정에서 증언요청을 받은 공학자들과 작업했다. 그들은 세상에서 가장 똑똑한 사람들로 손꼽히는 이들이었다. 말 그대로 로켓 과학자도 있었고, 휴대폰에 들어가는 마이크로

칩 같은 혁신적 기술을 발명한 이들도 있었다. 그러나 나는 공학자들이 늘 탁월한 번역자는 아님을 곧 알게 되었다. 그들은 어떤 것이 왜 작동하고 왜 중요한지 알지만, 때로는 그것을 다른 이들에게 설명할 줄 모른다.

공학자들의 전문 지식을 중대한 이해 관계가 걸린 사건들을 판단할 비전문가들에게 설명할 단어, 은유, 유비를 찾는 것이 변호사의 일이다. 그리고 그 일을 위해서 나는 공학자들의 전문지식을 이해해야 했다. 번역을 하려면 먼저 이해를 해야 했고, 그러자면 그들은 직관적으로 이해하지만 나로서는 이해하기 힘든 생각과 개념들을 파악하려고 노력하면서 공학자 증인들에게 무지한 질문을 던지고 그들의 인내를 구해야 했다.

법학 교수로 일하는 지금도 번역 대상을 이해하는 일은 여전히 필요하다. 고등학교 시절의 스페인어 교사처럼, 나는 내가 가르치는 과목에 "유창해야" 한다. 새로운 판례들과 이슈들이 계속 생겨나는 상황에서 내가 법학을 가르칠 수 있는 것은 세상의 작은 부분을 상당히 깊은 수준으로 이해하게 되었기 때문이다. 물론 늘 그렇지는 못했고, 내가 가르치는 모든 과목을 깊이 있게 아는 것도 아니다. 법학을 가르친 첫해에는 형법 수업에서 판례 하나를 잘못 읽어 기재된 내용과 정반대로 이해했다. 나눗셈을 설명한다고 생각하면서 곱셈을 설명하는 일을 법률대학원에서 한 것이었다. 그 판례를 오독한 경우를 가지고 교수 계획을 세웠던 터라, 나의 잘못된 이해를 설명하면 할수록 수업은 더욱 혼란스러워졌다.

지금은 내가 가르치는 과목에서 사건의 의미를 거꾸로 이해하지는 않는다. 적어도 강의 첫해처럼 완전히 거꾸로 이해하는 일은 없다. 하지만 전달할 내용을 잘 이해하는 것은 좋은 번역을 위한 조건의 일부일 뿐이다. 나는 거기에 더해 청중도 이해해야 한다. 청중을 이해하지 못하면 제대로 된 번역자가 될 수 없기 때문이다.

교사로서 청중을 이해한다는 것은 켄 베인(Ken Bain)이 쓴 대로 "언제나 새롭게 배울 것이 있다"는 인식을 갖는 것을 뜻한다. "이것은 교수 기법에 대한 말이 아니라, 이 특정 시간에 있는 특정 학생들에 대해 배워야 하고, 그들만의 특정한 열망, 혼란, 오해와 무지를 배워야 한다는 말이다."[1]

다시 말해, 학생들이 늘 다르기 때문에 가르치는 경험도 늘 새롭다는 의미다. 각 수업은 경험과 개성, 배경적 이해의 독특한 조합이다. 그리고 효과적으로 가르치고 번역하기 위해서는 새로운 수업에 들어오는 학생들의 독특한 측면 하나하나를 인식하고 이해해야 한다.

청중은 때로 배울 내용에 무지할 뿐 아니라 그 내용을 잘못 알고 있기도 한다. 번역하는 내용 자체를 이해하지 못하는 사람들을 위해 번역하는 일도 충분히 힘들다. 그러나 우리가 설명하는 내용을 이미 안다고 생각하는 사람을 가르치는 일은 그보다 훨씬 더 힘들다. 기존의 이해가 올바른 이해보다 더 쉽고 단순하거나 더 취향에 맞을 때는 특히 더 그렇다. 내가 가르치는 법률대학원 학생들 중 일부는 법이 영화와 텔레비전에 나오던 것과 많이 다르다는 것을 알고 실망한다. 많은 법률 문제에 대한 답변이 '예'나 '아니오'가 아니라 '상황에 따라 다르다'는 것을 깨닫고 불안해하는 학생들도 있다.

번역할 내용과 내가 번역을 제공할 청중을 이해하는 일은 대학에서 가르칠 때도 필요하고 시간과 노력이 많이 든다. 그러나 나는 많은 사람이 그렇듯 나의 근본적 신념과 확신을 번역하는 일이 지적, 감정적, 관계적으로 훨씬 더 어렵다. 대부분의 사람들이 살아가면서 이런 도전에 직면한다. 우리는 동시에 여러 세계에 속하기에 차이가 있는 각 세계 사이에 다리를 놓게 된다.

번역자에게
주어진 소명

나는 이것을 번역의 소명이라 여긴다. 오늘날의 그리스도인들이 이 번역의 소명을 감당하려면 다른 일반적 번역의 사례와 같이 번역할 내용과 번역을 제공할 청중을 제대로 이해해야 한다. 우리가 번역하는 내용을 안다는 것은 스스로를 믿음으로 다시 만들어진 존재로 이해한다는 뜻이다. 복음이 우리에게 어떤 영향을 끼쳤는지 알지 못하면 핵심적 확신과 자신을 다른 이들과 나눌 수 없다. 우리가 먼저 스스로를 하나님의 사랑을 받는 자로 알지 못한다면, 예수님이 명령하신 대로(막 12:31) 우리 이웃을 우리 자신처럼 사랑하는 일은 큰 불행을 초래할 것이다.

삶을 번역하는 소명은 평범한 형태의 번역과 비교할 때 한 가지 차원이 더해진다. 바로 개인적 위험이다. 변호사나 교수로서 번역을 제대로 하지 못하면 직업적 평판이 위험해진다. 강의 첫해에 판례 하나를 잘못 읽었을 때와 같은 상황이다. 그러나 내가 나를 번역할 때는 그 위험이 훨씬 더 개인적인 것이 된다. 낯선 청중 -대규모 청중이든 개인이든- 에게 나를 설명하는 일을 실패하면, '나'라는 개인이 거부당한 것처럼 느껴질 수 있다. 각 사람은 번역의 소명을 감당할 때마다, 자신과 우리를 움직이는 믿음을 다른 이에게 알리려 할 때마다 이 거부당할 위험을 감수하게 된다. 신학자 레슬리 뉴비긴이 지적한 대로, "개인적 지식을 얻는 일은 위험 없이는 불가능하다. 개인적 지식은 신뢰의 행위 없이는 시작될 수 없고, 신뢰는 배반당할 수 있다."[2]

나에게 번역의 소명은 삶의 일부를 대학에서 보내고, 일부는 교회에서 보내는 것과 관련이 있다. 대학에서의 내 생활은 법률대학원 학생들과 학부생들을 가르치고, 소수의 사람들이 읽는 학술논문을 쓰고, 교수회의, 대학위원회들, 정체가 불분명한 전문가 조직들에서 긴 시간을 보내는 것으로 이루어진다. 나의 교회 생활에는 예배와 지역교회 참여, 그리스도인 청중을 대상으로 한 글쓰기와 강연, 지역적, 전국적, 세계적 단체들에 시간과 자원 투자가 포함된다.

나는 번역의 소명에 따라 일부 교회 친구들에게는 대학을 번역해 주고, 일부 대학 친구들에게는 교회를 번역해 준다. 이 두 세계 사이에서 살다 보니 두 문화의 언어를 구사하는 일종의 이중언어 번역자가 되었다. 두 문화를 다 안다는 것은 어느 쪽에서도 완전히 편안하진 않다는 뜻이기도 하다. 수요일마다 영감과 당혹감을 동시에 안겨 주는 동료들과 교수회의를 하다 보면 이런 생각이 든다. '이들은 내 사람이 아니야.' 몇 시간 후, 교회에서 영감과 당혹감을 동시에 안겨 주는 사람들 사이에 앉아 있으면 또 이런 생각이 든다. '이들은 내 사람이 아니야.'

두 세계 중 한 곳에만 속한 많은 이들은 다른 쪽 세계의 사람들에 대해 잘 모른다. 그리고 두 세계 모두에서, 다른 면에서는 사려 깊은 사람들이 때로는 개인적 지식과 관계 대신 다른 세계에 대한 고정관념과 억측으로 만족한다. 내가 수요일 오후에 참석한 교수회의와 저녁의 교회 만찬은 3킬로미터도 떨어지지 않은 거리에서 열렸지만, 둘의 관계적 거리는 훨씬 더 멀게 느껴진다.

나는 이 두 문화를 잇는 번역을 "한 발은 한쪽 세계에, 다른 발은 다른 세계에" 딛는 일로 생각하곤 했다. 일반 대학교의 크리스천 교수인 나는 내 한발을 대학교에, 다른 발은 교회에 딛고 있다고 보았다. 그러나 이 비유가 불충분하다고 여기게 되었다. 유능한 번역자가 되려면 전혀 다른 두 상황에 동시에 몰입해야 한다. 내 경우에는 대학에도 두 발, 교회에도 두 발을 다 딛고 있는 것을 뜻한다.[3]

두 발을 다 딛는 유비는 '백인' 세계와 '비백인' 세계 사이에서 번역하는 난제를 생각할 때 제대로 와닿는다. 일본계 미국인인 나는 백인 문화의 '내부자'인 동시에 '외부자'이다. 이것은 내 외모 때문이기도 하고 살아온 경험 탓이기도 하다. 나는 인종과 신앙의 교차점에서 이 사실을 가장 강렬하게 느낀다. '백인 복음주의' 안팎에서 번역을 할 때 말이다.

나는 백인이 주를 이룬 교회에서 자랐다. 이사를 여러 차례 다녔고 미국 전역의 다양한 교회 공동체를 경험했다. 메릴랜드, 캔자스, 캘리포니아, 워싱턴, 하와이, 뉴욕, 콜로라도, 노스캐롤라이나, 버지니아, 사우스다코타의 교회들을 다녔다. 성공회, 장로교, 감리교, 침례교, 복음주의자유교회, 초교파 등 교파도 다양했다.

그러나 그 교회들은 전부 대체로 백인 교회였다. 교인들이 백인이었고 문화도 백인 문화였다. 나는 모종의 성경적 강조점, 예배 형식, 리듬, 구조, 어조, 애도와 기도를 반영하는 실천과 예전의 영향을 받았다. 특정 사안은 강조하고 나머지 사안은 무시한 교회들이 나를 만들었다. 우리의 그리스도론마저도 백인 중심의 사고를 반영했다. 레크래의 기억에 남는 문구처럼, 우리는 예수님을 "엄청난 곱슬머리에 부드러운 눈매, 얇은 입술을 가진 유럽인"[4]으로 보았다. 하지만 우리가 백인 교회라는 자의식을 갖고 있었던 것은 아니다. 목사를 '백인 목사'로, 찬양 인도자를 '백인 찬양 인도자'로 부르는 일은 없었다. 그것이 내가 아는 유일한 교회 문화였기에, 나에게 그곳은 '백인 교회'가 아니라 그냥 '교회'였다.

그러나 내가 내 교회를 그냥 '교회'로 보았다는 사실 자체가 의미심장하다. 이 사실은 몇 년 전 내가 모교의 기독학생회 모임에서 강연을 했을 때 실감나게 다가왔다. 내가 대학에 다니던 시절에 그 모임은 백인이 다수였고 아시아계 학생들은 소수에 불과했다. 20년 후에 강연을 하러 갔더니 대부분이 아시아계 학생에 백인 학생은 소수였다. 내가 돌아간 그 모임은 '아시아계 기독교 단체'처럼 느껴졌다. 음악, 유머, 사람들, 스타일이 다 아시아적이었다. 하지만 왜 그렇게 느껴졌을까?

나의 재학 시절 그 모임이 백인 위주였을 때, '백인 기독교인 모임'이라는 느낌은 없었다. 그냥 '기독교인 모임'이었을 뿐이다. 그것은 내가 정상적인 것에 대한 백인의 기준에 익숙해져 있었기 때문이었다. 이와 유사한 이유로, 20년 후의 그 모임은 정상적인 것이 아니라 아시아적인 것으로 느껴졌다.

하지만 내가 늘 '백인 위주'를 '정상'이라고 느끼는 것은 아니다. 최근에 나는 소셜미디어에서 저명한 복음주의자와 댓글을 주고받고 있었다. 그는 미국과 멕시코 사이에 장벽을 건설하자는 트럼프 대통령의 제안이 성경으로 뒷받침될 수 있다는 견해를 공개적으로 지지한 터였다. 나는 성경을 그런 식으로 사용하는 것이 크게 잘못되었다고 생각했고 그런 취지의 댓글을 달았다. "미국의 인종학살적 서부팽창의 어떤 대목에서 장벽이 성경적으로 정당했다고 주장하실지 궁금하군요." 나의 논점은 미국이 영토를 확장하고 국경을 표시하기 위해 오랫동안 대단히 비기독교적 행위들을 해 왔고, 그런 일을 고려할 때 성경의 권위를 근거로 미 국경 보호를 정당화하기는 힘들다는 것이었다. 몇 시간 후, 그 저명한 복음주의자는 이런 질문을 댓글로 달았다. "미국에는 언제 오셨어요?"

나는 그 답변에 충격을 받았다. 내가 제대로 본 게 맞는지 확인하려고 몇 번이나 다시 읽어야 했다. 그 순간 나는 외부자였고, 백인 복음주의계 내부자의 인종차별적 발언을 통해 그렇게 낙인찍혔다. 이민 정책을 두고 메시지가 오가다 그렇게 되었기 때문에 그의 발언이 더욱 쓰렸다. 내 경우, 일본인 조부모님은 미국에서 태어나셨다. 미국에 '온' 분들은 나의 중조부모님이었다. 그리고 나의 조부모님과 아버지는 제2차 세계대전 기간에 만자나 수용소(일본의 진주만 폭격 후 1945년까지 일본계 미국인을 수용한 강제 수용소-역주)에 수감되었다. 이런 사연이 있기에 나를 외부자로 규정한 메시지가 더욱 아프게 다가왔다.

백인이 아니어야만 "미국에는 언제 오셨어요?"라는 메시지가 대단히 부적절한 이유를 이해할 수 있는 것은 아니다. 많은 백인 논평자들이 그 댓글을 비판하는 데 힘을 보탰다. 그들은 나처럼 비백인 복음주의 세계를 잘 해석할 수 있었다. 하지만 나로서는 다른 방향으로의 해석, 즉 그런 메시지를 보내고 결국 옹호하는 백인 복음주의 세계를 이해하는 일이 너무나 어려웠다. 이어지는 댓글에서 나의 대화 상대였던 복음주의자는 내가 "예민하다"고 했고 자신의 반응을 인종차별적이라고 볼 수 있다는 것에 '충격'을 받았다고 했다. 그는 "실제 인종차별에 대해 두 권의 책을 쓴" 사람이다.

나는 그가 "미국에는 언제 오셨어요?"라는 댓글을 생각하고 소셜미디어에 올리고 그것이 인종차별적으로 보일 수 있다는 사실을 파악하지 못하게 만든 관행과 영향력이 궁금했다. 문제는 그가 내게 보낸 댓글만이 아니었다. 나는 그보다 앞서 그가 펼친 주장, 즉 미국이 멕시코 국경에 장벽을 쌓는 일을 성경이 정당화한다는 주장도 그냥 넘길 수 없었다. 더 넓은 범위에서 말하면, 기독교적 가치를 조롱하고 백인이 아닌 이들의 발언권을 소외시키는 언행을 일삼는 대통령을 자신들을 위한 정치와 정책을 추진한다는 이유로 많은 백인 복음주의자들이 흔들림 없이 지지한다는 것이 문제였다.

미국은 '기독교 국가'이고, 보다 다원주의적이고 수용성이 떨어지는 문화 때문에 '우리의 것' 중 일부를 잃어버렸다는 많은 백인 복음주의자들의 주장도 문제였다. 이런 시각들은 여러 면에서 나의 고향이라 할 수 있는 백인 복음주의 세계의 입장을 그대로 반영한다. 이 세계는 내게 점점 더 이해하기 힘든 곳이 되어간다.

도무지 공감할 수 없는
사람과 상황들

여러 방식으로 나는 백인 복음주의 세계와 공감할 수 없는 것을 명예로운 훈장으로 내세우고 싶은 유혹을 느낀다. 나는 전보다 백인이 아닌 형제자매들과 더 큰 연대감을 느낀다. 그리고 백인이 압도적으로 많은 기독교 기관에서 백인이 아닌 그리스도인들이 일할 때 만나게 되는 엄청난 어려움들을 더 잘 알게 되었다. 이전에는 이해하지 못했던 주장과 사안들이 눈에 들어온다. 이것은 좋은 일이다.

그러나 백인 복음주의 세계를 이해하는 데 어려움을 겪는다는 사실 자체는 좋은 일이 아니다. 그것은 내가 중요한 문제들을 제대로 번역하는 것을 방해하는 한계로 작용한다. 어떤 시각들이 잘못되었다는 것을 설명하고 싶다면 -내가 단순히 '과민한' 것이 아님을 보여 주고 싶다면- 효과적으로 번역하기 위해 계속 노력해야 할 것이다. 그러자면 공감 능력을 더 키워야 할 것이다. 백인 복음주의 세계 바깥에 두발을 딛고 서 있는 동시에 백인 복음주의 세계 안에서도 두 발을 딛고 있다고 상상하는 노력이 필요할 것이다. 직관적으로 떠오르는 말과 감정들을 제쳐두어야 할 것이다. 이것이 번역자의 과제이다.

내 공감력의 한계는 두 개의 다른 상황에 각각 두 발을 확고히 딛고 선다는 비유의 한계도 보여 준다. 번역자로 부름받은 사람들 중에 여러 상황에 온전히 몰입하여 각 상황을 온전히 자신의 것으로 인정할 수 있는 사람은 별로 없을 것이다. 사실, 번역자가 된다는 것은 어느 장소에서도 완전한 편안함을 느끼지 못하는 불가피한 긴장을 안고 산다는 의미다. 긴장을 유발하는 차이는 우리 세계의 균열과 애초에 번역자가 필요한 이유까지 고스란히 드러낸다. 우리는 모두의 모습이 온전히 드러나 서로 온전히 보게 될 세상을 기대하지만, 그날이 오기 전까지는 "거울로 보는 것 같이 희미"(고전 13:12)하게 보는 번역자들의 세상에 머문다.

번역의 소명은 도무지 공감할 수 없는 사람들과 상황에 대해서도 이해를 추구해야 함을 의미한다. 백인 복음주의 세계에서 이질감을 느낀 내가 이해를 추구한다는 바는 소셜미디어 상의 몇 마디로 나의 논지가 전달되지는 않을 것임을 계속 기억한다는 것이다. 어떤 논지가 전해지려면 몇 달 몇 년에 걸친 경청과 설명이 필요할 것이다. 내 친구 리치 매클루어(Rich McClure)는 이 일에 따르는 어려움들을 자주 상기시킨다.

유나이티드밴라인의 최고경영자였던 리치는 자신이 백인 복음주의 세계 출신임을 누구보다 앞서 인정할 것이다. 그러나 2016년

미주리 주지사는 마이클 브라운 총기사망 사건 이후 미주리 주 퍼거슨에서 벌어진 여러 사건의 원인과 결과를 평가하는 과제를 맡은 퍼거슨위원회의 공동의장으로 리치를 임명했다. 리치는 함께 공동의장을 맡은 흑인 목사 및 아프리카계 미국인 공동체의 다른 구성원들과 긴밀하게 협력하면서 이전에 알지 못했던 언어와 사고방식을 배웠다. 그의 회상에 따르면 그 과정은 느리고 종종 고통스러웠다. 지금 그는 새로 배운 이 생각들을 다시 번역하여 백인 복음주의 세계로 전하는 데 많은 시간을 쓰고 있지만, 나는 그의 사례를 생각하며 이 번역 작업이 결코 쉽지 않고 실패할 때도 많음을 종종 떠올린다.

겸손, 인내
관용이 필요하다

내가 두 세계 사이에서 -대학과 교회, 백인 세계와 비백인 세계- 맡은 번역자의 역할은 내 책 *Confident Pluralism*(확신 있는 다원주의)에서 겸손, 인내, 관용을 강조한 이유를 설명하는 데 도움이 될 것 같다. 나는 이 특성들이 차이와 더불어 살아가는 일에 중요하지만 차이를 넘어서는 번역 행위에도 중요하다고 생각한다.

겸손은 내가 옳고 다른 사람들은 틀렸다고 믿는 이유를 그들에게 설명할 수 없을 때도 있음을 인정하는 일이다. 많은 사람들은 자신이 속한 관습과 관행, 제도에 오랜 시간 노출되면서 영향을 받는다. 우리는 그 렌즈들을 통해 세상을 보게 되고, 내 친구 리치가 상기시키는 것처럼, 남이 세상을 보는 방식에 이의를 제기하는 일은 논리적 오류를 해체하거나 지식 공백을 지적하는 것처럼 쉽지가 않다. 변화가 찾아온다면, 그것은 오랜 시간에 걸쳐 형성되는 신뢰관계에 의존하는 경우가 많다. 변화로 이어지는 관계를 쌓는 데 평생이 걸리기도 한다.

인내는 내가 속한 두 세계 중 한쪽에서 '저 다른 세계'에 대해 자신들이 당연시하는 바를 내게 그대로 덧씌울 때 자제력을 발휘하는 일이다. 그런 식의 제멋대로 된 규정이 신경 쓰일 때도 있지만, 그런 말을 들으면 대개는 재미있다. 동료 교수가 내게 이렇게 말한 적이 있다. "교수님은 이해를 못하겠어요. 종교를 믿는데도 가난한 사람들에게 관심이 있잖아요."

그런가 하면, 나 같은 '진보적 법학 교수'는 신뢰할 수 없다는 말을 그리스도인들로부터 얼마나 많이 들었는지 모른다. 대학교에서는 내가 신앙이 있으니 총기를 좋아하는 공화당 지지자일 거라고 생각하는 사람들을 자주 만난다. 교인들은 내 직업을 보고 〈뉴욕타임스〉만 읽는 민주당 지지자일 거라고 판단해버린다. (분명히 말하지만, 나는 지금까지 정치적으로 독립적 입장을 고수해왔다. 고등학교 재학 시절 급우 세 명을 총기폭력으로 잃은 후 줄곧 총기를 싫어했고, 〈뉴욕타임스〉에 대해서는 깊은 애증이 교차한다.)

관용은 의지를 가지고 사람과 그의 생각을 기꺼이 분리하는 일이다. 내가 속한 두 세계에서 만나는 사람들 중에는 나를 멈칫하게 만드는 생각을 가진 이들이 있다. 물론 모두가 그런 것은 아니다. 다들 그렇듯, 나에게도 신념과 생각이 비슷한 친구들이 있다. 그러나 지인들 중 상당수, 친구들 중 일부에 대해서는 관용을 실천해야만 한다. 종교적 다양성을 분명히 배제하는 방식으로 다양성을 이해하는 대학 동료와 다양성에 대한 이해가 전혀 없는 교인, 내가 볼 때는 두 사람 모두 사회에 해로운 믿음을 갖고 있다. 그러나 두 사람은 내가 그들에게 덧씌우는 고정관념보다 더 복잡한 존재이고 나는 그들로부터 뭔가 배울 바가 있을 것이다. 이런 믿음이 바로 관용이다.

우리는 서로에게 더 겸손하고 인내하고 관용을 베풀 수 있다. 차이가 중요하지 않다는 말은 아니다. 우리의 차이 중 많은 것이 대단히 중요하고, 이것을 부정하는 것은 결국 상대주의의 한 형태일 것이다. 그러나 우리는 차이에도 불구하고 여전히 너그럽게 대하기로 선택할 수 있다. 다른 사람들을 악마시하기를 피할 수 있고, 그렇게 되면 그들의 시각을 좀 더 잘 이해할 수 있을 것이다. 좋은 변호사는 자기 논변의 성공이 상대편의 최고 논변을 파악하는 일에 달려 있음을 안다. 상대편의 최고 논변은 희화화로 알 수 없고, 반대쪽의 견해를 가장 호의적이고 세련되게 설명할 때 드러난다. 우리가 상

대편을 악마처럼 생각하면, 다른 시각을 호의적으로 이해하려 할 때
만 배울 수 있는 중요한 통찰을 놓치고 만다. 공통점을 발견할 가능
성을 잃게 되는 것이다.

　우리에게 공통점을 찾는 일은 우리의 핵심 신념들과 여러 중요
한 측면에서 입장을 달리하는 사람들, 기관들, 운동들과 협력하는
것을 의미할 것이다. 우리가 공화당원이나 민주당원과 협력하거나
그들을 지지하거나 어느 한쪽에 투표하는 것은 복음과 상반되는 견
해를 가진 사람들과의 공통점을 모색하는 일이다. 우리는 모든 사
람의 종교적 자유를 제대로 옹호하려 하지만, 그 일은 우리가 잘못
된 것이라 믿는 종교적 신념과 그 실천을 용이하게 만든다. 우리는
보통 선한 노력을 기울이면서 한편으로는 모종의 불의에 참여하는
기관들을 위해 일한다. 세상에서 살아간다는 것은 복음 중심적이지
않은 사람들, 단체들과 공통점을 모색하는 것을 뜻한다.

차이를 넘어
공통점을 찾다

　차이를 넘어 공통점을 찾는 일은 공익을 증진할 뿐 아니라 관
계적 거리도 이어준다. 내 친구 이부 파텔(Eboo Patel) 생각이 난다. 그
는 대학 캠퍼스에서 종교간 협력 활동을 펼치는 전국적 지도자 중

한 사람이고 '인터페이스 유스 코어'(Interfaith Youth Core)라는 중요한 단체의 설립자다. 나는 진보적 정치를 지향하는 무슬림 신자인 이부와 많은 중요한 사안에서 의견을 달리했다. 그러나 우리는 이런 차이점들을 뛰어넘어 겸손, 인내, 관용을 옹호하는 활동에서 협력할 여러 방법을 찾아냈다. 물론 그 과정에서 상대가 동의하지 않는 견해를 내세울 여지는 더 많아진다. [5]

이부와 나는 함께 강연하고 가르치고 글을 쓴다. 우리는 친구가 되었고 서로의 배경, 가족, 꿈에 대해 이야기한다. 우리는 변화의 이론들과 학부생 읽기 자료에 대해서 논쟁을 벌인다. 서로의 농담을 듣고 웃는다. 적어도 처음 들을 때는 웃는다. 우리는 충분히 오랜 시간 이야기를 나눈 터라 한 사람이 꺼낸 농담을 다른 사람이 마무리할 수 있다. 우리는 함께 애도한다. 아버지가 암 진단을 받았을 때, 이부는 전화와 문자로 꾸준히 내게 연락했다. 아버지가 돌아가셨을 때는 가장 먼저 달려와 주었다. 이부의 기도는 나의 기도와 많이 다르지만, 그가 나를 위해 기도할 때 나는 고맙게 생각한다.

나는 《확신 있는 다원주의》에서 공동선에 대한 이해를 공유하지 않는 사람들과도 공통점을 찾아갈 수 있다고 썼다. 그런데 이 일은 대인관계를 통해서 이루어질 가능성이 높다. 내가 점점 더 확신하게 되는 것은, 이를 자신이 살고 있는 지역에서 시작해야 하고, 적어도 서로 꾸준히 접촉할 기회를 제공하는 관계, 이를테면 이부와 나 같은 관계로 시작해야 한다는 사실이다. 번역의 소명을 수행할 때 이런 관계들은 일종의 취약함을 요구할 것이다. 그러자면 우리의 일부를 나누어야 하고 개인적 위험을 감수해야 할 것이다. 우리는 말뿐이 아니라 삶도 번역하고 있는 것이다. 그리스도인들의 겸손, 인내, 관용의 열망 -그리고 믿음, 소망, 사랑의 덕- 은 우리 소명인 번역의 사역을 도울 것이다.

신학자

목회자

모험가

기업가

작가

송라이터

스토리텔러

번역자

의료인

화해자

움츠러들지
않고

어떻게
다른 사람들을
섬길까

다리 놓는 사람

셜리 V. 훅스트라(Shirley V. Hoogstra)

불의에
외면하지 않고
그들의 발을 씻기며

어머니는 내게 다리 놓기의 본을 보이셨다. 어린 시절, 사람들의 눈길이 흔히 아래를 향하는 곳인 휴게소 화장실에서 어머니와 함께 손을 씻고 있는데 갑자기 쿵 하는 소리가 들렸다. 고개를 돌려보니 어머니가 쓰러진 여성 장애인을 도우러 칸막이로 달려가고 계셨다. 모르는 사람이었지만 어머니는 조금도 망설이지 않고 그 불편한 장소로 들어가 몸이 드러난 채 잔뜩 겁을 먹은 무력한 여자를 도우셨다. 내게 어머니의 단순한 행동은 이웃에게 사랑과 존중, 겸손의 태도로 다가가는 구체적인 본이 되었다.

내가 늘 어머니의 본을 따르는 것은 아니다. 관대함이 아니라 두려움으로 반응할 때가 너무 많기 때문이다. 2016년, ISIS(이슬람 근본주의를 표방하는 테러 단체. 주로 이라크, 시리아를 중심 거점으로 삼아 활동. IS, ISIL, 이슬람국가라고도 한다-역주)와 연계된 테러분자들의 세 차례 폭탄테러로 벨기에에서 수십 명이 죽고 수백 명이 다쳤다. 이 공격은 전쟁으로 피폐해진 여러 나라에서 이민자들이 유럽으로 대거 유입되는 상황 중에 벌어졌다. 중동과 아프리카에서 온 이 이민자들은 추운 날씨를 견디고 위험한 바다를 건너야 했다. 언론이 유포하는 이미지들은 충격적이었다. 구명조끼를 입은 성인 남녀와 아이들이 고무보트에서 쏟아져 나왔는데, 그중 많은 이들은 간신히 목숨만 붙어 있었고 이미 죽어 있었다. 그리고 한 장의 사진이 이 여정의 인간적 측면을 다른 어떤 것보다 생생하게 잡아냈다. 해변에 쓸려온 죽은 아이의 시신이었다. 하지만 브뤼셀 폭탄테러 이후, 상당수가 무슬림이었던 이 이민자들은 갑자기 위험하고 의심스럽고 달갑지 않은 존재가 되었다.

우리 가족은 폭탄테러가 벌어진 시점에서 6주 후에 유럽 여행을 떠나기로 되어 있었는데, 우리의 방문 예정지 중에는 그 학살의 현장도 포함돼 있었다. 나는 가족 여행 계획을 변경했다.

그러나 프란체스코 교황은 다른 접근법을 택했는데, 어머니가 내게 보여 주신 정신에 더 가까운 접근법이었다. 그는 이민자들에게 다가갔다. 폭탄 테러가 발생하고 이틀 후, 프란체스코 교황은 소말리아, 에리트레아, 시리아, 파키스탄에서 온 열두 명의 이민자들 - 내가 두려워했던 바로 그 사람들- 의 발을 씻기고 그 발에 입 맞추었다. 그는 이렇게 말했다. "우리, 무슬림, 힌두교인, 가톨릭 신자, 콥트교도, 복음주의자들은 문화가 다르고 종교가 다릅니다. 그러나 우리는 형제이고 평화롭게 살기 원합니다."[1]

교황의 행동과 진술은 유럽과 미국의 많은 사람들의 언행과 극명한 대조를 이루었다. 그가 내놓은 자비의 메시지는 존엄을 회복시켰다. 그는 난민, 가난한 사람, 취약한 사람들에 대한 용기와 사랑과 존중의 본을 보였다. 교황은 차이의 골짜기에 다리를 놓았고, 인간은 하나님의 형상을 품은 존재이고 하나님의 종인 자신은 곧 그들의 종이라는 믿음에 따라 행동했다.

교황이 사심 없이 자비를 베푸는 것을 지켜본 나는 어머니의 본을 떠올렸고 비로소 깨달았다. 나는 내 삶이 저렇게 다리 놓는 일을 하길 바라고 있었다.

다리의
구조

관계의 다리를 놓는 일은 물리적 다리를 놓는 일과 상당히 비슷하다. 세월이 지나도 건재한 구조물을 놓으려면 혁신과 투자와 보는 눈이 필요하다. 물리적 다리처럼 관계의 다리도 양쪽에 든든하게 자리 잡고 있어야 한다. 한쪽은 자신의 신앙과 가치에 터 잡는 일, 다른 한쪽은 이웃의 가장 큰 이익을 추구하는 일이다. 다리 놓기는 우리와 타인 모두의 행복을 위해 인지부조화를 감수하고 역설을 넘어서고 상충하는 이해관계나 복잡성 사이에서 균형을 잡는 태도의 함양을 뜻한다. 관계의 다리를 놓는 데 꼭 필요한 네 가지 자질은 존중, 겸손, 신뢰성, 사랑이다.

존중

다리 놓기가 가능하려면 건너려는 골짜기 너머에 있는 사람을 알고 이해하려는 진정한 관심이 있어야 한다. 그리고 이 관심은 결국 존중으로 나타나야 한다. 존중은 사람들이 하나님의 형상을 지니고 있다는 믿음에서 나온다. 존중의 태도는 예수님과 과거, 현재, 미래에 맺는 개인적 관계와 상관없이 모든 사람을 귀하게 바라보게 만든다. 존중은 동의와 같은 말이 아니지만, 존중하면 의견을 달리하는 방식도 달라진다. 다른 사람을 존중하면서 모욕, 묵살, 경멸적 행동으로 그를 제압하려는 마음을 품을 수는 없다.

겸손

다리 놓는 사람은 배우려고 노력하는데, 배움을 위해서는 개방적인 자세가 필요하다. "나는 무엇을 모를까? 무엇을 배울 수 있을까?" 나는 어떤 사람 또는 어떤 문제에 접근할 때 첫눈에 모든 것을 파악할 수는 없고 미래에 더 많이 알게 될 것임을 기억한다. 첫인상이 맞기도 하지만 그런 경우라도 거의 언제나 불완전하다. 관대한 정신은 다른 관점을 알고 이해하려는 마음을 가치있게 여긴다. 존중의 경우처럼, 겸손도 상대의 관점에 동의할 것을 요구하지 않는다. 그러나 겸손하려면 귀를 기울이는 인내와 참을성이 있어야 한다. 겸손에는 공감, 즉 다른 사람의 입장이 어떨지 느낄 수 있는 능력이 들어있다.

나의 경우, 하나님의 위대하심과 나를 향한 그분의 자비와 은혜를 기억할 때 겸손해진다. 다른 사람과의 관계에서 직면하는 어떤 난관도 나와 하나님 사이를 가르는 어마어마한 간격에 비하면 아무 것도 아니라는 깊은 인식에서 겸손이 나온다. 하나님은 그 엄청난 간격을 십자가를 통해 잇기로 선택하셨다. 우리의 출발점 -어떤 사실, 인식, 오해- 이 틀릴 수 있다는 지식도 우리를 겸손하게 한다. 그것이 늘 틀린다거나 틀릴 것으로 추정된다는 말은 아니다. 하지만 인간이 가진 생각은 다 틀릴 수 있다. 겸손은 자신을 과대평가하

는 인간 성향의 해독제이기에 지나친 자기 확신과 자신감을 누그러
뜨리는 효과가 있다.

신뢰

다리 놓는 사람들에겐 신뢰가 있다. 신뢰는 일관성 있는 행동
과 합의된 결과로 쌓인다. 누군가가 자리에 없어도 그를 -그의 행복
과 존엄- 지켜 줄 때 신뢰가 쌓인다. 누군가를 뒷담화 하거나 평판을
깎아내리는 대신 모든 사실을 조사한 이후에 공개적 의견을 낼 때
신뢰가 생긴다. 증거가 불분명한 상황에서는 일단 사람을 믿어 주
어야 한다. 다리를 놓는 역할이나 부름을 감당할 때는 많은 경우 공
적 자제력을 발휘해야 한다.

사랑

다리 놓기는 그 자체로 사랑의 행위다. 이웃을 사랑하고 평화
를 사랑하고 하나님을 사랑하는 행위다. 그러나 오늘날의 세계에서
사랑의 자세를 유지하려면 의지력 이상의 것이 필요하다. 바로 성
령의 능력이다. 깊은 간격을 잇는 다리를 놓으려는 시도에는 두려
움이 따르기 때문이다. 상황을 잘못 파악할 것에 대한 두려움, 다리
를 놓는 일에 동의하지 않는 권력자들이 분노할 것 같은 두려움, 평
판이 훼손되거나 잃을 것 같은 두려움이다. 그러나 성경이 상기시
키는 것처럼, 온전한 사랑은 모든 두려움을 내어 쫓는다. 그러면 사

랑은 어떤 모습일까? 고린도전서 13장에 따르면, 사랑은 결코 포기하지 않는다. 사랑은 자기보다 남을 더 돌아본다. 시기하거나 자기 뜻을 밀어 붙이거나 오만하거나 자기를 앞세우지 않는다. 성내지 않고 원한을 품지 않는다. 사랑은 진리를 기뻐한다. 사랑은 오래 참고 하나님을 신뢰하고 다른 사람 안에서 최고의 모습을 찾고 과거에 연연하지 않으며 끝까지 견딘다. 그리스도인에게 하나님을 사랑하고 이웃을 사랑하라는 말씀은 제안이 아니라 반드시 지켜야 할 명령이다. 다리 놓는 사람들은 자신을 움직이는 동기가 타인에 대한 사랑인지 상실에 대한 두려움인지 분별할 수 있는 충분한 자기인식을 길러야 한다. 이 부분에서 신앙 공동체와 영적 건강을 지켜줄 깊이 있는 훈련이 꼭 필요하다.

나는 에코프레어(Echo Prayer)라는 앱을 사용한다. 하나님이 내게 다리 놓는 사람이 되라고 부르신 영역들을 놓고 정기적으로 기도할 수 있게 이 앱에 알림 기능을 설정한다. 내가 했던 약속들과 품었던 의도들을 금세 망각할 수 있음을 나는 뼈아프게 인식한다. 그래서 이 앱의 알림 기능을 사용하여 주님이 맡기신 일을 가지고 계속 주님 앞에 나아간다. 그분께 내 마음을 가져가 안내와 지도를 받는다. 그렇게 하면 타인을 존중하고 타인에게 마음을 열고 겸손하고 신뢰성 있고 사랑하는 사람이 되고 싶은 마음도 함께 북돋워진다. 나는 사랑이신 하나님께 깊이 연결될 때만 비로소 다른 사람들을 사랑할 수 있다.

다리 놓기의 이 네 자질은 하룻밤 새 만들어지지 않는다. 이 중 어느 것도 삶에서 완벽하게 실천할 수 없다. 하지만 우리는 이 자질들을 배우고 함양할 수 있다. 그리고 그런 기회는 흔히 우리 쪽으로 다리를 놓는 다른 사람들로부터 온다.

다리 놓기를
배우다

내가 다리 놓는 사람으로 준비되는 데 있어서 어머니는 10대 시절에 가장 큰 역할을 하셨다. 어머니는 가끔 극심한 우울증으로 힘들어 하셨다. 유산과 형제의 죽음으로 인한 슬픔이 부분적인 원인이었다. 또 다른 원인은 1950년대의 가정주부가 감내해야 했던 탈진과 틀에 박힌 일상이었던 것 같다. 월요일엔 빨래, 화요일엔 다림질, 수요일엔 청소, 목요일엔 장보기, 금요일엔 빵 굽기.

어머니는 집안 상황을 잘 드러내지 않으셨고, 외부에서 볼 때 우리는 정상적인 그리스도인 가정이었다. 교리교육, 포틀럭 파티, 걸즈클럽과 보이즈클럽, 학교 활동에 다 참여했고, 일요일에는 두 번씩 예배에 참석했다.

하지만 집안에서는 사정이 달랐다. 어머니는 가끔 목숨을 끊겠다고 으름장을 놓았고, 피로에 못 이길 때면 분노를 쏟아내어 겁을 주었다. 나는 어머니의 관심을 다른 곳으로 돌리면 우울한 상태가 좀 나아지게 할 수 있음을 알게 되었다. 집안 분위기를 정확하게 파악하여 어머니의 기분을 북돋웠다. 그리고 어머니를 무서워하지 않게 되었다. 인간은 복잡한 존재이고 다정한 동시에 무서울 수 있다는 것을 알게 되었다. 갈등을 피해 숨지 않고 직시해야 좋은 일이 생길 수 있고, 그것은 그만한 위험을 감수할 가치가 있음을 배웠다.

어머니의 우울증은 노년에 상당히 완화되었다. 치료사를 찾았고, 아버지가 은퇴하신 후 두 분은 몇 가지 일을 함께 하셨다. 그러다 예순아홉에 어머니가 암 진단을 받았고, 그로부터 9주 후에 "영광 가운데로 돌아가셨다"(어머니는 이렇게 표현하셨을 것이다). 그 마지막 나날에 어머니는 지난날을 돌아보셨다. 가족들이 때때로 정말 힘든 시간을 보내야 했음을 아셨고, 병원 침대에 누워 사과의 말을 전하셨다. 사랑에서 나온 용감한 행동이었다. 어린 시절의 혼란을 잘 이겨내고 성인이 된 나는 이렇게 대답할 수 있었다. "엄마, 엄마의 전부가 저의 전부를 만들었어요."

어머니의 영향으로 장성한 후 법률대학원에 진학했고 이혼 변호사가 되어 해체되는 가족들과 함께 일하기 시작했다. 그리스도인이 어떻게 이혼 변호사로 일할 수 있느냐는 질문을 가끔 받는다. 그러면 나는 이렇게 대답한다. "이 분야야 말로 그리스도인이 있어야 할 자리 아닌가요? 사람들의 이야기에서 가장 힘든 부분이잖아요."

대부분의 사람들에게 이혼은 인생에서 가장 힘든 일이다. 이혼에는 낭패감, 수치심, 슬픔, 분노가 따라온다. 나는 가장 힘든 순간에 처한 사람들의 말에 귀를 기울였고 실패자라는 느낌에 시달리는 그들을 존중하는 태도로 대했다. 나는 그들에게 누구나 흉터와 가려진 상처가 있다고 말해 주었고 절망적인 상황은 아니라고 얘기했다. 상담을 받아보라고 권하기도 했고, 상담이 효과가 없으면 수치심과 슬픔 가운데 있는 그들과 힘든 시기를 함께 보냈다.

나의 고객들이 하나님이 그들을 사랑하시듯 나도 그들을 사랑한다는 것을 느끼길 바랐다. 그들은 부서졌지만 이야기와 삶은 회복될 수 있었다. 나는 그들이 증오와 두려움 한복판에서도 명예를 지키고 너그러울 수 있게 돕고 싶었다. 혼란 속에 그들에게 은혜의 본이 되기를 원했다. 왜냐하면 나는 혼란 한복판에서 주어지는 은혜를 아는 사람이었기 때문이다.

이제는 하나님이 내 유년기를 사용하셔서 나를 준비시키셨음을 깨닫는다. 우리 가족의 슬픔, 실패, 혼란을 통해 어머니와 아버지에게 베푸신 하나님의 은혜를 보았다. 그리고 어떻게든 복음을 나눌 기회를 찾았다. 내 사무실 벽에는 복음 이야기가 걸려 있다. 존 스완슨(John Swanson)의 세리그래프 〈엄청나게 잡힌 물고기들〉(The Great Catch)이다. 이 그림은 예수님의 능력과 은혜로 제자들이 기적적으로 물고기를 잡은 사건(요 21장)을 묘사한다. 기회가 생길 때마다 나는 베드로가 예수님을 세 번 부인하고 예수님의 친구이자 제자로서 비참하게 실패한 이야기를 사람들에게 들려주곤 한다. 하지만 베드로는 예수님께 엄청나게 많이 잡힌 물고기를 선물로 받았다.

예수님은 말씀하셨다. "베드로야, 너는 스스로 사랑받을 자격이 없고 경멸스럽다고 생각할지 몰라도 나는 너를 사랑한다." 나는 사랑받을 자격이 없다고 느끼는 상처 입은 사람들에게 예수님처럼 다가가려고 노력했다.

사회에서의
다리 놓기

나는 지금 기독교 대학들을 대표하는 협회의 회장으로서 많은 논란이 되는 사안들에 다리를 놓을 기회를 다시금 부여받았다. 그중 한 가지 사례는 이민법개혁 영역이다. 2012년, 오바마 대통령은 어릴 때 미국에 온 미등록 이민자들의 추방을 막는 행정 명령을 내렸다. 일부 그리스도인들은 '불법체류 청소년 추방유예 제도'(Deferred Action for Childhood Arrivals, DACA)로 알려진 이 행정 명령이 법치를 비웃는 일이라고 보았다. 법을 어기고 합법적 입국 절차를 따르지 않은 사람들이 어떻게 자녀들을 통해 보상을 받는단 말인가? 이것은 적법한 이민 정책과 관례를 무시하도록 더 많은 사람들을 부추기지 않겠는가? 그런가 하면 다른 그리스도인들은 DACA를 지지했고 우리의 법이 미등록된 자들, 이방인들과 취약한 자들을 대하는 방식이 우리의 신앙을 보여 준다고 믿었다.

내가 대표하는 많은 기독교 대학에도 미등록자 학생들이 있다. 그들은 공부할 기회에 감사하며 학업에 매진하고 집중한다. 하지만 불안한 이민자 신분 때문에 매일 불확실성과 두려움을 안고 살아간다.

기독교대학협회는 '복음주의 이민 테이블'(Evangelical Immigration Table)이라는 운동에 참여했다. 이 운동은 여섯 가지 원칙을 내세운다. 모든 사람이 하나님께 받은 존엄을 존중한다. 가족이 함께 살 권리를 보장한다. 법치를 존중한다. 국경을 안전하게 지킨다. 납세자들에 공정함을 보장한다. 영주권 취득의 자격이 있고 취득을 원하는 사람들에게 법적 지위나 시민권을 보장할 방안을 확립한다. 3년전, 기독교대학협회의 새로운 협회장이 된 나는 이민 논쟁에서 상충하는 관심사와 관점들이 있음을 알게 되었다. 그리고 이민을 둘러싼 대화가 뜨거워지면서 이 문제에 대해 공개적으로 발언할 기회를 얻었다. 나는 다양한 관점을 존중하고 배우는 사람으로서 열린 마음을 갖고 더 많은 정보를 얻으려 노력했다.

운 좋게도, 지구촌 몰입 프로젝트(Global Immersion Project)를 소개받았다. 이 단체는 서로에 대한 이해도를 높이기 위해 사람들에게 갈등 해결과 중재를 가르친다. 이스라엘/팔레스타인 국경과 티후아나/샌디에이고 국경으로 가는 몰입 여행이 우리의 교실이었다. 우리는 배움의 과정에서 다음과 같은 어려운 질문들과 마주했다. "평화를 이루는 자가 되라는 우리의 소명을 교회가 진지하게 받아들인다면 세상은 어떤 모습이 될까? 평화를 이루는 것이 삶의 방식이 된다면 어떤 일이 일어날까?"

기독교대학협회에서 막중한 책임을 맡은 나는 미국의 국경 상황과 DACA의 영향을 좀 더 잘 이해하고 싶었다. 그래서 대학생 또래의 한 여성을 만났는데, 그녀는 전액 장학생으로 디자인 대학에 입학할 수 있게 되고 나서 자신이 미등록 이민자임을 알게 되었다. 부모는 그제야 그녀가 미국 시민도 합법적 거주자도 아님을 처음으로 밝혔고 장학금을 받을 수 없을 거라고 말했다. 그녀는 자신이 가난하다는 것과 부모가 매사에 조심한다는 것을 알고 있었다. 그러나 고등학교에서 아주 잘 지냈고, 자신의 고국인 이 나라에서 밝은 미래가 펼쳐질 것이라고 생각했다.

그런데 한순간에 모든 것이 달라졌다. 그녀는 기만과 낙담, 절망에 부딪혔다. 남은 희망은 DACA 제도에 등록하는 것뿐이었지만, 그렇게 하면 그녀의 가족이 위험에 처하게 된다. DACA에 등록을 하려면 주소와 신원 정보가 필요했기 때문이다. 더욱이, 그 제도가 폐지되면 어떻게 하나? 미래에 대한 포부가 가족의 안정을 위험에 빠뜨릴 만한 가치가 있을까? 나는 그녀의 이야기에 귀를 기울였다. 나는 배우고 있었다. 머릿속에서는 많은 질문이 지나갔다. 그녀의 부모는 무슨 생각을 하고 있을까? 그들은 왜 딸을 이런 상황에 처하게 했을까? 우리의 선출직 관료들은 이 문제를 더 잘 해결할 수 없었을까? 이제 어떤 일이 벌어질까? 쉬운 답이 없는 상황에서 그리스도인들은 어떻게 해야 할까?

이후 우리는 국경수비대원들을 만나 그들의 일상적 현실을 들었다. 사람들이 파도처럼 밀려들며 미국으로 들어오기 위해 수단방법을 가리지 않는다. 그중에는 망명신청자들이 있었고 마약상도 있었다. 수비대원들은 헌신적으로 일했으나 좌절을 맛보았다. 복잡한 문제들이 넘쳐났다. 그 다음에 우리는 멕시코로 넘어가 티후아나의 가톨릭계 노숙자 쉼터에 머무는 사람들과 함께 식사했다. 그들은 문화도 언어도 환경도 낯선 곳으로 갑자기 강제추방 당했다고 말했다. 그들의 가족은 미국에 남아 있었다. 그들은 수치심과 외로움, 혼란을 느끼고 있었다. 그들에게 어떤 희망이 있을까? 다행히, 교회가 다리가 되어 주었다. 그들이 두고 온 삶과 그들 앞에 놓인 삶을 잇는 다리였다.

나는 이 대화에 참여하고 논의에 함께할 수 있어서 다행이라고 느꼈다. 기독교대학협회장으로서 미등록 이주민들을 하나님의 형상을 지닌 이들로 존중해야 한다고 생각한다. 나는 혼란스러운 여러 사실과 상충하는 이해관계들을 두려워하지 않고 지구촌몰입사업이 내게 보여 준 본을 따르려고 노력한다. 화평케 하는 자이자 다리를 놓는 사람으로서 필요한 만큼 오랫동안 열린 마음과 겸손한 자세를 견지하며 양쪽 이야기를 다 이해하고, 그런 다음 약자들, 가난한 자들, 취약한 자들을 대변하여 행동하고 싶다.

공통점을 찾기 위한
다리 놓기

내가 본 다리 놓기의 또 다른 사례는 섀넌 민터(Shannon Minter)이
다. 그는 인권변호사이자 샌프란시스코 전미레즈비언권리센터의
법률국장이다. 우리는 차이점이 많지만 둘 다 변호사이고 둘 다 자
신이 믿는 바에 대해 열정적이다. 우리는 사람들에게 좋은 것을 원
하고, 차이를 뛰어넘어 공통점을 찾는 일의 중요성을 믿는다.

섀넌과 나는 몇 년 전 예일대법률대학원 모임에서 처음 만났
다. 종교적 자유와 인간의 성(性)에 대한 심포지엄이었는데, 양측이
자기 쪽 주장만 내세울 뿐 대화는 이루어지지 않기 십상인 논쟁적
주제를 다루는 자리였다. 그러나 그 주말 심포지엄의 취지는 함께
앉아 각자 논의의 장에 올려놓기에 합당하다고 여기는 생각을 꺼내
놓고 경청하고 논의해 보자는 것이었다. 존이 말하는 '확신 있는 다
원주의'의 표본이 될 만한 기회였다. 그 자리에 참석한 우리는 크게
다른 신념을 견지하면서도 서로를 존중하며 사는 법, 실질적인 차이
가운데서도 공통점을 찾는 법을 모색하기 원했다. 그날의 콘퍼런스
에서는 전문가답게 다들 깍듯이 예의를 지켰지만, 나는 깊은 회의적
분위기도 감지했다. 기독교대학협회 소속 대학들은 전통적 결혼관
과 종교적 사명감에 대해 종종 진보주의자들로부터 공격을 받는다
고 느꼈다. 반면, 콘퍼런스에 참가한 게이와 레즈비언들은 부당하

게 차별당한 고통스러운 이야기들을 제시했다.

콘퍼러스 도중 참석자들은 각자의 시각을 설명하되 자신이 가장 우려하는 바도 함께 말해 달라는 요청을 받았다. 좋은 질문이었지만 위험한 요청이기도 했다. 그 자리의 진보주의자들은 상대방의 존엄을 무시하는 행동이 일부 종교 공동체에서 특히 만연하고 그것이 계속되는 상황이 우려된다고 말했다. 보수주의자들은 기존의 삶의 방식을 이어갈 수 없게 되고 자녀들에게 자신의 믿음을 가르칠 수 없게 되는 것과 그들의 기관들이 사라지는 것에 대해 말했다. 양측 모두 존중받지 못한다는 인식과 비유적 또는 실제적 소멸의 두려움을 갖고 있었다.

서로의 약함을 드러내는 그 자리에서 나는 섀넌이 친절하고 공정한 사람임을 알게 되었다. 나는 기독교 대학들이 트랜스젠더 학생들과 관련된 업무에서 예외적 상황을 인정받아야 하는 이유를 설명했고 그는 경청했다. 기숙사를 남자동과 여자동, 남자층과 여자층으로 나누어 운영하는 기독교대학에서는 새로 트랜스젠더가 된 학생의 거처를 옮기는 일이 그리 간단하지가 않았다. 일반적으로, 기독교대학에는 남녀 학생이 같은 방이나 같은 층에서 지내는 기숙사가 없었다. 기독교대학들은 남녀가 서로를 존중하고 존경하기를 바라는 마음에서 이런 기숙사생활 정책을 유지했고 이 목표를 이루기 위해 단일성별 생활공간을 보장했다. 섀넌은 이 내용에 관심을 보였다. 그러나 그는 LGBT 학생들의 법적 옹호자로서의 주장도 펼쳤다. 공적 자금을 지원받는 기독교 대학이라면 설령 예외를 인정받는다 해도 최소한의 경우로 제한되어야 한다는 내용이었다.

심포지엄이 끝난 후, 나는 솔직한 논평을 들려주고 경청해 준 섀넌에게 감사의 인사를 했다. 우리 대학들이 트랜스젠더 학생들을 잘 대해 주고 싶지만, 그 일이 늘 쉽지는 않았음을 언급했다. 그는 나의 솔직함과 허심탄회함에 감명을 받았다고 답했고, 기독교대학들이 예외적 대우를 요구했던 상황 배후에 그런 실제적 이유들이 있는지 미처 몰랐다고 덧붙였다. 우리는 서로의 말에 귀를 기울이고 경청했다. 우리는 신뢰를 쌓았다.

몇 달 후, 우리는 공항에서 예기치 않게 만났다. 이후 두 시간에 걸쳐 트랜스젠더 개인과 기독교 기관이 서로를 좀 더 잘 이해하도록 도울 방법에 대해 이야기를 나누었다. 그것은 각자의 기관이 각각 섬기는 사람들에게 혜택을 주기 원하는 두 리더 사이의 수월하고 자연스러운 대화였다. 로널드 하이페츠(Ronald Heifetz)와 마티 린스키(Marty Linsky)는 그들의 책 《실행의 리더십》(Leadership on the Line)에서 리더는 자기 리더십의 결과로 사람들의 삶이 나아지기 원하는 사랑의 동기를 가지고 일해야 한다고 말한다. 섀넌은 자신이 대변하는 트랜스젠더들이 더 나은 삶을 살고, 가능하다면 그들의 신앙공동체와도 기존의 관계를 유지할 수 있게 해 주기를 원했다. 나는 기독교 대학들이 종교적 신념을 견지하되 학생들과 교직원들이 '성별 불쾌감'(gender dysphoria, 자신이 다른 성性으로 잘못 태어났다고 느끼는 상태-역주)을 더 잘 이해하기를 원했다. 그리고 우리 두 사람 모두 학생들이 이해와 사랑, 배려로 대우받기를 원했다.

　나는 다리를 놓는 이 활동에서 큰 감동을 받았다. 트랜스젠더 옹호자를 무조건 적으로 규정하는 대신, 함께 추구할 수 있는 공통점을 발견한 것은 엄청난 일이었다. 내 삶에서도, 그리고 본인의 말에 따르면 섀넌의 삶에서도 하나님의 은혜가 작용하고 있음이 느껴졌다. 자신에 대해 가혹하고 부정적인 말만 들을 때는 -종교인들이든 LGBT 활동가들이든- 말로 표현하지 않더라도 두려움과 증오가 일어나기 쉽다. 대화 중간 중간 나의 두 눈에 눈물이 맺혔다. 내 마음이 하나님의 구원능력을 더 온전히 알게 되었기 때문이었다.

　하나님이 오해를 그렇듯 적극적으로 벗겨 주시는 일은 흔한 경험이 아니다. 존중이 불신을 대체했다. 우리는 동의할 수 있는 부분에서 협력하게 되었지만, 의견이 다른 부분에서는 반대자가 될 것임을 알았다. 하지만 큰 차이를 보이는 문제에서도 서로에 대해 덜 두려워하고 더 큰 존중과 사랑을 품고 반대하게 될 터였다. 내 인생 성경구절은 베드로전서 3장 15절이다. "여러분이 가진 희망을 설명하여 주기를 바라는 사람에게는, 언제나 답변할 수 있게 준비를 해 두십시오"(새번역). 섀넌과의 만남을 통해 나는 예수 그리스도 안에 있는 소망을 놀랍게 경험했다.

다리 놓기는
그리스도를 본받는 일이다

차이가 별로 없는 이웃을 사랑하기는 쉽다. 다툴 일이 없는 상대를 사랑하기는 쉽다. 생활방식이 일치하는 이웃을 사랑하기는 쉽다. 같은 것을 믿고 같은 대상에 투표하고 같은 곳에서 장을 보고 경제적 형편이 같은 데다 아이들을 같은 학교에 보내는 이웃을 사랑하기는 쉽다. 차이가 적은 상대일수록 다리를 놓기도 더 쉽다. 하지만 다리를 놓아야 할 필요성이 가장 큰 곳은 간격이 가장 넓은 곳이다. 우리가 상대를 이해하지 못하는 지점, 상대가 나의 적일 수도 있다고 느껴지거나 나를 미워하는 사람이라고 생각될 때 말이다. 하지만 이웃을 사랑하기가 아무리 어려워도 그를 사랑할 의무가 면제되는 일은 없다.

바울은 에베소서에서 이렇게 가르쳤다. "그러므로 여러분은 사랑을 받는 자녀답게, 하나님을 본받는 사람이 되십시오. 그리스도께서 여러분을 사랑하셔서, 우리를 위하여 하나님 앞에 향기로운 예물과 제물로 자기 몸을 내어 주신 것과 같이, 여러분도 사랑으로 살아가십시오"(5:1-2, 새번역).

다리를 놓으라는 부름은 그리스도의 사랑을 본받으라는 부름이다. 우리가 상대를 이해하고 차이를 넘어서려고 힘껏 노력할 때, 희망을 보여 줄 때, 상대를 존중하고 귀하게 여길 때, 화해를 추구할 때, 우리는 그 사랑의 본을 보이는 것이다. 예수님은 엄청난 간격을 가로질러 나를 하나님과 화해시키셨다. 그래서 내가 여러 간격을 가로지르려 노력하면 내가 바라는 그리스도를 본받은 자의 모습에 좀 더 가까워진다. 하나님의 사랑을 받고 하나님 때문에 다른 사람들을 사랑하는 모습 말이다.

10

의료인

워런 킹혼(Warren Kinghorn)

사회적 불의까지
치료하는
선한 영향력을 꿈꾸며

1961년 1월, 아이오와주립대학교(Iowa State University)의 젊은 학생 하비 갠트(Harvey Gantt)가 사우스캐롤라이나의 클렘슨대학교(Clemson University) 건축학과로 전학 지원을 했다. 그의 학점과 시험 점수는 전학생들 평균보다 훨씬 높았고 지원서는 설득력이 있었으며 심지어 그는 사우스캐롤라이나에 거주하고 있었다. 그러나 클렘슨대학 측은 그의 전학원서를 거듭해서 방치하고 무시하고 막았다. 공식적 해명은 절차적 근거에 따른 결정이라는 것이었지만 사실은 하비 갠트가 흑인이기 때문이었다.

당시 클렘슨대학은 백인만 다닐 수 있는 학교였고, 사우스캐롤라이나 주는 그 상태를 유지하고 싶어 했다. 그러나 갠트는 변화를 원했다. 그는 클렘슨대학에 전학 지원서를 계속 냈으나 받아들여지지 않자 학교 다닐 권리를 침해했다고 대학 측을 고소했다. 갠트의 사건은 연방항소법원까지 갔고, 항소법원은 클렘슨대학 측이 전학을 거부할 근거가 없다고 판결하였다. 1963년 1월에 갠트가 클렘슨대학 최초의 흑인 학생이 될 수 있는 길을 열어 주었다.[1] 갠트의 법률팀에는 흑인 제임스 메러디스(James Meredith)가 백인 전용이던 미시시피대학교를 상대로 한 입학 소송을 막 승리로 이끈 NAACP(미국유색인종지위향상협회)의 콘스턴스 베이커 모틀리(Constance Baker Motley)와 나중에 연방법원 판사직에 임명되는 최초의 흑인 사우스캐롤라이나인 매튜 J. 페리(Mattew J. Perry) 등의 저명한 인권 변호사들이 있었다. 클렘슨대학 측은 존경받던 사우스캐롤라이나 변호사 윌리엄

로 왓킨스(William Law Watkins)를 고용했다.

윌리엄 로 왓킨스 변호사는 나의 빌(Bill) 할아버지다. 할아버지
로부터 많은 것을 물려받았다. 나는 할아버지처럼 키가 컸고 (1999년
돌아가시기 전에 우리는 둘 다 2미터 정도였다) 학문과 언어를 사랑했고 운동
에 소질이 없었고 할아버지의 기백을 어느 정도 물려받았다. 할아
버지는 자신이 속한 장로교회, 공동체, 가족을 사랑하셨다. 어릴 때
동생과 나는 할아버지 집에서 잠을 자는 것을 무서워한 적이 있는
데, 빌 할아버지는 수십 년 전에 집 주위에 '괴물 퇴치선'을 설치했
기 때문에 어떤 모습의 괴물이든 우리를 해칠 수 없다고 장담하셨
다. 그날 우리는 잘 잤다. 동생과 내가 스크램블 에그와 그리츠(말
려서 거칠게 갈은 옥수수를 삶아 버터, 우유와 섞은 요리. 미국 남부에서 즐겨 먹는 아침
식사-역주)를 앞에 놓고 망설이자 할아버지는 반짝이는 눈으로 정교
한 의식을 거행해 그리츠에다 마법을 걸어 주셨다. 우리는 접시를
싹 비웠다. 한번은 우리 둘이 할아버지 집에 도착해서 심하게 다투
었는데, 할아버지는 이맛살을 찌푸리시고는 우리가 그날 아침 침대
에서 잘못된 쪽으로 일어난 게 분명하다고 말씀하셨다. 할아버지는
우리를 자신의 침대로 데려가 잘못된 쪽과 바른 쪽을 알려 주시고는
침대의 바른 쪽으로 내려오게 하셨다. 우리는 할아버지의 말대로
했고 깔깔거리며 웃다가 말다툼을 그쳤다(괜히 기분이 안 좋은 상태를 가리
키는 표현인 'rise on the wrong side of the bed'를 문자적으로 사용한 말장난이다-역주).
내가 기억하는 할아버지는 격려자, 부드럽고 온화한 사람이다.

인생 말기에 빌 할아버지는 가끔 갠트 사건에서 본인이 한 일을 이야기하곤 하셨다. 힘든 시간이었다고 말씀하셨다. 할아버지가 클렘슨대학교를 변호한 일을 후회하신 적은 없었다. 인종분리는 당대의 최고법이었다. 그러나 할아버지는 시대가 바뀌어서 좋다고 하셨다. 갠트의 클렘슨대학교 입학이 평화롭고 질서 있게 이루어질 수 있었던 것에는 본인의 역할도 어느 정도 있었다고 자랑스러워하셨다. 당시 미시시피와 앨라배마의 명문 주립대에서는 인종차별 철폐가 무력을 사용한 연방정부의 강제집행으로 시행되었던 것이다. 하지만 빌 할아버지가 1963년 사건에서 승소했다면, 하비 갠트는 클렘슨대학교에 다니지 못했을 것이고, 사우스캐롤라이나는 미국에서 인종통합에 저항한 마지막 주로 남았을 것이다.

성취와 능력의
복음

내가 빌 할아버지 댁에서 50킬로미터 정도 떨어진 사우스캐롤라이나 그린빌의 공립초등학교를 다니기 시작했을 때는 클렘슨대학교가 인종통합 학교가 된지 20년이 되지 않았고, 내가 살던 카운티의 공립학교에서 인종통합이 된 것도 겨우 10년밖에 안 된 시점이었다. 그러나 나는 학교, 교회, 집에서 노예제도와 인종분리가 지나간 과거의 불행한 측면이라고 배웠다. 오래전, 어느 시기에는 흑인과 백인 아이들이 다른 학교를 다녔고 같은 공원에서 함께 영화를 보거나 같이 놀 수도 없었지만 상황은 바뀌었다. 민권의 시대가 도래했고 세상이 달라져 마틴 루터 킹 2세(Martin Luther King Jr.)는 사람들이 피부색이 아니라 인격에 의해 평가받아야 한다는 멋진 연설을 했다. 사람들은 시대가 달라진 것이 좋은 일이라고 했다. 이제 중요한 것은 피부색이 아니라 인격이었다.

어릴 때부터 나는 인격을 함양하고 선생님들과 어른들을 존경하고 다른 사람을 공평하게 대하고 무엇보다 열심히 노력하고 공부해서 "[하나님께] 인정을 받는"(딤후 2:15) 사람이 되어야 한다고 배웠다. 어른들은 교회에서나 학교에서나 이렇게 말했다. "하나님은 네게 여러 재능을 주셨다. 그 재능을 꼭 사용하도록 해라. 너는 설교자나 의사로 부름을 받은 것 같구나."

내가 사랑하게 된 하나님은 관대하게 선물을 주시는 분이자 엄격한 감독자셨다. 하나님은 아낌없이 재능을 나눠 주시지만 재능을 허비하는 종들은 바깥 어두운 곳으로 던지는 분이었다. 나는 일곱 살 때 죄를 고백하는 기도를 했고 예수님을 내 마음에 모셨고 세례를 받았다. 예수님은 나의 구원자였고 나는 천국에 가게 될 터였다. 그러나 내 인생으로 무엇을 하는가는 대체로 나의 노력과 결심에 달린 문제였고 절대 인생을 망쳐서는 안 된다고 생각했다.

나는 백인이고 재정적으로 안정된 상황을 당연한 일로 받아들였다. 그리고 인종차별적 구조와 체계는 사라졌지만 개별 인종차별주의자들의 불행한 믿음과 행동 안에서 인종차별이 여전히 살아있다는 것을 알고 있었다. 그러나 우리가 어떤 기회를 누리고 어떤 사람이 되는가에 있어서 인종과 계급은 중요하지 않다고 생각했다. 중요한 것은 하나님 앞에서 구원받은 자라는 신분, 하나님께 받은 재능, 그리고 열심히 노력하려는 의지였다. 나는 누구든 열심히 노력하기만 하면 성공할 수 있다고 믿었다. 중고등학교에서 우등 과정과 대학 선행 학습 과정으로 들어갈수록 백인이 더 많아지고 재산이 있는 집 아이들로 채워진다는 사실이 눈에 들어왔지만, 그것이 정의의 문제라는 생각은 들지 않았다. 그것은 그저 현실일 뿐이었다.

나는 20대 초에 사우스캐롤라이나를 떠났고 이후 20년 간 연구 중심 대학의 세계에서 지냈다. 처음에는 하버드대학 의대 학생으로, 그 다음에는 정신과 레지던트로, 신학대학원생으로 공부했고, 이제는 듀크대 교수로 살고 있다. 여러 면에서 나는 어른들이 내게 표현했던 소망들을 실현했다. 나는 목사 안수를 받은 설교자는 아니지만 교회 장로이고 신학자로서 신학교에서 가르친다. 그리고 정신과 의사로서 환자들을 돌보고 다른 이들에게 정신의학을 가르친다.

대학의 세계, 특히 의학계는 나 같은 사람들이 나 같은 사람들을 위해 만든 곳이다. 성취와 능력의 가치를 즐기는 사람들 말이다. 이 가치들은 거짓 복음으로 이어지고, 모든 거짓 복음이 그렇듯 언제나 더 많은 것을 요구한다. 연구 중심 대학의 문화는 항상 '더 많이'로 이루어진다. 더 많은 논문, 더 많은 보조금, 더 많은 상, 더 높은 순위, 더 많은 과목개설, 더 많은 학생. 연구 중심 대학교들은 '더 많이' 정신으로 굴러간다. 의료학술계의 문화 역시 절대 끝나지 않는 성취의 사다리를 제공한다. 사다리에서 또 한단 더 올라가야 하고, 또 다른 발견을 해야 하고, 또 다른 논문을 써야 하고, 또 다른 치료법을 배우거나 개발해야 한다.

의사 훈련을 받으면서 나는 그 과정이 성취와 능력에 보상하는 방식이 맘에 들었다. 나는 그 구조를 알았고 그것을 즐겼다. 나는 그 구조가 의사들 사이에서 다양성을 만들어 낼 분명한 길이라 믿고 기쁘게 생각했다. 미국 정신의학을 포함한 현대의학의 놀라운 점 중 하나는 그 언어와 실행이 표준화되어 세계 어디에서 온 사람이라도 배울 수 있다는 것이다. 내가 속한 듀크대학교 의료센터에는 매년 많은 인종과 민족적 배경을 가진 사람들이 일하거나 배우기 위해 전 세계에서 온다. 그들은 아픈 사람들을 돌본다는 공동의 목표를 추구하는 가운데 서로의 차이점을 금세 내려놓는다. 그러다 보니 병원과 의료훈련의 장들이 과학연구소처럼 역동적이고 다양한 공간이 된다. 나는 이 다양성과 공동의 목적이 좋다.

그리고 의사로서 나와 여러 면에서 다른 환자들의 삶으로 들어갈 수 있게 하고 그들의 병력을 세세하게 알지 못해도 표준화된 방식으로 이해할 수 있게 하는 현대의학의 방식을 나는 높이 평가한다. 의학에는 H&P(병력 및 신체 검사)라는 상당 부분 정해져 있고 규격화된 형식이 있고 의사는 이것을 통해 환자들을 파악한다. H&P의 취지는 환자들이 진료를 받으려는 이유와 그들을 가장 잘 도울 방법을 찾도록 체계적인 방식으로 정보를 알아내고 제시하는 것이다. 의학 훈련 초기부터 의사들은 주호소 증상을 파악하고 현재 병력을 확인하여 주호소 증상의 간략한 배경 정보를 알아두라고 배운다. 그 다음으로 과거의 치료력, 알레르기, 투약, 가족력을 확인하고, 다시 사회력을 파악하여 주거, 관계, 재정, 기타 주호소증상과 연관성이 있는 여러 사안들에 대한 기본 정보를 모은다.

이런 내용을 파악하고 나면 신체 검사(정신과에서는 정신상태검사) 결과 작성, 평가, 치료 계획으로 이어진다. 병원이나 의사들은 구체적 목적에 따라 특정 부분을 덧붙이거나 수정할 수 있겠지만, 미국뿐 아니라 아마도 세계의 모든 의사가 이런 형식에 친숙할 것이다. H&P는 환자 신원의 다른 요소보다 그들의 의료적 문제를 가장 중시하는 표준화되고 단순한 환자 기술 방식이 가능하게 만든다. 그래서 이를테면 "제2형 당뇨병, 고지혈증, 고혈압 병력이 있고 현재 흉통이 발생한 58세 남성"은 노숙자일 수도 있고 미국 상원의원일 수도 있으나 이론적으로 두 사람은 동일한 치료를 받게 된다.

정신과 의사들은 정신질환을 이런 식으로 치료해야 하는지를 가지고 오랫동안 논쟁했으나, 내가 정신의학을 배울 당시에는 이런 의료모델을 전폭적으로 받아들였다. 정신과 의사들은 수백 개의 진단범주들 -이를테면 주요우울장애, 양극성장애, 외상후 스트레스 장애- 을 나열하고 그에 따라 특징적인 경험적 행동적 징후들을 서술하는 《정신질환 진단 및 통계 편람》(*The Diagonostic and Statistical Manual for Mental Disorders*), 즉 DSM이라는 지침서를 따른다. 정신과 의사들과 기타 임상의들은 DSM을 이용하여 환자들이 특정한 정신장애 범주의 기준(흔히 점검표의 일정 항목 개수로 정해진다)을 충족시키는지 결정하고 그것을 가지고 그들의 정신질환을 진단한다. 이것은 거의 모든 보건체계와 의료보험이 요구하는 방식이다. 이런 진단 접근법에는 장단점이 있는데, 실제적 이점은 다른 분야의 의사들처럼 정신과 의사들도 공통점이 거의 없는 환자들을 진료할 수 있다는 것과 그들의 신원을 구성하는 다른 요소들보다 의료적 문제를 중요하게 보는 표준화된 방식으로 그들을 이해할 수 있다는 것이다.

의사가 되기 오래전부터 성취와 능력을 추구해 왔던 내 눈에 현대의 학술의료계는 가능한 최고의 세상을 제공하는 것 같았다. 나는 성취와 능력을 격려하고 보상하는 이 귀하고 존경받는 체제에 푹 잠겨 있었다. 더욱이, 현대 의학은 표준화된 진단과 치료 접근법을 받아들임으로써 이 성취를 달성 가능한 것으로 만들었다. 표준화를 받아들이는 체계에서 좋은 의사가 된다는 것은 주로 올바른 내용을 아는 것을 뜻했고, 이것은 내가 할 수 있는 일이었다. 이 일을 더욱 보람차게 만든 요인은 내가 정신과 의사로서 괴로워하는 사람들의 고통을 줄여 주고 그들이 보다 생산적으로 살아가게 돕고 그럼으로써 환자들과 동료들 모두에게서 인정을 받고 있다는 것이었다. 표준화된 의료 접근법 덕분에 인종적 문화적으로 다양한 동료들과 함께 일하고 인종적 문화적으로 다양한 환자들을 돌볼 수 있다는 것도 아주 마음에 들었다. 나는 이 모든 것이 백인 미국 남성인 내가 인종차별주의에서 완전히 벗어났음을 말해 준다고 생각했다.

이 모두가 그리스도인으로서의 내 정체성과 딱 들어맞았다. 성취와 능력은 복음의 핵심이었고, 내 기독교적 헌신의 표지였고 두려움과 떨림으로 구원을 이루는(빌 2:12) 방법이었다. 예수님은 치료자셨고, 의료인인 나는 예수님의 치료 사역에 동참하고 있었다. 의학을 공부하면서 나는 인간이라는 존재가 얼마나 "놀랍고 신기하게 만들어졌[는지]"(시 139:14, 현대인의성경) 인식하고 하나님의 창조에 경이감을 느꼈다. 인종적 문화적으로 배경이 다른 환자들을 돌보고 그런 동료들과 일함으로써 나는 모두가 의료적 돌봄을 주고받을 수 있고 그로 인해 번영의 기회를 얻는, 인종차별 없는 사회를 조성하는 데 일익을 담당하고 있었다. 이런 일을 하면서 칭찬과 보상을 받고 돈과 지위까지 얻으니 더할 나위 없이 좋았다. 이것은 구속받지 못한 세상에서도 "방들은 지식으로 말미암아 각종 귀하고 아름다운 보배로 채[워]"(잠 24:4)진다는 것을 보여 주는 행복한 사례였다.

믿음을
잃다

현대의학은 질병뿐 아니라 사회적 분열과 불의까지 치료하는 선한 영향력이고 그것을 익히려고 열심히 노력할 의향이 있으면 누구나 습득할 수 있다는 서사는 선명하고 위안이 되는 아름다운 이야기다. 그러나 이것은 거짓이기도 하다. 의사로 훈련받기 시작하면서 얼마 지나지 않아 이 서사의 허점들이 눈에 들어오기 시작했다.

나는 의과대학 기독교 수련회 기간에 그 허점 중 하나를 알게 되었다. 내가 무심코 우리 기독교 학생 단체의 인종적 다양성을 칭찬하자, 한 아프리카계 미국인 동기가 이렇게 대답했다. "난 볼티모어 구도심 출신이야. 볼티모어 구도심에서 자라면 세상이 자기편이 아니라는 것을 알게 되지."

나는 충격을 받았다. 성공한 하버드대학 의대생이 어떻게 저런 말을 할 수 있을까? 나는 늘 세상이 기본적으로 내 편이라는 경험을 해왔다. 어릴 때부터 자기편이 아닌 세상에서 살면 어떤 느낌이 들까? 그때 나는 이십대였지만, 미국에서 흑인으로 가난하게 자랐고 계속해서 인종차별을 당한 학과 동기의 경험이 난생 처음 듣는 것처럼 내 귀에 들려왔고, 그로 인해 내가 오랫동안 품어왔던 인종차별 없는 사회 개념이 뒤집어졌다.

그 이후로도 나의 오랜 습관은 결코 사라지지 않았고 지금도 내가 아는 것 이상으로 많은 것을 놓치리라 생각하지만, 그래도 전보다는 훨씬 많은 것을 듣고 볼 수 있게 되었다. '흑인 남성을 대상으로 한 터스키기 비치료 매독연구' -미국 공중보건국은 이 연구를 진행한 수십 년 간 흑인 남성들에게 저렴하고 효과적인 항생제 치료를 제공하지 않고 그들이 매독으로 고통 받고 죽어가는 것을 지켜보았다 -는 많은 아프리카계 미국인들이 미국의 보건체계 전체에 대해 갖게 된 부정적 경험과 불신의 상징이었다. 더럼의 아프리카계 미국인 목사는 내가 듀크대학교 의료센터에서 일한다는 사실을 알고는 그 센터가 개원 후 수십 년 동안 백인들만 치료했다고 회상했고 부드럽지만 단호한 목소리로 이렇게 말했다. "우리 교회 교인들 대부분은 듀크에 가느니 차라리 죽는 편이 낫다고 여깁니다." 나는 흑인 동료 의사들이 흔히 간호조무사나 보호자로 오해를 받는다는 이야기를 여러 번 들었다. 지금도 인턴들이 흑인 환자의 고통을 백인 환자의 고통보다 과소평가할 때가 많다는 연구 결과도 접한 바 있다.[2]

나는 현대 의료 서비스의 인종적 문화적 다양성을 여전히 귀하게 여기고 대부분의 의사들은 인종차별주의자가 되고 싶어 하지 않는다고 믿는다. 하지만 인종차별이 개인들의 의식적 신념보다 훨씬 깊이 자리 잡고 있음을 이제는 안다. 모든 죄가 그렇듯 인종차별은 우리가 의식하지 못하더라도 우리를 통해 작용하는 제도와 구조들 안에 단단히 박혀 있다. 내가 인종차별주의자가 되고 싶지 않다거나 모든 사람을 존중하려고 노력하는 것으로는 충분하지 않다. 물론 그것이 꼭 필요한 출발점인 것은 분명하다. 그러나 나는 더 나아가 다음과 같이 자문해야 하고, 더 중요하게는 다른 사람들에게 내게 물어봐 달라고 해야 한다. "내 삶은 특정한 인종적 구조와 가정들 안에서 어떻게 형성되었는가? 내가 행동하는 것과 행동하지 않는 것은 어떻게 인종적 불의와 불평등의 깊은 구조를 고착화하거나 치유하는가?"

이런 자문의 결과를 하나씩 살펴보자. 첫째, 나는 내가 할아버지 손자라는 사실을 인정하고 좋게 여겨야 한다는 것을 알게 되었다. 빌 할아버지는 다정하고 점잖은 분이었지만, 그분의 법률 활동은 그때나 지금이나 대단히 죄악되고 복음에 반대되는 인종분리적 질서를 옹호하는 것이었다. 그분 인생의 모순은 내 정체성 안에 깊이 자리 잡고 있다. 할아버지가 당대의 다른 많은 백인 전문직 종사자들과 다르지 않았다는 사실은 내가 그분의 손자라는 점을 명심해야 할 절박성을 더해 줄 따름이다. 내가 할아버지로부터 물려받은 재능들은 할아버지가 옹호하셨던 인종적 질서에서 할아버지가 차지했던 자리 및 나의 자리와 궁극적으로 떼어놓고 생각할 수가 없다. 검소했던 할아버지는 고소득을 올리지는 않았지만 평생 저축과 투자를 계속하셨고 8명의 손자들의 교육을 관대하게 지원하셨다. 할아버지의 재산은 나의 하버드대학 교육 자금 마련에 도움이 되었다.

이것만큼 잘 드러나지는 않지만, 대대로 백인 중심의 인맥과 기관들에 쉽게 접근할 수 있었기에 대학 교육과 경제적 안정을 당연히 여겼던 가정에 태어나 그 혜택을 평생 누렸다. 내가 이제 그리스도인으로 신실하게 살고 의사로서 신실하게 일하기 위해서는 이 현실을 깊이 새기고 이것이 주는 선물과 부담을 다 받아들여야 한다. 내가 듀크대학교에서 (다소) 편안함을 느끼는 것은 선물에 해당하지만, 듀크대도 미국의 거의 모든 연구중심 명문대학교와 마찬가지로 교육받은 백인 남자들이라는 사회경제적 계급에 봉사하고 그 계급을 영속화하기 위해 세워졌다는 사실이 주는 부담과 분리될 수 없다. 내가 의사라는 신분과 존재를 군이 증명하지 않아도 된다는 선물은 많은 의사 친구들과 동료들 ─유색인종 의사들과 여자 의사들─이 안 그래도 버거운 의사의 일에다 불신과 부당한 대우라는 장애물까지 억울하게 짊어져야 한다는 사실이 주는 부담과 분리될 수 없다. 나는 할아버지의 손자이기 때문에, 내 자신의 경험이 그들의 경험과 상관없는 것처럼 살아갈 수 없다.

이 자문의 두 번째, 보다 광범위한 결과는 내가 현대의학이 늘 사람들을 건강으로 이끄는 선한 영향력이라는 믿음을 잃기 시작했다는 것이다. 우리 의사, 간호사, 기타 치료사들은 '의료체계' 안에서 일하고 종종 스스로를 '의료 제공자'라고 부르지만 미국의 '의료'(health care, 건강 돌봄)는 그 실천을 이끌 건강(health)에 대한 분명하고 정의 가능한 기준이 없다. 나는 의료 행위의 결과가 어떤 총체적 의미에서의 건강이 아니라 기술이 끌고 가는 고통과 질병의 복잡한 연장에 불과한 사례를 많이 보았다. 학생 시절, 나는 죽음이 임박하고 회복 가능성이 거의 없는 사람들이 장기 기능을 유지시키라는 가족이나 의사, 또는 둘 다의 주장 때문에 중환자실에서 며칠이고 몇 달이고 고통받는 것을 보았다. 이런 경우에 환자를 돌보는 일은 '뭐라도 하라'는 절박한 명령의 지배를 받게 된다. '뭐라도 하라'는 요구를 받으면 현대의학은 거의 예외 없이 기술을 활용한 조치를 생각해 낼 것이다. 그 조치가 효과가 거의 없는 외과적 처치라 해도 말이다.

내 분야인 정신과에서도 환자의 전반적 건강보다 질병에 초점을 맞추는, 보다 미묘하고 널리 퍼져 있는 행태가 있었다. 임상의가 환자들을 단순한 방식으로 이해하게 하려고 만든 DSM의 표준화되고 구조화된 진단이 가장 중요한 것을 보지 않는 방식이 될 수 있음이 내 눈에 들어오기 시작했다. 나는 참전군인들을 진료하면서 DSM의 외상후 스트레스 장애(PTSD) 진단에 따라 외상을 두려움 때문에 생겨난 장애로 이해하는 것에 문제가 있음을 알게 되었다. 많은 참전군인들이 가장 힘들어하는 것은 두려움이 아니라 자신이 전쟁 중에 한 일과 하지 않은 일들에 대한 죄책감과 수치심이라는 것을 깨닫게 된 것이다.

이 현상은 이제 '도덕적 상해'(moral injury)로 알려져 있다. 내가 그들의 이야기를 정말 진지하게 받아들이고 이 죄책감과 수치를 있는 그대로 제대로 다루었다면, 환자들을 다른 방식으로 치료해야 했을 것이다. (약물치료를 포함한) 모든 수단을 동원한 증상완화보다는 그들에게 전쟁이 어떤 것이었는지 이해하는 데 더 집중해야 했을 것이고, 그러자면 나는 표준화된 진단과 치료라는 안전지대에서 훌쩍 벗어나게 되었을 것이다. 정신의학의 표준화된 진단접근법이 정신과 의사의 일을 효율적으로 만들어 줄지는 몰라도 진정한 치료가 이루어지는 방식으로 환자의 이야기를 이해하는 데는 방해가 될 수 있음을 알아보기 시작했다. 그리고 이것이 인종 및 인종차별과 무관하지 않음을 깨닫게 되었다.

많은 연구에 따르면, 표준화된 진단을 사용하는 의사들이 백인 환자들에 비해 흑인 환자들에게 조현병 같은 낙인을 찍는 진단을 더 쉽게 내리는 것으로 밝혀졌다.[3] 이 모든 것을 통해 나는 의학이 선과 치료를 가져오는 온화한 힘과는 거리가 먼, 성경이 말하는 '권세'가 될 수 있음을 알아보기 시작했다. 이 권세는 타락한 세상의 '구조화시키는 구조'로 정의할 수 있고, 최상의 경우 선한 힘이 될 수 있지만 그 외의 경우에는 얼마든지 쉽사리 선을 모호하게 하거나 가릴 수도 있고 심지어 악에 기여할 수도 있다.[4]

끝으로, 이 자문의 보다 개인적인 결과는 성취와 능력을 통해 구원을 이루려 한 내 자신의 능력에 대한 믿음을 잃어버렸다는 점이다. 나의 기독교적 자기이해를 뒷받침하고 학업과 직업에서 너무나 아름답게 작용했던 가치들이 우정과 결혼생활에서는 그리 잘 작동하지 않았다. 20대 중반의 어느 시점에서 나는 직업적으로는 성공했으나 비참할 만큼 외로웠다. "참되고 고상하고 옳[은]"(빌 4:8, 쉬운성경) 것을 추구하는 데만 몰두한 나머지 다른 어떤 사람에게도 제대로 곁을 줄 수가 없었다. 나는 불안했고 판단받는 것이 두려웠다. 나 자신과 나의 두려움을 다른 이들에게 온전히 맡기기가 어려웠다. 그때 은혜가 아내의 인내와 사랑을 통해 나를 추적했고 찾아냈다.

그 과정은 성례를 연상케 했다. 아내의 부드럽지만 때로는 아프게 다가온 도움에 힘입어 나는 사랑하는 것이 무엇인지, 약함을 드러내는 것이 무엇인지, 인간이 되는 것이 무엇인지 이해하게 되었다. 미혼에서 남편이 되고 아버지가 되면서, 나는 그리스도인이 되는 것은 궁극적으로 나 자신이나 타인이나 세계를 지배하고 통제하는 것이 아님을 배웠다. 그리스도인이 되는 일은 나의 약함과 의존성을 인정하고, 무엇보다 예수님의 생명 안에 살 때 찾아오는 사랑을 받아들이는 것이다. 그 삶은 성령의 능력을 통해 하나님의 사랑받는 자녀로 성부의 품에 안기고 거기 머무르는 것으로 이루어진다.

상처 입은 여행자들과
동행하다

나는 지금도 매일매일 성취와 능력의 복음이 가진 힘과 영향력을 느낀다. 그 힘은 여전히 의료계에 퍼져 있고 연구 중심 대학의 세계에도 퍼져있다. 그러나 이것은 거짓 복음이다. 경이보다는 통제에 근거하고, 인간이라는 존재에 대해 신학적, 심리학적, 역사적으로 잘못된 그림을 그린다. 노력과 성공을 통한 개인 성화(聖化)를 약속하는 성취와 능력의 복음은 예수님이 선포하신 좋은 소식이 아니다. 생산성과 효율성을 다른 무엇보다 가치 있게 여기는 문화가 내세우는 거짓 복음이다. 이 거짓 복음은 추상화된 보편적 개인들을 만들어 내고, 그들은 사회가 정해 놓은 성공의 표지를 달성하기 위해 자신이 장소, 문화, 역사를 뛰어넘는다고 믿는다.

이 거짓 복음은 정신의학의 DSM처럼 표준화된 언어와 실천을 조장하고, 그것은 성공을 자신의 장소와 그 안의 사람들에게 맞추는 일이 아니라 지식과 전문기술의 문제로 만든다. 이 거짓 복음은 대학, 언론, 기업, 그리고 어쩌면 교회 같은, 지위를 부여하는 기관들의 힘에 보상하고 그 힘을 강화시킨다. 이 모든 것을 볼 때 이 거짓 복음은 존이 8장에서 언급한 것과 비슷한, 전형적인 미국식 복음이다. 이 미국식 복음은 개인에게 초점을 맞추고, 장소와 문화, 역사의 주장을 무시하고, 우리가 인종차별의 역사나 아물지 않은 상처를 외면한 채 그냥 전진하게 하는 한, 전형적인 백인의 복음이다. 예수님의 좋은 소식을 드러내기보다는 가리고 감추는 거짓된 백인의 복음이다.

나는 내 삶을 장악해 온 성취와 능력의 복음이 가진 지배력을 서서히 인식하게 되면서, 그리고 정신과 의사로서 그 거짓 복음의 대가로 고통받는 사람들 -그 지배력에 사로잡힌 이들, 능력도 없고 성공하지도 못했다고 버림받은 이들- 과 동행하면서, 사람들과 내 자신을 여러 다양한 방식으로 이해하게 되었다. 이제 인간이 된다는 것의 의미를 밝히는 다섯 가지 내용을 분명하게 말할 수 있다.

인간은 장소, 문화, 역사에 뿌리 내린다

정신과 진료를 시작한 지 얼마 되지 않았을 때, 나는 환자들을 이해하고 그들과 말하기 위해 표준화된 진단 언어만 사용한다면, 이를테면 환자를 "주요우울장애와 PTSD가 있는 58세 남성"으로만 아는 한, 기술적으로 유능한 평가와 계획을 만들어 낼 수는 있겠지만 환자들의 인간적 면모는 거의 알지 못할 것임을 깨달았다. 이와 마찬가지로, 그리스도인들이 추상적인 신학언어로만 대화하면 -가령 "당신은 죄인입니다. 하나님은 당신을 사랑하시고 당신의 죄를 사하시려고 예수님을 보내셨습니다. 그분의 은혜를 받아들이고 자유를 누리며 사십시오"- 진리를 말하면서도 서로에 대해 거의 아무 것도 모를 수 있다. 서로를 알고 우리 자신을 알기 위해서는 구체적으로 파고들어야 한다.

이것은 내가 사우스캐롤라이나 그린빌 출신의 백인남자이고, 윌리엄 로 왓킨스 씨를 비롯한 본가와 외가 할머니 할아버지들의 영향을 받은 자손이고, 그린빌의 공립학교와 복음주의적 백인 남침례교회에서 촉망받으며 자랐다는 사실을 인정하는 것을 의미했다. 사우스캐롤라이나, 남침례교, 가족의 인종적, 문화적 역사가 지금의 나를 만들었다. 그렇게 형성된 나를 더 잘 이해하려고 노력하고 그에 따른 축복과 도전을 확인해 볼 수는 있겠지만, 그 요인들 자체를 부인하거나 무시할 수는 없다. 내 자신을 부인하거나 무시할 수 없는 것처럼 말이다. 그러나 모종의 '정체성 정치'로 물러나지 않고 내 자신의 역사와 형성 요인을 이해하려는 이런 마음은 다른 사람들과 보다 인간적으로 관계하는 데 도움이 되었다. 나와 생김새나 말투가 전혀 다르고, 백인 미국인인 나에 비해 스스로의 외모와 말투를 의식할 수밖에 없었던 이들도 여기에 포함된다.

인간은 관계 속에서 자신을 발견한다

인간발달을 연구하는 이들은 어느 누구도 고립된 개인이 아니라는 사실을 오래전부터 알고 있었다. 인간은 출생 이전부터 시작해서 평생에 걸쳐 관계를 맺도록 만들어졌고 관계가 필요한 존재이다. 인간이 '자아'를 갖는 것과 관련이 있다고 생각하는 일련의 능력과 기술 -자신을 다른 사람과 구분하는 능력, 감정과 믿음을 느끼고 파악하는 능력, 경험을 반성하는 능력, 목적을 가지고 행동할 능력-은 모두 어머니와 아이, 아버지와 아이, 돌보는 사람과 아이, 아이들 서로 간의 관계적 유대에서 생겨난다. 우리는 결코 고립된 개인이 아니고, 관계 속에서 자신을 발견한다. 다른 이들은 우리의 모습을 비추는 거울이고 우리가 누구인지 발견하게 해 준다. 관계는 인간의 행복, 의미감과 목적 의식, 자기정체성의 핵심이다.

성취와 능력의 복음 안에서 만들어진 나는 생산성과 전혀 상관

없는 관계를 추구하기가 쉽지 않다. 그러나 나는 지식이나 기술을 통해서가 아니라 다른 사람들과 삶을 나누는 일을 통해 더욱 인간다워진다는 사실을 배웠다. 그리고 아내를 비롯한 중요한 관계들을 위해 시간과 여유를 내는 법을 배우고 있다. 또 나와 담당 환자들이 맺는 관계의 질이 내 기술만큼이나 환자들의 치료와 회복에 중요하다는 사실도 배우고 있다. 치료의 진정한 원천은 처방과 수술이고, 환자를 맡는 의사는 그것을 수행하는 도구로 생각하기가 쉬운데, 이런 발상에 따라 움직이는 의사는 보수가 과하게 책정된 처방 자판기가 된다.

그러나 나와 환자들의 관계가 깊어지고 환자들이 나를 신뢰하여 (나도 환자를 신뢰하여) 의사와 환자가 서로 진실을 말하고 치료에서 가장 중요한 것을 함께 분별할 수 있을 때는, 치료 효과가 높아지고 내게도 큰 힘이 된다. 환자들은 외로움을 덜 느끼고 자신을 기꺼이 열어 보이고 자신의 취약함을 드러내며 자살이 탈출구라는 생각에 덜 끌리게 된다. 의사와 환자의 관계가 좋아져서 처방 약의 수와 투여량을 줄일 수 있게 되는 경우도 있다. 처방을 내리는 의사와 환자 사이에 강한 치료적 동맹이 형성되면 환자들이 치료 선택지를 상의하는 일을 편안하게 여기게 될 뿐 아니라, 정신과 약물 치료의 효과도 실제로 높아진다는 증거가 있다.[5]

인간은 상처를 안고 살고, 무슨 수를 써서라도 수치를 피하려 한다

사람들은 흔히 장소, 문화, 역사와 거리를 두려고 하고 관계를 피하거나 통제하려 한다. 여기에는 타당한 이유가 있다. 장소, 문화, 역사, 관계는 인간에게 너무나 강력하고 중요하기 때문에 가장 깊은 상처가 담긴 지점이 되는 경우가 많다. 정신과 의사이자 교수인 나는 심리적 상처 —유년기 성폭행, 유년기 신체학대, 친밀한 관계 안에서의 폭력, 강간의 상처— 가 한때의 내 생각과는 달리 실제로 아주 흔하고, 다 합치면 미국인들의 20퍼센트 이상이 여기에 영향을 받는다는 것을 알게 되었다. 이런 형태의 외상을 겪지 않았다 해도, 우리는 상처를 안고 살아가고 삶의 특정한 영역에서 두려워하거나 거리를 두거나 수치심을 느낀다.

나는 내 자신의 경험과 다른 이들을 진료한 경험을 통해 특히 수치심이 우리에게 동기를 부여하기도 하고 파괴시키기도 하는 매우 강렬하고 보편적인 감정임을 알게 되었다. 정신과 의사 커트 톰슨(Curt Thompson)이 말한 대로, 수치심은 "너는 충분하지 않아" 또는 "다른 사람들이 네 본모습을 안다면, 너를 버리고 거부할 거야"[6]라는 메시지를 보낸다. 내가 속한 의료계와 연구 중심 대학의 세계에서는 수치심이 더 많은 것을 요구하는 문화의 윤활유와 연료로 쓰인다. "너는 충분히 똑똑하지 않아. 논문을 충분히 내놓지 못했어, 공부가 부족해" 등의 메시지는 사람들이 수치심을 느낄 때 흔히 하게 되는 행동을 부추긴다. 자신의 껍데기 속으로 들어가거나 (수치심-판단을 받아들이고 들키지 않기만 바람), 다른 사람들이나 '사회'를 탓하고 부끄럽게 여기거나 (수치심-판단을 거부하고 회피함), 더욱 더 열심히 노력하는 것(수치심-

판단을 받아들이되 그 판단이 틀렸음을 다른 이들에게 증명하고자 함)이다. 이 전략 중 어느 것도 인생의 과정에서 그리 잘 작동하지는 않지만, 나는 이런 전략들을 내 안에서 느끼고 다른 사람들을 통해서도 늘 본다.

인간은 수치심을 너무나 싫어하고 그보다는 차라리 두려움, 슬픔, 특히 분노 같은 감정이 더 참을 만한 경우가 많기 때문에, 나는 사람들이 서로에게 못되게 굴 때 그 근원이 수치심이 아닌지 살펴보게 되었다. 한 사회 -교회든 병원이든 의회든- 의 사람들이 서로를 공격하거나 심지어 불합리하게 행동하는 자기 파괴적 패턴에 빠져 있는 것처럼 보일 때는, 그 사회의 수치의 생태를 주목하는 것이 도움이 된다. 이와 같은 맥락에서, 나 같은 백인 미국인들이 웬델 베리(Wendell Berry)가 말한 백인들 안에 있는 인종차별의 '숨겨진 상처'를 다루는 방식에 수치심이 어떤 영향을 끼치는지 종종 궁금해진다.[7] 나는 할아버지가 인종 분리 정책을 옹호하는 일에 적극적으로 참여하셨다는 사실과 백인은 인종적 특권이라는 부당한 유산의 혜택을 입었다는 사실을 안다. 이런 상황에서는 방어적 껍질 속으로 들어가거나 (대부분 백인들만 있는 곳에 머물거나 부담스럽지 않은 매체만 본다), 다른 이들을 탓하고 부끄럽게 여기거나 (노골적 인종차별주의자들을 경멸하는 말을 퍼붓거나 구조적 인종차별에 대한 말을 '정체성 정치'로 보고 무시한다), 자신이 인종차별주의자가 아님을 알리려고 더욱 열심히 노력하기 십상이다. 미국의 인종 문제에 대한 백인 기독교인들의 반응은 흔히 이 셋 중 한 가지 형태로 나타난다.

인간은 하나님이 사랑하고 아는 아름다운 존재이다.

성취와 능력의 복음은 인간의 가치를 생산성, 효율성, 자족성에 둠으로써 생산 능력에 방해가 되는 것은 -장소, 문화, 역사, 관계, 유대, 상처 등- 모두 무시하거나 거부하도록 우리를 부추긴다. 이 복음은 한편으로는 우리의 체화된 인간성의 이런 핵심적 측면들을 무시하라고 부추기고, 다른 한편으로는 생산성을 발휘하고 다른 사람들에게 과도하게 의존하지 않아야 괜찮은 사람으로 대접받는다고 가르침으로써 우리를 수치심의 손아귀 안에 더욱 단단히 밀어 넣는다.

그러나 예수 그리스도의 복음은 근본적으로 다른 지점에서 시작하고 끝난다. 인간인 우리의 존엄은 얼마나 열심히 일하는지, 출신이 어디인지, 무엇을 만들어 내는지, 모든 활동에서 얼마나 유능한지에서 나오지 않는다. 우리의 인간적 존엄은 하나님이 그분의 선한 피조물로서 우리를 사랑하시고 아신다는 사실에서 나온다. 시편 기자는 이렇게 썼다. "주께서 나의 앞뒤를 둘러싸 … 셨나이다. 이 지식이 내게 너무 기이하니 높아서 내가 능히 미치지 못하나이다"(시 139:5-6). 우리를 향한 하나님의 사랑, 우리에 대한 하나님의 깊은 지식, 하나님이 예수님의 몸과 생명 안으로 우리를 입양하신 일은 우리 힘으론 얻을 수 없지만 은혜로 우리에게 주어졌고, 우리가 그 무엇을 알기도 행하기도 전에 먼저 주어진 선물이다. 그리고 그것은 수치심의 강력한 치료제이기도 하다.

철학자 요제프 피퍼(Josef Pieper)는 사랑의 뿌리에 "네가 존재해서 좋아. 네가 이 세상에 있어서 좋아!"[8]라는 인정이 있다고 말했다. 내가 무슨 일을 할 수 있든 없든 관계없이 그저 내가 존재해서 좋다는 사실을 받아들을 때 비로소 성취와 능력의 복음에서 벗어날 수 있다. 나는 환자들에게 명시적 혹은 암묵적으로 "당신이 존재해서 좋습니다!"라는 메시지를 전달할 때만 그들을 도울 수 있고 돌볼 수 있다. 내가 남부의 백인 복음주의 그리스도인이자 내 할아버지의 손자, 특권을 복잡한 유산으로 물려받은 사람으로 내 자신을 인정하고 사랑할 수 있으려면 다음의 사실을 기억해야 한다.

나의 가장 뿌리 깊은 정체성이 내가 백인이라는 사실에 있지 않고 나를 자신처럼 사랑해 죽었다가 부활하고 승천한 갈색 피부의 중동 사람 안에 있다는 사실을 기억해야 한다. 예수님 안에서 나는 나를 형성한 요소 중 그분을 내게 소개한 부분은 존중하고 "하나님의 형상을 따라 참 의로움과 참 거룩함으로 지으심을 받"(엡 4:24, 새번역)지 않은 모든 요소에 대해서는 죽도록 부름받았다. 나는 지금도 이 두 가지를 구분하는 법을 배우고 있고, 상황을 제대로 파악하지 못할 때도 있다. 나는 여전히 많은 것에 대해 죽어야 한다. 그러나 예수님의 사랑이 주는 안정감이 유일한 출발점이라는 것을 이제는 안다.

인간은 여행자다

여행과 순례의 이미지는 성경 전체에 나타난다. 히브리서의 저자는 우리에게 이렇게 권한다. "우리에게 구름 같이 둘러싼 허다한 증인들이 있으니 모든 무거운 것과 얽매이기 쉬운 죄를 벗어 버리고 인내로써 우리 앞에 당한 경주를 하며 믿음의 주요 또 온전하게 하시는 이인 예수를 바라보자"(히 12:1-2). 인간은 언제나 여행자이다. 우리는 하나님(우리의 근원이자 창조주)으로부터 나와 하나님(우리의 목표이자 기쁨)께로 돌아가는데, 이 귀환 여행은 우리가 예수님의 생명에 참여함으로서 가능해진다. 이 여행은 힘들고, 가끔 지치거나 방향을 잘못 잡거나 질병이나 부상을 당하거나 낯설고 심지어 적대적인 곳에 거하게 한다. 이런 이때에 동행하면서 다음과 같은 질문을 통해 답을 얻도록 도와줄 여행 동료가 필요하다. "지금 당장 여행에 필요한 것은 무엇인가?"

"지금 당장 여행에 필요한 것은 무엇인가?" 이것은 그리스도인으로서 내 자신을 이해하는 데 핵심이 되는 질문이다. 이 질문은 의료인인 내가 다른 사람들과 동행하는 방식에도 매우 중요하다. 나의 환자들 중에는 약물 치료나 모종의 의료 기술이 필요한 사람들도 있지만, 많은 경우 환자들에게 가장 필요한 것은 일자리, 거처, 친구, 또는 학대 상황에서 탈출하는 일이다. 용서가 필요한 사람도 있고, 공동체의 환영이 필요한 사람도 있다. 나의 환자들을 여행자로 생각하고 내 자신을 그들과 동행할 특권을 받은 여행자로 여기면, 지배자나 전문가의 위치에서 벗어나 겸손과 존중의 자세를 갖게 되고 그들의 증상만 보는 것이 아니라 그들의 이야기에 최대한 주목하게 된다.

복음적 확신이
깃든 돌봄

빌 할아버지는 좋은 이야기를 알고 있고 사랑하는 분이었다. 노년에는 반세기 전에 들은 자세한 이야기들을 다시 들려주시면서 처음 듣는 것처럼 웃곤 하셨다. 할아버지는 본인의 카운티와 교회의 역사를 꼼꼼하게 기록하셨는데 장소와 사람은 관련된 이야기를 알아야만 제대로 파악하고 사랑할 수 있다고 믿으셨기 때문이다. 그 부분에서 할아버지는 분명히 옳았다. 레크래가 7장에서 설명한 것처럼, 이야기는 우리의 세계관을 형성한다.

나는 인생의 상당 부분을 성취와 능력의 복음에 따라 살았다. 열심히 노력하여 제대로 된 자격, 지식, 기술을 획득해야만 인간으로서 그리고 의료인으로서 성공할 수 있다는 이야기에 따라 살았다. 이 이야기는 지금도 여전히 나를 사로잡는다. 이 이야기는 나를 빈곤하게 만들고 복잡한 현대 세계를 살아가는 그리스도인으로서 신실하지 못하게 만든다. 하지만 나는 내가 하나님이 사랑하고 아시는 여행자이고 지배가 아니라 경이로움으로 부름받았으며 동료 여행자들과 동행하도록 부름받았다는 더 큰 이야기 안에서 생명과 기쁨을 얻는다.

이 더 큰 이야기는 하나님이 나를 사랑하고 아는 것은 내가 할 수 있는 일 때문이 아님을 알려 준다. 그리고 이것이 내가 의료인으로서 갖는 자신감과 역량의 궁극적 근거다. 예수님 안에 있는 하나님 사랑이라는 이 더 큰 이야기 때문에 나는 다른 사람들과 나를 추상물이 아니라 장소와 문화와 역사에 뿌리내린 인간으로 알고 사랑하기를 배우고 있다.

그리스도인들이 하나님의 사랑 안에 안전히 거하는 덕분에 얻게 되는 유익이 있다. 우리 삶과 이력의 뿌리에 가까이 가고 그 안에 있는 죄와 외상에 다가갈 수 있을 때, 심지어 거기서도 우리가 사랑받고 있고 거기서부터 우리가 변화하고 치유될 수 있음을 알 때, 복음의 확신이 찾아온다. 우리가 수치심을 회피하거나 부인하지 않고 마주하고 처리할 때 복음의 확신이 찾아온다. 우리가 서로에게, 더 나아가 많이 다른 사람들에게까지 "당신이 존재해서 좋습니다. 당신이 이 세상에 있어서 좋습니다"라고 말할 때, 그리고 그 말이 진심임을 보여 주는 방식으로 살아갈 때 복음의 확신이 찾아온다. 또 우리가 누구이건 무슨 일을 했건 상관없이 은혜로 예수님의 몸 안에 받아들여졌음(딤전 1:12-17)을 기억할 때 복음의 확신은 찾아온다. 바로 거기, 우리의 성취와 능력이 아니라 예수님의 생명 안에서, 우리는 함께 올바르게 걸어가는 데 필요한 믿음과 사랑을 받는다.

11

화해자

트릴리아 뉴벨(Trillia Newbell)

예수님이
유대인과 이방인을 갈라놓은
담을 허문 것처럼

매일 잠에서 깨어나면 나는 이 세상의 균열을 떠올린다. 과거의 관계에 대한 먼 기억이 떠오르거나 소셜미디어를 잠깐 들여다본 탓이든, 사람들이 나뉘었고 자주 불화에 빠지는 현실과 마주한다. 하지만 내게 이 현실을 떠올리게 하는 가장 확실한 요인은 외부에 있는 어떤 것이 아니라 매일 아침 일어나 바라보는 내 피부가 연갈색이라는 사실이다. 이 피부는 나의 창조주 하나님께서 만드신 것이고, 나는 그 사실에 감사한다. 하지만 나의 피부는 편협함, 선입견, 차별과 연결되기도 한다.

그러나 하나님은 나를 화해자로 부르셨다. 화해자는 화해의 사역을 맡은 사람이다. 깨어진 관계를 회복시키고 조화를 가져오고 차이를 해소한다. 내 생활과 활동은 화해의 사역을 중심으로 이루어진다. 내게 이 과제는 자제하고 용서하고 인내하는 법을 배우면서 사랑으로 진리를 말하는 것을 의미한다.

용서와 인내가 바탕된
사랑과 진리를 말하다

나는 남부에서 자랐다. 부모님은 내가 경험한 것보다 훨씬 더 노골적인 인종차별과 증오를 겪으셨지만 다른 사람들이 우리에 대해 무슨 말을 하든 관계없이 사랑하라고 가르치셨다. 그분들은 그리스도인이 아니었지만, 사랑이 넘치는 가정이었다. 그리고 부모님이 불어넣으신 다른 이들을 향한 그 일반은총적 사랑 덕분에 나는 사람들이 서로 조화롭게 사는 모습을 보고 싶다는 열망을 갖게 되었다. 내가 해결책의 일부가 되거나 문제의 일부가 될 수 있다고 생각했고, 해결책의 일부가 되기 위해 인간적으로 가능한 노력을 다 기울였다. 그것이 늘 쉽지만은 않았고 때로는 실패하기도 했지만, 우리가 받은 화해의 소명은 하나님을 본받는 것의 일부분을 차지하는 가치 있는 일이다.

10대 시절, 나는 민권운동에 대해 배웠고 다른 이들의 권리를 지키기 위해 고통과 고난, 때로는 죽음까지 감수한 용감한 사람들에 대해 배웠다. 로드니 킹(Rodney King)이 경찰들에게 붙들린 채 차에서 끌려나와 얻어맞는 영상을 보았다. 그 경찰들이 이후 과잉진압 혐의에 대해 무죄 선고를 받았고 그것이 도화선이 되어 파괴적인 폭동이 일어났다. 그 과정에서 로드니 킹은 유명한 발언을 하게 된다. "우리 모두 그냥 잘 지낼 수는 없나요?"[1] 나는 매년 1월에 마틴 루터 킹 2세의 생일을 기념하여 우리 시에서 열리는 민권 퍼레이드에서 행진했다.

가슴 아픈 개인적인 기억들도 있다. 나와 사귀었던 아이의 엄마가 자신의 아들이 흑인 소녀와 데이트할 수 없는 이유를 내게 설명한 순간도 그중 하나다. 그녀가 밝힌 이유는 우리가 다르다는 것이었다. "너는 친절하구나." "친구로 지내는 건 얼마든지 좋아." 그녀가 이런 감상적인 말로 포장한 설명의 핵심은, 피부색의 차이는 절대 받아들일 수 없다는 것이었다. 자녀가 나와 데이트한다는 생각은 그녀에게 수치스러운 일이었다. 그것은 옳지 않았다. 그녀에게 나는 종류가 다른 인간, 일종의 외계인, 하등동물이었기 때문이다. 그녀는 이런 단어들을 직접적으로 사용하는 않았지만, 우리의 차이를 거듭 강조함으로써 나의 어떤 부분은 그녀의 가족 및 그녀의 사람들과 같지 않고, 나처럼 다른 사람은 그녀의 자녀와 적당하지 않다는 것을 분명히 했다. 이것은 당시 10대였던 내게 받아들이기 힘든 일이었다. 하지만 이제는 이런 현실을 받아들이는 데 익숙해졌다.

대학 시절에는 총학생회에서 국장을 맡았다. 나는 소위 '커피 토크'라 불리는 행사 주최를 몇 번 도왔는데, 인종 문제에 대해 논의할 의향이 있는 대학 구성원 모두에게 열린 자리였다. 그 논의는 유용했고 인종 문제를 인식하게 했지만, 문제의 표면을 건드리는 데서 그쳤다.

4학년 정치학 수업 시간에 있었던 일은 절대 잊지 못할 것이다. 한 젊은 백인 남자가 할당제와 차별철폐정책 때문에 흑인들이 자기를 제치고 로스쿨에 들어가게 될 거라는 우려와 그에 대한 거부감을 털어 놓았다. 나는 눈물을 흘리며 내가 로스쿨에 합격했고 우등생이었고 로스쿨입학시험(LSAT)에서도 높은 점수를 받았다고 말했다. 로스쿨에 입학한 모든 흑인이 차별 철폐 정책의 혜택을 보았을 거라는 생각은 형편없고 최악의 경우로 해석한 인종차별적 발상이었다.

나는 인종 프로파일링(피부색이나 인종을 잠재적 범죄자로 여기고 우선적으로 용의선상에 올리는 수사기법-역주)의 대상이 된 적이 있다. 독자가 나를 만났다면 이 사실에 웃음을 터뜨렸을 것이다. 나는 160센티미터가 못되는 키에 55킬로그램으로 그리 위협적인 모습이 아니다. 그런데도 어떤 사람들은 내 피부색에 근거해 최악의 모습을 상상했다. 나는 그동안 경험한 일의 일부만 다루고 있을 뿐이다. 대부분의 아프리카계 미국인이 이와 비슷한 인종적 편견, 인종주의, 인종차별의 경험을 토로할 것이다. 그러나 나는 화해자로 부름을 받았다.

자라면서 큰 명절 때는 교회에 나갔다. 그러다가 고등학교 2학년 때 한 교회를 찾았는데 그곳이 복음을 중심으로 움직이지 않는다는 것을 깨닫고 떠나기로 결정했다. 그러자 교인들은 사랑이 아니라 잔인함으로 나를 대했다. 나를 괴롭혔고 자신들의 삶의 방식에 나를 맡기지 않았으니 지옥에 떨어질 거라고 악담을 했다. 얼마 후, 나는 교회와 작별했고 다시는 돌아가지 않으리라 다짐했다. 제도화된 종교와는 아예 관계를 맺고 싶지 않았다. 그러나 그것은 하나님의 계획이 아니었다. 그분은 화해에 대한 나의 이해를 완전히 바꾸시고자 했다.

대학 2학년을 앞둔 1998년 여름, 많은 대학생들처럼 나도 캠프 리더를 맡게 되었다. 심지어 조수까지 있었다. 그녀의 이름은 마시(Marcy)[2]였다. 마시는 말총머리를 흔들며 캠프장에 도착했는데 파란

눈이 반짝이는 그녀의 명랑함에는 전염성이 있었다. 그녀가 나보다 몇 살 어리다는 사실이 쉽게 수긍이 갔다. 마시가 미성숙했다는 말은 아니다. 그녀는 미숙하지 않았다. 하지만 그녀가 말하고 캠프 참가자들과 어울릴 때 순수함이 느껴졌다.

마시는 내 인생의 전체 경로를 바꾸는 데 결정적 역할을 하였다. 마시와 나는 정반대의 지점에 있었다. 나는 흑인이었고 그녀는 백인이었다. 나는 대학생이었고 공부를 열심히 했지만, 그녀는 대학을 일찍 떠나 캠퍼스 사역을 하기로 결심한 터였다. 나중에 알게 되었는데 그녀는 집안이 상당히 부유했던 반면, 우리 집은 하위중산층에 해당했다. 가장 중요한 차이는, 그녀는 그리스도인이었고 나는 절대 아니었다.

캠프 첫날 밤, 마시는 침대에 털썩 주저앉더니 성경을 펼쳐들고 혼자 소리 없이 읽기 시작했다. 나는 즉시 경계심이 발동했다. "뭐하는 거야?" 내가 묻자 그녀는 '경건의 시간'을 갖고 있다고 대답했다.

나는 그녀의 침대에 펼쳐진 성경이 달갑지 않았다. 그 시점까지 기독교인들에 대한 기억이 좋지 않은 것뿐이었다. 고등학생 시절의 고통스러운 경험에 더해, 친구와 여름 성경 학교에 참여했을 때 아이들이 나를 이상하게 쳐다보던 기억이 났다. 주일학교 교사는 그곳에 온 흑인 아이들을 기본적으로 무시했는데, 모든 학생이 교회 안에 모였을 때는 우리를 뒷자리에 따로 앉게 했다.

캠프에서의 그날 밤 나는 이런 아픈 기억들을 마시에게 결국 털어 놓았다. 새벽 무렵, 새 친구가 된 마시와 나는 지난 날 내가 교회에서 겪은 일과 나의 두려움을 슬퍼하며 울었다. 그날 마시는 내게 구원의 복음을 전해 주었다.

그 여름이 지나고 나는 마시와 가끔 만났지만, 그녀와 함께 교회에 가기로 동의하기까지는 시간이 좀 걸렸다. 그러다 마침내 2000년 봄에 파혼과 내 죄로 인한 굴욕을 겪고 나서, 나는 마시의 교회를 방문했다. 그리고 머물렀다.

그 일요일 아침의 기억이 어제 일처럼 생생하다. 우리가 찬송가 "만세 반석 열리니"를 부르는 동안, 주님이 내 마음을 부드럽게 하시고 그분의 은혜를 내게 알리기 시작하셨다. 예배가 끝난 후, 마시와 다른 두 사람이 나를 위해 기도했고 나는 구원을 받았다.

화해자
예수님

그 일요일의 체험이 있고 얼마 후, 나는 에베소서 2장 8-9절을 읽었다. "너희는 그 은혜에 의하여 믿음으로 말미암아 구원을 받았으니 이것은 너희에게서 난 것이 아니요 하나님의 선물이라. 행위에서 난 것이 아니니 이는 누구든지 자랑하지 못하게 함이라." 이런 생각이 들었다. '이거야. 이런 일이 일어났지.' 주님이 나를 구원하신 것은 내가 행한 일이나 앞으로 할 일 때문이 아니었다. 그것은 그분의 능력으로, 그냥 주시는 은혜로 벌어진 일이었다. 나는 하나님과 화해해야 할 필요가 있었다. 그리고 예수님이 그 일을 이루셨다(롬 5:10-11).

복음을 전해 준 친구는 내가 흑인이고 연장자이고 캠프의 리더라는 사실에 전혀 개의치 않는 듯 했다. 그런 것들은 마시에게 전혀 중요하지 않았다. 그녀는 복음 전도자였고 자기와 다른 사람들에게 복음을 전하기를 좋아했다. 그녀는 사랑에 이끌려 내게 복음을 전했고 그로 인해 내 인생의 경로가 영원히 바뀌었다.

마시가 사랑으로 베푼 봉사에 나는 언제까지나 감사할 것이다. 하지만 그녀는 나를 하나님과 화해시킨 주체가 아니었다. 그녀는 주님이 사용하신 도구였고, 궁극적으로 화해를 가능하게 만든 것은 예수님이셨다. 예수님이 십자가에서 이루신 사역 덕분에 우리는 서로 화해하게 된다.

예수님은 복음서 전체에 걸쳐 자신과 다른 사람들과 어울리셨는데, 적으로 여길 만한 사람들, 이를테면 유대인들의 미움을 받고 그들을 미워했던 세리, 사마리아인 같은 사람들과도 어울리셨다.[3]

예수님은 십자가에서 죽기까지 담대하게 자신을 나누어 주셨는데, 그것은 영혼을 향한 사랑 때문이었다. 그리고 그분의 죽음과 더불어 모든 사람에게 화해가 주어졌다. 예수님은 적대감의 휘장을 찢으셨다.

예수님은 우리의 평화가 되시는 분이십니다. 그분은 유대인과 이방인을 갈라 놓은 담을 헐어서 둘이 하나가 되게 하셨습니다. 그들을 원수로 만들었던 계명의 율법을 예수님이 자신의 육체적인 죽음으로 폐지하신 것은 유대인과 이방인을 자기 안에서 하나의 새로운 백성으로 만들어 화목하게 하고 또 십자가로 그들의 적개심을 죽이고 둘을 한몸으로 만들어 하나님과 화해시키기 위한 것입니다(엡 2:14-16, 현대인의 성경).

크리스틴이 1장에서 보다 온전히 설명한 대로, 그리스도인들의 실재는 우리가 이미 예수 그리스도 안에서 서로 영적으로 연합되었고 화해했다는 사실이다. 우리가 겪는 대부분의 문제와 어려움은 우리가 실재에 충실하게 살지 않는다는 것이다. 그러나 그리스도인인 우리는 서로와의 관계를 넘어 이 세상에서 화해를 이루는 사람이 되라는 부름을 받았다.

복음은 하나님의 영광을 위해 가장 뜻밖의 사람들까지 한데 모으는 능력을 지녔다. "내가 복음을 부끄러워하지 아니하노니 이 복음은 모든 믿는 자에게 구원을 주시는 하나님의 능력이 됨이라 먼저는 유대인에게요 그리고 헬라인에게로다"(롬 1:16).

화해자가 되라는
부름

그리스도인이 된 이후, 나는 부모님이 여러 교훈을 가르치신 일과 내가 다른 사람들과의 연합 및 하나됨을 갈망했던 일이 우리가 받은 일반은총과 하나님의 형상에서 나온 충동의 일부였음을 깨달았다. 아버지는 우리를 부당하게 대우한 사람들을 사랑하고 용서하라고 딸들에게 가르치셨다. 아버지는 연합이 가능하다고, 민권운동에서 우리 앞서간 모든 사람이 선한 싸움을 싸웠다고 가르치셨다. 나는 사랑, 용서, 정의, 연합을 향한 이런 갈망들이 우리의 창조주를 반영한 것임을 깨닫게 되었다. 그리스도를 영접하고 나자, 한때 내게 사회적 욕구이자 추구일 뿐이었던 이 갈망은 성경이 뒷받침하는 확신으로 변했다. 그러나 화해를 추구하고 갈망하는 일은 더 쉬워지지 않았다. 여러 면에서 오히려 더 힘들어졌다. 우리가 얼마나 멀리 가야 하는지 알려 주는 계시 앞에서 나는 옴짝달싹 못할 지경이 되었다.

몇 년 전, 나는 *United: Captured by God's Vision for Diversity*(하나됨: 다양성에 대한 하나님의 비전)이라는 책을 썼고, 간단한 인종 신학과 함께 나의 간증과 다양한 우정의 유익을 제시했다.[4] 그 책과 더불어 나는 기독교계의 공적 인종대화에 들어서게 되었는데, 그때만 해도 다소 순진한 생각을 갖고 있었다. 나는 교회들이 대체로 인종적으로 나뉘어 있다는 것을 알았지만, 그런 구분이 실제적인 인종차별이

나 편견에서 생겨난 것이라고는 생각하지 않았다. 그러나 이후 몇 년에 걸쳐 나는 현실에 눈을 떴다.

내가 만난 대부분의 그리스도인들은 기존의 상태에 만족했고, 나는 교회가 인종에 대한 대화에 준비되어 있지 않음을 알게 되었다. 뜻밖의 저항에 부딪힌 것이다. 그 저항이 늘 노골적인 것은 아니었다. 대부분은 무관심과 아주 비슷해 보였다. 그러나 그것은 실질적인 것이었고 … 감당하기 벅찼다. 이웃의 고통에 관심을 갖지 않는다면 이웃을 사랑할 수 없다.

이후 몇 년은 고통스러웠다. 피부색으로 인한 고통과 괴로움이 교회의 주된 관심사가 아니라는 것을 점점 더 많이 깨달았기 때문이다. 그러나 하나님의 은혜로 나는 창세기 3장에 기록된 타락이 인간의 관계를 망가뜨렸으며 그 영향이 수많은 방식으로 계속되고 있음을 떠올리게 되었다. 타락의 영향은 인종 문제에서부터 사회경제적 요소들, 더 나아가 우리와 경험 및 인생의 시기가 다른 사람들을 섬기는 일에까지 계속되고 있다. 자신이 아닌 다른 사람에게 초점을 맞추기 위해서는 누구든 힘써 노력을 기울여야 한다.

사실, 나는 이 일에 노력 이상의 것이 필요함을 깨달았다. 우리가 화해자가 되려면 먼저 예수님이 필요하다는 인식이 있어야 한다. 그래서 나는 선택을 내려야 했다. 예수님의 사절이 될 것인가, 그냥 이대로 살 것인가. 나는 이것이 첫 번째 단계라고 생각한다. 당신과 나는 우리가 사절이라는 것, 사절로서 말과 행동으로 우리보다 크신 분을 대표한다는 것을 알아야 한다.

나는 사절이라는 직함을 받아본 적이 없다. 여러 집단에 속해 본 경험의 의거해 내가 구성원이라는 사실만으로 어떤 조직이나 교회나 가족을 비공식적으로 대표하게 된다는 것을 알 뿐이다.

그러나 그리스도인으로서 나는 사절이라는 직함을 분명히 갖고 있다. 하나님의 말씀은 우리가 하나님과 화해했고 그러므로 이제 그리스도를 위한 사절이라고 가르친다. "하나님이 우리를 통하여 … 권면하[신다]"(고후 5:20). 우리는 보물을 받았고, 그것을 나누고 보여 주고 보존하고 그 안에서 행하도록 부름을 받았다. 사절이라는 신분은 우리가 화해자가 되도록 돕는다. 이 새로운 현실을 인식하는 순간, 우리는 주님의 일을 하기를 간절히 바라게 될 것이다. 그러나 사절의 일을 진정으로 감당할 수 있으려면 우리가 왜 이 일에 부름을 받았는지 먼저 이해해야 한다.

나는 스물두 살에야 그리스도인이 되었고, 그 이전까지는 통탄할 죄에 빠져서 살았다. 그래서 마침내 복음을 이해했을 때, 내가 새로운 피조물이라는 성경 말씀이 세상에서 가장 달콤하게 느껴졌다. 주님을 믿고 신뢰하는 사람은 누구나 새로운 피조물이다(17절). 이전 것은 지나갔다. 이것은 나 같은 죄인에게 정말 대단한 소식이고, 당신 같은 죄인에게도 놀라운 소식이다. 그리고 이 모든 것이 하나님으로부터 나왔다는 사실, 하나님이 예수님의 희생의 피를 통해 그 피에 의해 우리를 새롭게 하셨다는 사실을 아는 것은 참으로 놀라운 은혜이다(19절).

오, 이것이 얼마나 큰 사랑인지 모른다. "하나님이 죄를 알지도 못하신 이를 우리를 대신하여 죄로 삼으신 것은 우리로 하여금 그 안에서 하나님의 의가 되게 하려 하심이라"(21절). 이 교환 때문에 우리는 "주 은혜 놀라워!"라고 찬양한다. 은혜는 참으로 놀랍다!

이처럼 복음을 제대로 이해하면 그리스도의 사랑이 우리를 강권하게 된다(14절). 그리스도의 사랑이 우리 마음을 움직여 사절이 되게 하고, 화해의 직분으로 이끈다(18절). 또 그리스도의 사랑은 우리가 육신이 아니라 성령을 따라서 다른 사람들을 보도록 이끈다(16절).

우리의 믿음과 그리스도의 사절로서 맡은 역할이 함축하는 바를 생각하면 삶의 방식이 전부 달라진다. 그래야 마땅하다. 타락한 세상에서 산다는 것은 육신과 계속 싸운다는 의미다. 복음을 나누기보다는 무서워서 뒤로 물러나고 싶은 유혹을 받는다. 다른 그리스도인들을 예수님의 눈으로 바라보지 않고 그들을 원망하고 싶은 유혹을 받는다. 때때로 우리는 터무니없는 사절이 된다.

그러나 감사하게도, 하나님의 화해 사역은 우리의 첫 회심 훨씬 이후까지 적용된다. 우리는 하나님과 화해한 자가 되었고 그리스도와 공동 상속자가 되었다. 그래서 우리는 세상에서 다른 이들과의 화해를 위해 일할 때 하나님의 자비와 도움을 구할 수 있다. 우리는 이 걸음과 소명을 우리 힘으로 감당할 수 없고 감당하려고 해서도 안 된다. 우리의 자랑거리는 오직 그리스도뿐이다. 그리스도께서는 우리에게 그분이 명하시는 일을 해낼 믿음과 은혜와 힘을 주신다. 우리는 사절이고, 주님을 향한 사랑과 두려움에 힘입어 화해자가 되어간다(11절).

현대 문화에 확신 있게
참여함

그리스도인들이 화해의 사역에 확신 있게 참여할 수 있는 것은 우리가 육신을 신뢰하지 않기 때문이다. 우리는 예수님을 떠나서는 아무것도 할 수 없음을 안다. 1장에서 말한 대로, 우리는 세상의 구조와 체계에 충성하지 않고 주님께 충성한다. 그 덕분에 우리는 이웃을 위해 힘쓰고 사회의 유익을 위해 문화에 참여하고 사랑으로 진리를 말할 자유를 얻는다.

내가 자주 들었던 말이 있다. 사람들이 민족적 자부심, 인종적 편견, 인종 프로파일링, 차별의 죄 같은 주제를 다루기를 겁내는 것은 남에게 불쾌감을 주고 싶지 않기 때문이라는 것이다. 어쩌면 그들은 말로 남에게 불쾌감을 주는 실수를 저지른 적이 있을지도 모른다. 나도 그런 말을 듣는다. 우리 모두가 좀 더 말을 조심하면 좋겠다. 그러나 사랑으로 진리를 말한다는 것은 진실하게 말하고 사랑으로 경청하는 것을 의미한다. 그렇게 할 때 비로소 제도와 사람들과 우리 마음 안에 있는 인종차별의 함정을 포착하고 대응하는 일이 시작될 수 있다.

나는 감정이 격해지고 분노에 사로잡힌 나머지 품위 있게 대처하지 못한 경우가 여러 번 있고, 그때 일을 후회한다. 어떤 남자가 내 소셜미디어 포스트에 경멸조의 댓글을 단 적이 있었다. 보통은 냉정을 잃지 않고 조심하는데, 그날은 지친 탓에 감정을 주체하지 못하고 쏘아붙였다. 정확히 무슨 말을 했는지는 기억나지 않지만, 그에게 스스로 초라하고 바보 같다는 느낌을 주려고 했던 것은 안다. 나의 반박은 효과가 있었지만 생각했던 것처럼 기분이 좋지는 않았다. 나는 그가 틀렸음을 알았고 그도 결국 그 사실을 깨달았으나 그가 받은 상처는 지워지지 않았다. 그는 그 주제로 다시는 내 글에 댓글을 달지 않았고, 앞으로도 그러지 않을 것 같다.

문화에 참여하려면 용기가 필요하고 위험을 감수해야 하지만 품위와 관대함도 갖추어야 한다. 우리는 진실을 말하고자 하지만, 상대방이 어떤 일을 겪었거나 경험했는지 모른다는 사실을 잊어서는 안 된다. 이것은 다른 사람들이 우리를 대할 때 갖추기를 바라는 자세이기도 하다.

인종 문제로 말하자면, 나는 대부분의 사람들이 이 주제에 대한 성경적 가르침을 접하지 못했거나 이와 관련된 사회적 측면과 성경적 원리를 다 모를 수 있음을 전제하려고 노력해왔다. 내가 상대하는 모든 사람이 이 문제를 실제보다 더 많이 안다고 가정하고 대화를 진행하고 싶지 않다. 상대방이 아무것도 모를 수 있다고 전제하면, 대화를 진행할 때 이해심과 참을성을 좀 더 발휘하게 된다.

문화에 참여할 때 기억해야 할 또 다른 사실은 우리가 결말을 안다는 것이다. 궁극적 화해자이신 하나님께서 돌아오셔서 만물을 새롭게 하실 것이다. 이 진리를 기억하면 언젠가 모든 혼란이 끝날 것임을 확신하고 안심할 수 있다. 하나님은 고통, 슬픔, 혼란, 낙심을 비롯해 인종차별의 죄까지 다 없애버리실 것이다. 나는 죄에 만기일이 있음을 알고 기뻐할 수 있다. 이야기의 끝을 알기 때문에 어려운 상황과 대화에도 품위 있게 임할 수 있다.

최종 목표가 사랑으로 진리를 말하는 것이라면, 먼저 내 마음을 살펴야 한다. 나는 내 앞에 있는 저들을 사랑하는가? 저들이 주님 안에서 번영하는 모습을 보고 싶은가, 아니면 그저 옳은 자리에 서고 싶을 뿐인가? 저들이 상처가 되는 말을 할 때, 나는 용서하기 위해 노력하는가?

또 우리는 교회 안에서 화해를 이루려는 노력이 중요하다는 사실을 기억해야 한다. 그리스도인들이 서로를 사랑하는 것은 세상에 예수님을 증언하는 일이기 때문이다(요 13:35). 그래서 세상과 문화 참여에 대해 생각할 때 '바깥'만 염두에 두어서는 안 된다. 그리스도인들이 이 주제들을 놓고 서로를 대하는 방식이 중요하다. 지금처럼 교회가 인종 문제로 나뉘어 있는 모습은 세상을 향해 어떤 메시지를 줄까? 우리가 서로 화해하려는 노력은 바깥에서 지켜보는 이들에게 영혼의 생사를 가르는 일이 될 수도 있다. 이것은 중요하고,

결코 가볍게 여겨서는 안 된다.

두려움이 우리의 참여를
마비시킨다

우리가 문화 안에서 확신 있게 말하지 못하게 막는 가장 큰 장애물 중 하나가 두려움이다. 우리는 오해받을지 모른다는 두려움, 불쾌감을 주게 될 거라는 두려움, 특정한 방식으로 보이는 것에 대한 두려움으로 마비될 수 있다. 불행히도, 예수님과 엮이면 해를 입을까봐 두려워하기도 한다.

사도 베드로가 이런 두려움에 사로잡혀 꼼짝 못한 적이 있다. 이 이야기는 누가복음 22장 31-34절에서 볼 수 있다. 예수님은 베드로가 세 번 그분을 부인할 거라고 예언하셨다. 몇 절 아래로 내려가 보면 베드로는 정말 그렇게 한다. 그는 자신의 친구이자 곧 십자가에 못 박히실 주님과 거리를 둔다. 베드로에게는 잘못을 만회할 세 번의 기회가 있었다. 그러나 세 번 다 거짓말을 했다. 그는 예수님과 함께 감옥에 갈 생각이 없었다. 길이신 분을 따라갈 마음이 없었다.

우리도 예수님이 믿으시고 우리에게 가르치신 바를 지지하거나 그분을 부인할 선택의 기로에 설 수 있다. 우리에게도 나름의 몇 차례 기회가 주어질 수 있다. 두려움에 굴복할 것인지, 살아계신 하나님을 신뢰할 것인지 자문해볼 필요가 있을 것이다.

인종 화해와 조화의 영역에서 섬기고 일하면서 나는 엄청난 양의 독설과 노골적 인종차별에 노출되었다. 소셜 플랫폼에서 소통을 하고 강연을 다니지 않았다면 그 정도로 많은 독설과 인종차별은 경험하지 않았을 것 같다. 대안우파(alt-right, 미국 주류 보수주의의 대안을 자처하는 극우세력의 한 부류. 주류 보수주의는 자유방임주의에 기반해 작은 정부와 낮은 세율 등을 강조하지만, 대안우파는 백인 남성 중심의 정체성을 중시하며 반反 다문화주의 등을 내세운다. 한 가지 이데올로기라기보다는 백인우월주의, 국수주의, 우익 포퓰리즘, 반유대주의 등이 섞여 있다. 인터넷 커뮤니티를 중심으로 세력이 확산됐다-역주) 백인우월주의자가 온라인에서 나를 처음으로 괴롭히던 때가 기억난다. 나는 크게 놀라지 않았다. 나라의 전반적 분위기와 소셜미디어의 본질을 알고 있었기 때문이다. 하지만 나의 또 다른 부분은 절망과 두려움에 사로잡혔다. 저 익명의 공격자가 교회 교인이거나 우리 아이들이 다니는 학교의 학부모라면 어떻게 하지? 그때 나는 하나님에 대해 내가 믿는 바, 사람들에 대해 아는 내용, 하나님이 나를 부르신 소명을 놓고 씨름해야 했다.

그 이후에도 나는 여러 번 두려움과 싸우고 하나님이 내 안에서 나를 통해 일하심을 신뢰해야 했다. 이런 참여의 본을 만들기 위해 나는 성령의 능력에 의지하고, 기도로 부르짖고, 말해야 할 때와 침묵해야 할 때를 분별하는 법을 배워야 했다. 여러 면에서 내게 그것은 하나님께 가까이 머무르는 것을 의미했고 다른 이들의 의견을 구해야 한다는 뜻이기도 했다.

주님께서 나를 실천적 참여로 이끄신 여러 방식을 여기에 간단한 목록으로 제시한다.

기도하라

나는 말을 하고 글을 쓰기 전에 항상 기도한다. 내가 늘 제대로 말하고 쓴다는 뜻은 아니다! 그러나 기도는 내가 참여하기로 결정한 것에 대해, 특히 인종 문제에 대해 평안을 유지하도록 도와주었다. 기도는 이웃을 사랑하는 데도 도움이 되었다. 누군가를 위해서 기도하면서 그를 미워하기는 어려워진다. 가끔은 기도만이 내가 절망하지 않게 막아 준다.

우리가 고통과 슬픔을 하나님께 맡길 때 그분은 우리 마음에 기적적인 일을 행하신다. 예수님이 우리가 그분을 떠나서 아무것도 할 수 없다고 말씀하신 것은 진실이었다. 기도는 우리의 약함과 주님에 대한 철저한 의존성을 인정하는 일이다. 우리의 사역에서 자족성은 곧 유혹이다. 솔직히 말하면, 주님 없이 화해의 사역을 시도하려 해서는 안 된다.

말하기를 더디 하라

말하기는 빨리 하고 듣기는 더디 하는 것은 어떤 상황에서든 유익보다 해를 끼친다. 최근의 '뉴스 속보'가 나간 후, 이 사실을 특별히 인식하게 되었다. 또 다른 비극이 발생하면, 다들 달려들어 한 마디씩 한다.

기자들은 사건의 정보를 빨리 내보내려 하는데, 이것은 제대로 정보를 갖추기 전에 보도할 때가 많다는 뜻이다. 우리는 그런 사건들에 대해 말할 때 이 사실을 염두에 두어야 한다. 우리가 모든 사실을 안다고 생각하기를 더욱 더디 하고 우리의 제한된 지식, 더 나쁘게는 추정에 근거하여 말하기를 더욱 더디 해야 한다.

경찰이 비무장 흑인에게 총을 쏘았다는 소식을 들으면, 인명 손실을 슬퍼하는 것이 옳고 합당하다. 하지만 "경찰의 명령에 따랐어야지!" 또는 "경찰관이 인종차별주의자야"라는 식으로 대뜸 가정하지 않도록 주의해야 한다. 온전한 사실이 드러나면서 목소리를 내야 할 경우가 생길 수도 있지만, 성급하게 달려들어 한마디 하는 것이 화해의 대의에 보탬이 되는 경우는 드물다. 우리가 슬퍼하는 자들과 함께 먼저 슬퍼한다면 우리 문화에 어떤 영향이 있겠는지 생각해 보라.

사람들을 직접 상대할 때도 말하기를 더디 하는 것이 좋다. 배우고 경청하겠다는 자세를 갖추면 이야기하는 사람을 배려하게 되고, 우리가 보다 명료하고 효과적으로 대응할 기회가 더 많아질 것이다. 내가 상대방이 무슨 말을 할지, 무슨 생각을 하는지 안다고 생각했을 때, 대화가 좋게 끝난 경우는 없었다. 나는 결국 사과해야 했다. 야고보 사도가 말하기는 더디 하라(약 1:19)고 가르친 데는 합당한 이유가 있다. 말을 더디 하는 것은 우리 이웃을 우리 자신처럼 사랑하는 행위다.

말하기를 더디 하는 것의 또 다른 측면은 말이 필요한지 여부
를 분별하는 것이다. 모든 진술이나 사건에 대해 우리가 직접적으
로 반응해야 하는 것은 아니다. 우리가 참여해야 하는지, 더 생각하
고 기도해야 하는 상황인지 분별력을 달라고 주님께 구해야 한다.
맡은 역할과 소명에 따라서는 목소리를 내지 않는 것이 무책임한 일
일 때도 분명히 있다. 그러나 대부분의 사람들에게는 기다리고 기
도하는 것이 최선의 선택지일 수 있다.

나를 점검하고 지원해 줄 실질적 관계를 찾아라

나는 섬에 혼자 살지 않는다. 내 신앙과 사역을 혼자서 감당하
려 하지 않는다. 나는 사람들과 정기적으로 만나는 지역 교회에 속
해 있다. 동료들이 나를 점검해 주고 지지해 주는 단체에 속해 있다.
남편은 친구이자 사역을 상호점검하는 파트너이다. 나는 주위 문화
에 참여하면서 나를 도울 수 있고 실제로 돕는 이들과 삶을 나눈다.

우리 문화에서는 많은 사람들이 개인주의와 고립의 방식을 택
하여 살아간다. 그러나 나는 나를 점검해 주고 지지해 주는 공동체
의 일원이 되지 않고서는 제대로 기능할 수 없음을 알게 되었다. 다
른 이들의 점검이 없다면, 나는 하나님이 내게 주신 사명을 쉽사리
잊거나 도움이 안 되는 불경건한 상호작용의 덫에 빠질 수 있다. 동
료의 지원이 없으면 냉소적이고 절망하는 사람이 되어버리기 십상

이다. 다른 사람들과 연결되어 있는 상황이 나의 소명감을 강화시키고 내가 결국 하나님 앞에서 책임을 져야 한다는 사실과 하나님의 깊은 사랑을 받고 있다는 사실을 기억하도록 돕는다.

지역 교회에 속하는 것은 이웃 사랑과 문화 참여가 집에서 시작된다는 사실을 기억하는 데 특히 도움이 된다. 어려운 주제들을 자주 다루는 사람에게는 문화 전쟁 너머의 삶이 존재한다는 사실은 활력소가 된다.

화해, 진정한 화해를 위해서는 미안하다는 말이나 심지어 "우리 모두 그냥 잘 지낼 수 없나요?"라는 말까지 넘어서는 노력이 필요하다. 화해를 이루려면 자아에 죽고, 무관심에 저항하고, 어디서 배상이 이루어질 수 있는지 살피고, 약함을 드러내는 관계를 추구해야 한다. 화해자가 된다는 것은 종종 고통스럽고 값비싼 방식으로 은혜를 베풀고 다른 사람들에게 자신을 개방하는 것을 뜻한다.

화해는 쉽지 않다. 금세 이루어지지도 않는다. 사람들 사이에서 화해를 이루시려는 하나님의 사역은 우리의 참여뿐 아니라 인내도 요구할 것이다. 완전한 화해는 예수님이 다시 오셔야만 하겠지만, 화해의 노력은 결국 그만한 가치가 있을 것이다. 예수님이 가져오시는 최종적 화해는 너무나 놀랍고 영광스러워서 그 앞에서는 우리의 노고와 갈망에 따르는 고통과 고생이 지나가는 그림자처럼 사소하게 보일 것이다. 우리는 이 소망을 품고 부름 받은 대로 화해자로서 세상의 균열을 마주할 수 있다.

12

평화를 이루는 자

클로드 리처드 알렉산더 2세(Claude Richard Alexander Jr.)

우리 안의 평안을
어지러운 세상에
더 많이 나누며

"평화를 이루는 사람은 복이 있다. 하나님이 그들을 자기의 자녀라고 부르실 것이다"(마 5:9, 새번역).

어린 시절 주일학교를 다닐 때, 선생님은 반 친구들과 내게 성경구절을 암송하라고 하셨다. 처음에는 한 절을 외웠는데, 시간이 가면서 몇 절을 넘어 한 문단 전체를 암송하기에 이르렀다. 그렇게 외운 구절 중에 시편 23편, 시편 100편, 주기도문, 팔복이 있었다. 이후 인생을 살아오면서 나는 이 성경 말씀 하나하나로 격려를 받고 영감을 얻고 죄를 깨닫고 도전을 받았다. 이 중에서도 지난 10년 간 내게 가장 큰 도전을 준 말씀은 팔복이었다.

팔복이
도전이 되다

마태복음 5장에서 예수님은 그분을 따르는 모든 사람에게 기대하시는 인격적 특성들을 제시하신다. 그분을 따르는 자들은 일정한 특성을 드러낼 때 복을 받게 될 것이다. 첫 네 가지 특성 -심령이 가난함, 애통함, 온유함, 의에 주리고 목마름- 에는 필요에 대한 인식이 들어있다. 이 특성들에 하나님 나라의 약속된 복들이 주어진다. 당면 문제를 감당하게 하는 하나님의 위로, 땅을 상속함, 그리고 하나님이 하나님으로 채우심이다. 이어서 예수님은 하나님이 하나님으로 채워 주신 상태에서 흘러나오는 특성들을 설명하신다. 긍휼히 여기는 것과 마음이 깨끗한 상태이다. 이 특성들에는 긍휼히 여김을 받고 하나님을 보는 복이 약속되었다. 그 다음에 마지막 한 가지 축복이 있다. 하나님의 자녀로 불리게 되는 이 복은 평화를 이루는 사람들에게 주어진다.

마지막 축복에 관한 예수님의 말씀은 평화에 대한 두 가지 강력한 전통에 근거한다. 평화에 해당하는 구약성경의 히브리어 단어는 '샬롬'이다.[1] 샬롬은 온전함, 행복, 선하고 긍정적인 것의 존재를 의미하고, 만족을 가져다 주는 충만한 삶을 암시한다. 평화에 해당하는 신약성경의 그리스어 단어는 '에이레네'이다.[2] 이 단어 역시 모든 종류의 악과 반대되는 행복 개념을 가리키고, 동요 없는 안식의 상태를 뜻한다.

이 행복, 이 안식과 온전함의 상태는 평화의 거처이신 하나님으로부터 나온다. 절대적이고 영원하신 하나님은 스스로 온전하시고 평온하시다. 처음에 창조 세계는 하나님의 온전함과 행복을 반영했다. 모든 것이 그 자체로 선했다. 자연계가 평온했고 인류도 평온했다. 아담과 하와는 자신과도, 서로와도, 하나님과도 평온했다.

온전함과 행복을 누리던 이 본질적 상태는 타락으로 깨어졌다. 타락과 더불어 불안이 창조 세계의 모든 차원에 들어왔다. 하지만 하나님은 친히 평화를 유지하셨고, 피조 세계 안에서 평화가 이루어질 수단을 가동하셨다. 사사기 6장 23-24절에서 하나님은 기드온에게 평화를 말씀하셨는데, 기드온은 그 말씀에 따라 제단을 쌓고 거기에 여호와 샬롬("주님은 평화이시다")이라는 이름을 붙였다. 고라의 자손들은 시편 85편 8절에서 하나님의 평화를 증언하며 이렇게 말했다. "내가 하나님 여호와께서 하실 말씀을 들으리니 무릇 그의 백성, 그의 성도들에게 화평을 말씀하실 것이라."

이 하나님의 평화는 그 무엇도 꺾을 수 없고 모든 것을 압도한다. 바울은 하나님의 평화가 모든 헤아림을 뛰어넘는다고 말한다(빌 4:7, 새번역). 이것은 생각도 못할 일, 상상도 할 수 없는 일, 설명할 수 없는 상황 한복판에서 누리는 행복이다. H. G. 스패포드(H. G. Spafford)는 선박 사고로 목숨을 잃은 네 딸의 시신을 거두러 대서양을 건너가는 도중에 다음과 같이 썼다. "내 평생에 가는 길 순탄하여 늘 잔잔한 강 같든지 큰 풍파로 무섭고 어렵든지 나의 영혼은 늘 편하다. 내 영혼 평안해 내 영혼 내 영혼 평안해."[3] 그는 하나님의 평화 안에 있었다.

하지만 예수님은 "평화를 받는 자들이 복이 있다"라고 말씀하시지 않았다. "평화를 사랑하는 자들이 복이 있다"라고 말씀하시지도 않았다. 하나님이 인간과 평화를 이루시고 인간 안에 평화를 주시는 것을 경험하신 예수님은 우리를 평화를 이루는 자로 부르셨다.

예수님이 팔복을 말씀하신 순서에서도 평화를 이루는 일의 중요성을 볼 수 있다. 우리가 온유하지 않으면 평화를 이루는 일을 책임질 수 없을 것이다. 자신을 평화를 이루는 주체가 아닌, 평화가 이루어져야 할 대상으로 여기게 될 것이다. 스스로 평화를 이룰 생각을 하지 않고 누군가가 우리를 위해 평화를 이루어주기를 기대하게 될 것이다. 그러나 하나님 앞에서 겸손히 행하고, 우리가 하나님과 화해하게 하는 그분의 자비로운 행위를 인식하게 되면, 평화를 가져오고 다른 이들과 평화를 이루기로 결단하고 책임지는 자세가 생기게 된다.

평화를 이루는 자들을 위한 복은 팔복 중 일곱 번째이다. 일곱은 성경의 완전수이다. 예수님은 팔복의 순서를 통해 그리스도인이 평화를 이루는 일에 적극 참여하기 전에는 완전해지지 않는다고 말씀하신 것은 아닐까? 신자의 완전한 삶은 그가 만들어 내고 이루어 내는 일에서 드러난다. 그리스도를 따르는 이들은 소비하는 자가 아니라 기여하는 자로 부름을 받았다. 그들이 누구인지는 그들을 위해 이루어진 일이 아니라 그들이 이루어낸 일로 알 수 있다. 이것은 특히 평화에 해당하는 말이다. 하나님은 그분의 백성에게 평화를 이루는 자들이 되라고 끊임없이 촉구하신다. 시편 34편 14절에는 이런 권고가 등장한다. "악을 버리고 선을 행하며 화평을 찾아 따를지어다." 예레미야 29장 7절에서 주님은 바벨론의 유배자들에게 이렇게 말씀하셨다. "너희는 내가 사로잡혀 가게 한 그 성읍의 평안을 구하[라].”

평화를 이루라는 개별적 부름은 평화를 이룰 책임을 받아들이라는 의미다. 평화가 나타나고 느껴지게 할 책임이 있는 존재로 자신을 인식하라는 뜻이다. 온전함과 행복을 낳는 방식으로 살고 사람들과 어울리라는 명령을 받아들이라는 것이다.

그러므로 평화를 이루라는 부름은 주도권을 행사하라는 부름이기도 하다. 그리스도를 따르는 자들은 평화가 이루어지기를 기다리지 않는다. 우리는 평화를 이루기 위해 일해야 한다. 평화를 이루는 사람에 해당하는 단어는 문자적으로 '평화를 가져오는 사람들'을 의미한다. 평화를 이루는 일에는 평화를 확립하는 첫걸음을 내디딜 의향이 있어야 한다는 뜻이다.

**평화를 위한
부르심을 확인하다**

소음, 다툼, 혼란, 불안, 폭력, 걱정을 특징으로 하는 사회에서 평화를 이루라는 부름은 문화적 평화를 이루라는 부름이기도 하다. 그리스도를 따르는 자들은 내면의 평화가 외부 환경에 영향을 미치게 하고, 하나님의 평화를 다른 사람들에게 의도적으로 드러내고 전달해야 한다. 에티 힐레숨(Etty Hillesum, 1914-1943, 네덜란드의 작가. 종교적 각성과 독일 점령 하의 암스테르담의 유대인 박해를 기록한 편지와 일기를 남겼다. 아우슈비츠 강제수용소에서 사망했다-역주)이 쓴 대로, "결국, 우리의 도덕적 의무는 하나이다. 우리 안의 넓은 영역이 점점 더 많은 평화를 되찾게 하고 그것을 다른 사람들에게 드러내는 것이다. 우리 안에 평화가 많을수록, 우리의 어지러운 세상에도 더 많은 평화가 있을 것이다."[4]

히브리서 12장 14절은 "모든 사람과 더불어 화평함과 거룩함을 따르라"고 권하면서 "이것이 없이는 아무도 주를 보지 못하리라"고 말한다. 우리는 사냥감을 좇듯이 평화를 좇아야 한다. 이 일에는 수고와 노력이 든다. 이것은 사람들을 상대로, 사람들 사이에서 올바른 관계를 세우는 일이고, 다른 사람들이 우리가 없을 때보다 있을 때 더 편안해하고 안심할 수 있도록 생활하는 일이다.

평화를 이루라는 부름은 문제를 회피하거나 피하라는 뜻이 아니라, 직시하고 다루고 극복하라는 의미다. 이 부름은 행복의 결여, 불안과 불편함 배후에 있는 세력과 요소를 다루라고 요구한다. 평화를 이루는 일과 정의 추구는 긴밀하게 이어져 있다. 불평등과 불공평은 공동체는 물론이고 나라들마저 갈등과 적의, 폭력에 휩싸이게 만든다. 그러므로 평화를 불러오는 이들은 불평등, 불공평, 불의의 문제들을 회피할 수 없다. 교육, 주거, 취업에서 평등을 보장하게 하는 싸움을 시작하게 된다. 법집행기관의 불공평한 대우와 과도한 무력에 맞서 연대한다. 모든 사람 안에 있는 하나님의 형상의 존엄을 내세우고, 모든 사람이 법 앞에서 평등한 대우를 받아야 한다고 주장하고, 누구에게 자행된 잘못이든 바로잡고자 애쓴다.

평화를 이루는 일은 반문화적이기도 하다. 경쟁이 지배하는 세상에서 예수님은 그분을 따르는 자들에게 협력하며 살라고 말씀하신다. 유진 피터슨은 마태복음 5장 9절을 이렇게 번역한다. "경쟁하거나 다투는 대신에 협력하는 모습을 보여 주는 너희는 복이 있다"(《메시지성경》). 예수님은 로마의 점령 하에서 소외와 예속을 경험하고 있던 이들에게 이 말씀을 하셨다. 그런 상황에서 예수님의 이 말씀은 놀라운 것이었고, 지금도 놀랍다.

하지만 평화를 이루는 일이 개인들 사이, 문화들 사이에서만 나타나는 것은 아니다. 평화를 이루는 것은 내적인 일이기도 하다. 우리가 스스로를 받아들이는 법을 배우지 못하면 다른 사람들을 받아들일 수가 없다. 그러므로 평화를 이루려면 해결되지 않은 채로 우리 안에 남아있는 문제들을 예리하게 파악해야 한다. 그래야 상처를 극복하고 다른 이들에게 온전함을 제시할 수 있고 그들과 함께 온전함을 확립할 수 있다. 우리가 평화를 이루어야 할 첫 번째 상대는 우리 자신이다. 그리고 나서야 다른 사람들과 평화를 이룰 수 있다.

평화를 위한
개인적인 경험들

이것은 나에게 줄곧 어려운 일이었다. 1970년에 나는 미시시피 주 잭슨의 초등학교 2학년 학생이었는데, 당시 그곳에서는 인종차별이 여전히 아주 큰 이슈였다. 엄마와 나는 1969년에 워싱턴 DC에서 잭슨으로 이사를 했다. 엄마는 거기서 한 남자를 만나 결혼하고 그와 함께 나를 길렀다. 부모님은 인종차별 철폐의 일부 난점들을 피하고 가톨릭 학교의 탁월한 프로그램을 활용하기 위해 나를 가톨릭학교에 보냈다. 나는 학급에서 유일한 유색인이었다. 거기서 처음으로 검둥이(N-word, 흑인을 '검둥이'라고 지칭하는 '니그로'(negro), '니거'(nigger) 등의 단어를 통칭하는 표현-역주)라는 말을 들었다. 나는 그 단어를 알지 못했고 무슨 뜻인지도 몰랐다. 그 단어를 내뱉은 급우의 말투가 모욕적이었다는 것과 다른 백인 아이들이 웃었다는 것만 알 수 있었다. 상처를 입었다는 말로는 그때의 심경을 표현하기에 턱없이 부족하다. 극심한 고립감, 상처, 창피함과 배신감이 밀려들었다. 그날 그 일을 겪기 전 까지 나는 그 단어를 쓴 급우를 친구라고 생각하던 터였다. 집에 가서 그날 일을 엄마에게 말했을 때 엄마의 얼굴에 어리던 분노와 슬픔, 당혹감이 뒤섞인 표정을 잊을 수가 없다.

엄마가 그때까지 막아 주려 했던 인종차별은 내가 언젠가는 직면해야 할 일이었다. 엄마는 문제의 그 용어와 그 배후에 놓인 현실을 어떻게 설명해야 아이의 고통을 덜어주고 자긍심을 키워주고 포기하지 않을 용기를 주며 분노를 진정시킬 수 있을지 고민했다. 그리고 내 급우가 그렇게 못돼먹은 아이는 아닐 거라고, 다른 사람이 그 단어를 쓰는 것을 듣고 따라했을 뿐 그 의미는 아마 몰랐을 거라고 말했다. 엄마는 인종차별에 대해 설명했고, 내가 아니라 그런 견해를 가진 사람들이 문제가 있는 거라고 말했다. 엄마는 마틴 루터 킹 2세에 대한 글을 읽어 주었다. 엄마의 답변은 참으로 지혜로웠지만, 그 말을 듣고 내 고통과 분노가 다 사라졌다고 말할 수는 없다. 나는 나 자신의 본질적 가치를 인식하는 한편, 그 급우와 같이 웃었던 아이들도 긍정적으로 바라보기 위해 내면에서 싸워야 했다.

나는 인종차별 및 적대적 환경에서 유일한 유색인으로 지내는 일의 파괴적 영향에 눈을 떴다. 일곱 살의 나이에 학업문제를 고민하고 정서적, 심리적으로 살아남을 전략을 찾아야 했다. 그 전략 중 하나는 적극적 상상이었다. 나는 급우들이 TV 만화영화 〈조니 퀘스트〉(Johnny Quest)를 좋아한다는 것에 주목했다. 조니의 절친은 '하지'였는데, 만화에서는 보기 드문 유색인 캐릭터였다. 일곱 살의 내 눈에 하지는 인디언이 아니라 나와 같은 유색인이었다. 그래서 급우들에게 하지가 내 사촌이라고 말했다. 그러자 급우들이 나를 즉시 받아들였다. 하지와 가까우면 받아들여진다는 것은 작지만 강력한 메시지였다. 하지는 평범한 유색인이 아니라 특별 유색인이라고 할 수 있었다. 그리고 내가 받아들여진 것은 특별한 유색인과 가깝기 때문이었다. 오늘날에도 많은 유색인, 특히 아프리카계 미국인들이 이와 비슷한 압력을 받고 있다. 그저 동등한 존재로 인정받는 일에도 예외적인 능력을 입증해 보여야 한다는 부담이다.

나는 그해에 살아남았고 흑인이 많은 가톨릭 초등학교로 전학했다. 그 다음에는 여러 인종이 뒤섞인 가톨릭 중학교와 고등학교에 들어갔다. 고등학교에서 초등학교 2학년 때의 그 급우를 다시 만났다. 우리 둘 다 그 사건을 언급하지 않았지만, 나는 그 일을 기억하고 있었다. 그러나 당시 그가 자기 행동의 의미를 몰랐을 거라고 생각하고 나의 본질적 존엄과 가치를 이미 인정한 터였기에, 나는 그와 잘 지낼 수 있었다. 나중에 나는 그 친구뿐 아니라 초등학교 2학년 때 그의 말에 웃었던 많은 아이들의 지지를 받아 유색인 최초로 학생회 부회장으로 선출되었다.

상처를 극복한 나의 두 번째 경험은 친아버지와의 관계에서 있었다. 친아버지와 엄마는 내가 두 살 때 이혼했다. 내 유년 시절의 아버지는 먼 곳에 있는 사람이었다. 십대가 되자 아버지의 지원이 없는 것에 의문이 들기 시작했다. 할머니와 고모는 소식을 전하거나 생일카드 또는 성탄카드를 보내곤 했는데, 아버지는 아무 연락이 없었다. 당시에 아버지는 DC 지역에서 방산업체의 기술전문 저술가로 일하고 있었다. 결국 어머니는 나의 성화에 못 이겨 자녀양육비를 받기 위한 법적 조치를 취하셨다. 내게 그것은 필요의 문제가 아니라 원칙의 문제였다. 나는 그의 하나뿐인 아이였다. 소송을 제기했기 때문에 나는 1979년 여름에 심리를 위해 법정에 서야 했다. 나는 열다섯 살이었고 고등학교 2학년 첫 학기의 시작을 앞두고 있었다. 심리가 있던 날, 법정 바깥 복도에서 아버지와 한 발짝 거리를 두고 서게 되었다. 아버지는 나를 알아보지 못했다.

아버지와 만난 지 2년이 지난 시점이었지만, 나의 외모에는 큰 변화가 없었다. 심리가 진행되는 동안, 나는 초현실적인 느낌이 드는 상황 속에서 멍하게 앉아있었다. 나에게 이름을 물려준 친아버지가 나를 알아보지 못할뿐더러 친아들에게 조금의 양육비도 지불하지 않으려 하고 있었다. 결국, 그 소송으로 실질적인 성과는 없었다. 이어진 고등학교 2학년 내내 나는 극심한 우울증을 겪고 자살까지 생각했다. 아버지에게 편지를 써서 고통을 털어놓았다. 답장은 없었다.

이 시기에 하나님은 내게 목회자의 소명을 보여 주셨다. 다행히, 고등학교 영어 선생님, 담임목사님, 그리고 역시 목사인 두 삼촌의 지원을 받았다. 그들은 내가 하나님의 음성을 분별하도록 도왔다. 그 과정에서 하나님의 사랑, 돌봄, 목적을 생생하게 실감할 수 있었다.

1982년 여름, 워싱턴의회 인턴으로 일할 때 할머니가 점심식사를 같이 하자고 연락하셨다. 만난 자리에서 할머니는 아버지가 재혼을 했고 할머니와 아버지는 내가 새가족을 만났으면 한다고 말했다. 아버지가 재혼하기 전에 나에게 연락도 하지 않았고 이 문제를 내게 직접 말할 용기도 없었다는 사실에 충격과 분노, 슬픔을 동시에 느꼈다. 다음날 저녁에 그들을 만나기로 했지만 그날 밤 내내, 그리고 다음날까지 내면의 싸움은 이어졌다. 만나러 가야 하나 약속을 취소해야 하나, 공격적인 태도를 보여야 하나 부드럽게 나가야 하나. 양극단의 생각들이 열여덟 살의 내 머릿속을 바쁘게 오갔다.

그날 저녁, 할머니의 집으로 차를 몰고 가는데 뭔가 자연적이지 않은, 또는 초자연적인 일이 벌어졌다. 평온이 찾아온 것이다. 할머니 집에 들어가니, 아버지의 아내인 놀랍도록 아름다운 여성이 긴장된 미소를 띠고 나를 맞이했다. 그녀와 나는 즉시 마음이 통했다. 그녀는 장난기가 있고 태평한 사람이었다. 그녀는 세 자녀를 소개했는데, 그들과 나는 이후 서로 유대감을 갖게 되었다. 이 새가족이 통로가 되어 나와 친아버지의 관계는 8년에 걸쳐 천천히 회복되었다. 우리의 화해는 아버지가 결국 새 부인과 헤어지고 건강이 나빠지면서 중요한 역할을 하게 되었다. 아버지는 2008년에 샬롯으로 이사했고, 거기서 살다가 2013년 7월에 세상을 떠났다.

이 외에도 상처를 극복하고 평화를 이루도록 나를 훈련시킨 경험은 많다. 이루 헤아릴 수 없을 만큼 많은 노골적이거나 은근한 인종차별이 나와 내 사랑하는 이들을 괴롭혔다. 지금도 상점에 가면 여전히 가끔 경비원이 따라다니고, 리조트에 머물 때는 백인들이 나를 잡역부로 생각하는 경우가 많다. 이런 경험이 미국에서만 있는 일이면 좋겠지만 안타깝게도 그렇지 않다. 최근에 런던을 경유하면서, 나는 최상위 고객 명단에 내 이름이 있는 항공사 라운지로 갔다. 항공사 회원카드와 여권을 제시하고 전자탑승권을 보여 준 후, 종이 탑승권을 요청했다. 특별한 요구가 아니었다. 내가 여러 번 해본 요구였다. 특별했던 것은 내가 신문을 당하듯 질문공세에 시달렸다는 것이다. 어디서 왔느냐, 교통수단은 무엇이냐, 무슨 일을 하느냐, 어디서 일하느냐, 상급자는 누구냐, 직속 하급자는 누구냐.

그곳에서 체크인을 하며 종이 탑승권을 요구한 사람들 중 나와 같은 질문을 받은 사례는 없었다. 나는 평안을 유지하고 서류들을 챙겨들고 라운지의 빈자리를 찾았다. 자리에 앉으면서 이런 생각을 했다. '아프리카와 카리브제도 외에 내가 검둥이 취급을 받지 않는 곳이 있을까?' 예수 그리스도의 복음이 없었다면, 나는 분노한 나머지 과격해지기 십상일 것이다. 이 모든 것을 생각할 때, 상처를 극복하고 평화를 가져오고 이루는 일은 그리스도와의 초자연적 만남의 결과일 수밖에 없음이 분명해 보인다. 상처를 받을 때의 자연적 반응은 그대로 되갚아 주는 것이다. 공격을 하거나 상처를 준 사람(들)과 거리를 두어 자신을 보호하는 것이다. 우리를 아프게 한 사람(들)의 선과 행복을 적극적으로 바라는 것은 직관에 어긋나는 일이다. 원망의 영향력을 떨치고 비난하고픈 마음을 물리치려면 도덕적 용기와 영적 힘이 필요하다. 나는 그리스도와의 관계에 힘입어 상처, 슬픔, 분노를 극복할 수 있었다. 그리스도를 통해 원한에 사로잡히지 않고 선을 적극적으로 추구하고 평화를 가져올 수 있었다. 그리스도가 "우리의 질고를 지고 우리의 슬픔을 당[한]"(사 53:4) 분이라는 계시는 내 마음과 지성과 영혼을 위로할 연고가 되어주었다. 그분의 사랑이 나를 사로잡아 샬롯 시와 세상에서 평화를 이루는 일에 힘쓰도록 나를 강권한다.

평화를 추구하는 자들에게 준
영광스런 약속

평화를 가져오는 과제에 임하는 이들에게는 "하나님의 자녀라 일컬음"(요일 3:1)을 받을 것이라는 약속이 있다. 일컬음을 받는다는 말은 그렇게 인정받고 인식된다는 뜻이다. 평화를 이루는 자는 하나님의 자녀로 인정받게 될 것이다. 자녀는 물리적 요소와 태도로 부모의 모습을 반영한다. 2017년 11월, 얼굴인증기능(Face ID)을 갖춘 엄마의 아이폰X를 자기 얼굴로 잠금 해제하는 열 살배기의 영상에 전 세계가 매료되었다. 이 소년이 엄마와 너무 닮았기 때문에 아이폰이 엄마로 인식했던 것이다. 하나님은 세상이 우리의 모습에서 하나님을 볼 수 있을 정도로 우리가 그분을 닮기 원하신다.

우리는 교회의 예배를 통해서만 하나님을 비추는 것이 아니다. 예배는 하나님의 피조물이 그분께 반응하는 활동이다. 우리는 하나님이 추구하시는 일들을 추구하고 이 세상에 하나님의 성품을 보여 줌으로써 그분을 비춘다. 평화를 가져오고 이루는 것은 성부 하나님의 본성과 성품을 드러내고 비추는 일이다.

나딘 콜리어(Nadine Collier), 에델 랜스(Ethel Lance)의 딸, 마이러 톰슨(Myra Thompson)의 자매가 딜런 루프(2015년 6월 흑인교회에서 총기를 난사하여 9명을 살해한 백인 청년. 범행 당시 21세였고 사형선고를 받았다―역주)에게 용서를 베풀고 사우스캐롤라이나 찰스턴에 평화를 가져왔을 때 바로 이런 일이 일어났다.[5] 노골적인 인종차별적 동기로 범죄를 저지른 루프 때문에 찰스턴 시뿐 아니라 나라 전체가 위태로운 상황에 처했으나, 루프로 인해 가장 참혹한 상실을 경험한 이들 희생자 가족들과 여러 사람들은 분노로 적대감을 불러일으키는 대신 용서를 통해 평화를 이루는 쪽을 선택했다. 그들의 선택은 하나님의 본성과 성품을 반영한 일이었다. 그래서 그들은 하나님의 자녀들로 인정되었다.

하나님은 평화를 이루신다. 하나님은 평화를 이루는 자 안에 거하시기 때문이다. 하나님은 평화의 하나님이시다. 평화는 하나님에게서 나온다. 그리고 평화를 이루는 자들 안에서 하나님은 그분의 아들, 성부의 독생자의 모습을 보신다. 이사야가 예언했던 분을 보신다. "한 아기가 우리를 위해 태어났다. 우리가 한 아들을 모셨다. 그는 우리의 통치자가 될 것이다. 그의 이름은 '놀라우신 조언자', '전능하신 하나님', '영존하시는 아버지', '평화의 왕'이라고 불릴 것이다. 그의 왕권은 점점 더 커지고 나라의 평화도 끝없이 이어질 것이다. 그가 다윗의 보좌와 왕국 위에 앉아서, 이제부터 영원히, 공평과 정의로 그 나라를 굳게 세울 것이다"(사 9:6-7, 새번역).

예수님이 가져오신 평화는 여러 형태로 나타났다. 예수님은 환경적 평화를 가져오셨다. 마가복음 4장 39절에서 바다에 폭풍이 몰아쳐 제자들의 목숨을 위협하자 예수님은 잠에서 깨어나 바람과 파도를 향해 말씀하셨다. "잠잠하라(Peace)! 고요하라!" 예수님은 실존적 평화도 가져오셨다. 마가복음 5장 1-15절에서 예수님은 다수의 귀신들에게 괴롭힘을 당하고 자신과 불화하고 지역 사회와 마찰을 빚고 자신과 사회를 모두 파괴하는 남자를 만나셨다. 예수님이 남자 안에 있던 귀신들을 쫓아내시자 그는 "옷을 입고 정신이 온전[한]" 상태로 편안하고 안연히 앉아있게 되었다.

예수님은 이 평화를 가리켜 자신의 평화라고 말씀하셨다. 불안해하는 제자들이 모인 방에서 예수님은 말씀하셨다. "나는 평화를 너희에게 남겨 준다. 나는 내 평화를 너희에게 준다. 내가 너희에게 주는 평화는 세상이 주는 것과 같지 않다. 너희는 마음에 근심하지 말고, 두려워하지도 말아라"(요 14:27, 새번역). 나중에 예수님은 이렇게 말씀하셨다. "내가 이것을 너희에게 말한 것은, 너희가 내 안에서 평화를 얻게 하려는 것이다. 너희는 세상에서 환난을 당할 것이다. 그러나 용기를 내어라. 내가 세상을 이겼다"(요 16:33, 새번역).

무엇보다 예수님은 영원한 평화를 가져오셨다. 우리는 그분의 죽음과 부활을 통해 로마서 5장 1-2절의 확신을 갖게 된다. "그러므로 우리는 믿음으로 의롭다 하심을 받았으므로, 우리 주 예수 그리스도로 말미암아 하나님과 더불어 평화를 누리고 있습니다. 우리는 또한, 그리스도로 말미암아 지금 서 있는 이 은혜의 자리에 나아오게 되었[습니다].”

그리스도를 통해 당신과 나는 평화를 이루라는 부름에 귀를 기울일 수 있다. 바울은 에베소서 2장 14-18절(현대인의성경)에서 평화를 이루려는 우리 노력의 근거와 그에 대한 영광스러운 약속을 제시한다.

> 예수님은 우리의 평화가 되십니다. 그분은 유대인과 이방인을 갈라 놓은 담을 헐어서 둘이 하나가 되게 하셨습니다. 그들을 원수로 만들었던 계명의 율법을 예수님이 자신의 육체적인 죽음으로 폐지하신 것은 유대인과 이방인을 자기 안에서 하나의 새로운 백성으로 만들어 화목하게 하고 또 십자가로 그들의 적개심을 죽이고 둘을 한몸으로 만들어 하나님과 화해시키기 위한 것입니다. 그래서 예수님은 오셔서 여러분과 같이 하나님을 멀리 떠나 있던 이방인이나 하나님과 가까이 있던 유대인들에게 평화의 기쁜 소식을 전하셨습니다. 그래서 이방인이나 유대인이 모두 그리스도를 통해 한 성령님 안에서 아버지께로 나아갈 수 있게 된 것입니다.

그러므로 우리는 확신을 가지고 평화를 이루는 일에서 우리 주님을 따를 수 있다.

세상에 온전히 스며든
빛과 소금이 되어

팀 켈러와 존 이나주

프롤로그에서 밝힌 대로, 우리는 공동선에 대한 공통적 이해가 결여된 문화에서 살아간다. 우리의 사회적 종교적 정치적 의견 차이 아래에는 도덕적 권위와 인간 본성에 대한 여러 상이한 이해와 실재인식에 대한 이해 차이까지 놓여 있다. 그리고 지난 몇 세대가 보여 주었듯, 이 차이는 실용주의적 전략으로도 합리주의적 전략으로도 해결되지 않을 것이다. 무엇이 '실용적'인가에 대한 답변은 좋은 삶에 대한 이해에 달려 있고, 무엇이 '합리적'인가에 대한 답변은 진리와 이성의 본질에 대한 답변에 따라 달라진다.[1]

이런 어려움은 늘어날 가능성이 높다. 종교적 다원성의 심화, 불신자들의 증가, 소득불평등의 악화, 도시 및 기타 인구과밀 지역으로의 이주로 인해 많은 이들이 일상생활에서 더 큰 차이들을 접하게 될 것이다. 그리고 어떤 이들은 자기만의 고립된 영역과 메아리방(echo chambers, 비슷한 생각을 가진 사람들이 함께 모여 있는 곳. '메아리방 효과'는 비슷한 생각을 하는 사람들끼리 의견을 나누다 보면 편향된 시각이 강화되는 현상을 가리킨다-역주)으로 더 깊숙이 물러날 것이다. 이런 문제는 온라인에서 특히 더 두드러진다. 의심 없이 받아들인 믿음을 더욱 강화시키는 집단들, 사람들의 원초적 감정을 조종하는 개인맞춤형 피드, 말 그대로 대체현실로 데려가는 이야기와 이미지들은 거기서 벗어나려고 의식적으로 노력하지 않는 한, 우리의 온라인 경험에 점점 더 많은 영향을 끼칠 것이다.[2]

이런 문화적 상황에서 미국의 일부 그리스도인들은 극심한 방향감각 상실을 겪고 있다. 몇 세기 동안 우리가 살아온 사회는 사람들에게 교회에 출석하라는 사회적 압력을 가했고, 대체로 성경에 의해 형성된 도덕적 직관을 공유했다. 이제 그 사회는 빠르게 사라지고 있다. 이 변화의 좋은 점도 있다. 미국의 기독교적 규범을 따르라는 사회적 압력은 보통 미국의 백인 기독교의 규범을 따르라는 의미였고, 인종적 불의 및 기타 불의를 무시하거나 최악의 경우 강화시키는 결과를 만들어 냈다. 그런 합의된 도덕규범에 대한 가정이 사라지면서 미국 교회의 큰 맹점들을 다룰 기회가 생기고 있다. 그러나 도덕과 종교에 대한 공유된 가정들에 힘입은 바 컸던 공통의 언어와 관행들 덕분에 교회가 여러모로 사회의 선에 기여할 수 있었는데, 공통의 규범이 없어지면 교회의 기여도 어려워질 것이다.

이런 당장의 현실과 다가올 현실 앞에서 그리스도인들은 예수 그리스도에 대한 확신과 소망을 가지고 세상에서 살아가고 행하도록 부름 받고 있다. 우리는 '미래와 희망'을 확신하면서 공동의 행복을 위해 이웃을 사랑하기를 추구한다(렘 29:7, 11). 사실인즉, 의미 있게 복음을 증거할 기회는 오히려 늘어날 수 있다. 교회는 사회를 지배하려 했을 때보다 정치권력이 없었을 때 신실한 증인노릇을 더 잘 감당했다.

신실한 현존을 위해서…

10명의 그리스도인들에게 지금의 역사적 순간에 다양한 사회 분야에서 자신들의 신앙을 어떻게 구현하며 살고 있는지 이야기해 달라고 요청했을 때만 해도, 그들이 무슨 말을 할지 전혀 알지 못했다. 이제 그들이 말한 내용을 펼쳐놓으니, 제임스 데이비슨 헌터가 촉구한 "신실한 현존"[3]을 떠올리게 하는 주제들이 보인다.

신실한 현존의 의미를 이해하기 위해, 헌터는 신실한 현존이 아닌 것을 먼저 설명하면서 교회가 문화를 대하는 세 가지 흔한 반응을 비판하는 방식을 택한다. 헌터는 그 세 가지 반응을 '방어적 태도'(기독교가 정치나 기타 수단으로 사회를 지배하려 하는 것), '정결 추구'(방어적 고립지역으로 물러나는 것), '적합성 추구'(환심을 사기 위해 문화의 우선순위와 가치에 적응하는 것)라고 부른다.[4] 방어적 태도는 탈취 전략이다. 이 전략은 문화를 비판할 뿐 문화 안에 있는 선한 것을 겸손하고도 비판적으로 인정할 줄을 모른다. 정결 추구 전략은 더 큰 문화에서 물러나 스스로를 고립시킨다. 둘 다 역사적 믿음과 실천을 일부 간직하고 있지만, 사랑과 섬김의 자세로 세상에 다가가지 못한다. 적합성 추구 전략은 사회적 경향에 과도하게 적응하고, 문화의 본질 및 그것이 복음과 긴장을 이루는 지점을 이해하지 못한다. 헌터는 이런 호전성, 물러남, 타협의 접근법을 채택하는 교회는 그 자체로도 번영하지 못하고 공동의 삶을 섬기지도 못할 것이라고 경고한다.[5]

그렇다면 이에 대응하는 신실한 현존의 적극적 실천들은 무엇일까? 이 책의 지난 장들을 돌이켜 보면, 저자들이 우리 사회에 대한 이런 잘못된 태도들을 피하고 있을 뿐 아니라 대안적 실천방안을 가리키고 있음을 알게 된다. 신실한 현존은 실제로 어떤 모습으로 나타날까? 그것을 보여 주는 대답의 단서를 알려 줄 네 가지 실천 사항이 여기 있다.

첫째, 그리스도인들은 자신을 특정한 정당이나 강령과 지나치게 동일시해서는 안 된다. 민주당원이나 공화당원(또는 무소속, 또는 어디 다른 정당의 당원)이 되는 것이 잘못이라는 의미는 아니다. 세상에서 산다는 것은 인간의 제도 안에서 살아가고 일하며 책임 있는 선택을 내린다는 뜻이다. 그러나 그리스도인들은 그리스도 안에 있는 그들의 정체성보다 우위를 주장하는 모든 정체성을 경계해야 한다. 크리스틴 디디 존슨(Kristen Deede Johnson)은 어거스틴의 《하나님의 도성》(City of God)을 소개하는데, 그 책은 하나님의 나라를 지상의 어떤 폴리스와 동일시하지 말라고 경계한다. 크리스틴은 더 젊은 시절에는 "나의 기독교적 확신과 정치적 확신이 … 통합되지 않았다"고 인정한다. 그 두 확신은 "각기 다른 영향에 의해 형성되었고 서로 분리돼" 있었다.

크리스틴의 설명은 오늘날 많은 그리스도인들에게도 똑같이 해당된다. 우리가 사는 문화는 점점 더 세속화하고 있고, 초월에 대한 우리의 믿음을 아예 고려대상에서 제외하고 모든 행위를 "내재적 틀" 안에서 정당화하려 한다.[6] 정치는 좌우파 모두, 인간을 타락했지만 구원받을 수 있다고 보는 성경의 인간관에서 각기 다른 방식으로 이탈한다. 그러나 진보정치(적합성 추구 접근법)나 보수정치(방어적 접근법)에 휩쓸리는 그리스도인들이 이 상황을 알아보거나, 자신들이 정치적 견해와 성경적 믿음을 분리시켜 버렸음을 인식하는 경우는 드물다. 이런 정치적 견해들은 하나님의 도성보다는 지상의 폴리스에 근거한 경우가 너무나 많다.

　이와 관련하여, 미국 백인 그리스도인들은 권력과 특권을 일정 정도 상실하는 데 익숙해져야 할 것이다. 톰 린이 쓴 3장은 이 문제에 대한 유용한 시각을 제시한다. 아시아계 이민자의 아들인 그는 어린 시절에 '문화적 이질성'을 느꼈고 주류 미국 문화에도 아시아 문화에도 완전히 적응하지 못했다. 그러다 그는 모든 그리스도인이 모든 문화에서 '거주 외국인'으로 살아가야 한다는 사실을 깨닫게 되었다. 특별히 미국의 나이든 백인 그리스도인들은 이 부분에서 미국 교회와 전 세계 교회의 많은 젊은 유색인 그리스도인들의 목소리를 통해 배울 수 있다. 중요한 것은, 배움의 큰 요소가 지배력을 포기하는 것과 다른 이들의 인도를 기꺼이 받아들이려는 자세라는 것이다. 그러자면 옛날의 친숙한 사역모델이 언제나 옳다는 생각을 버리고 자원과 참여기회를 공유해야 한다. 복음주의 문화의 일각에서 이것은 오래된 제도적 규범들과 가정들을 재고하는 것을 의미할 것이다.

　둘째, 그리스도인들은 사랑과 섬김의 자세로 지역 사회에 다가가야 한다. 방어적 태도 전략은 잃어버린 권력을 되찾는 데 자주 초점을 맞추고 정결 추구 전략은 비기독교 세계와의 지나친 접촉으로 인해 거룩함을 잃어버릴 것을 우려하지만, 이 책의 여러 장들은 지역 사회에 헌신하는 그리스도인들의 모습을 보여 준다. 사라 그로브즈는 미네소타 주 세인트폴에 있는 아트하우스 노스 공동체가 어떤 식으로 인근지역 전체의 예술센터 역할을 하는지 보여 준다. 이 공동체는 그녀가 마코 후지무라에게서 배운 신념을 구현한 공간이고, 문화는 이기거나 지는 전쟁이 아니라 가꾸어야 할 정원이라는 것이 그 신념의 내용이다. 이 접근방식이 늘 쉽지는 않을 것이다. 세상에 참여하는 일이 의혹의 대상이 될 때도 많을 것이다. 루디 카라스코는 하람비선교회가 노골적인 기독교 메시지를 경계하는 지역사회의 일반 단체와 정의를 지향하는 하람비의 입장을 싫어하는 보수적 기독교인 집단 모두로부터 의혹의 눈길을 받는다는 것을 알게 되었다. 그러나 남들의 의혹과 불신에 낙담하여 우리가 부름 받은 사역을 포기해서는 안 된다.

셋째, 그리스도인들은 복음과 경쟁 관계에 있는 이야기들과 실재에 대한 설명들을 복음이 뒤엎는다는 사실을 알아야 한다. 헌터가 말한 대로, 적합하게 보이려고 시도하다가 문화에 너무 많이 적응하게 되는 일에는 큰 위험이 따른다. 이런 일이 벌어지면, 예수님 안에 있는 하나님의 무조건적 사랑의 복음이 개인의 자긍심을 돕기 위한 또 하나의 방편으로 전락할 수 있다. 헌터는 이 접근법이 결국 피상적이라고 말한다. 성경이 들려주는 세상 이야기와 실재에 대한 다른 설명들을 구분하지 않기 때문이다. 정의를 말하는 성경 구절들은 정체성 정치의 증거구절들로 바뀌어 예수님을 따르는 자들이라는 우리의 주된 정체성을 약화시킬 수 있다.

티쉬 해리슨 워런(Tish Harrison Warren)은 곱씹어볼 만한 사례를 제시한다. 어느 대학 행정당국은 성경적 신앙 고백을 요구하는 모든 기독교 캠퍼스 동아리가 '차별'을 시행하고 있다고 선언하면서도 자신들은 객관적이고 개방적이고 모든 견해를 포용한다고 주장했다. 티쉬는 진실과 긍휼을 지향하며 글을 쓰기로 결심했고, 종교적 교리의 중요성을 부인하는 것 자체가 하나의 교리이며, 대학당국이 진리와 도덕적 가치에 대한 특수한 입장을 보편적인 것으로 주장하고 있음을 드러냈다. 여러 종교 간의 '차이를 없애는 것'은 대학이 증진한다고 주장하는 바로 그 '충실한 다원주의'를 부정하는 일이었다.[7]

레크래가 쓴 7장은 그리스도인들이 복음을 대항-서사로 사용하여 공동체 내의 지배적 이야기를 해체하고 자신의 가장 큰 갈망을 채울 수 있는 방법을 설명한다. 그는 경찰이 흑인 청년에게 발포한 사건에 대한 상충되는 이야기들을 요약한다. 하나의 서사는 미국 도시의 빈민가의 청년을 사회적 세력의 희생자로, 경찰을 악당으로 본다. 다른 서사는 둘의 역할을 뒤집어서 경찰을 상황의 피해자로, 흑인 청년을 악당으로 만든다. 레크래는 이 이야기들과 달리, 복음은 인간이 언제나 죄인인 동시에 하나님의 형상을 담은 존재임을 기억하게 한다고 말한다. 이런 사건들에서는 양측의 행위자 모두 사회적 세력의 피해자인 동시에 가해자인 경우가 많다. 인간의 영웅적 행위와 악행은 언제나 섞여 있다. 한 가지만 나타나지 않는다. 레크래의 말처럼, "유일한 참된 영웅은 상한 마음을 회복시키고 죄로 변질된 사회구조를 바로잡을 예수님과 그분의 능력이다."

프롤로그에서 보다 자세히 설명한 네 번째 실천 사항은 그리스도인들이 겸손과 인내와 관용으로 다른 이들에게 손을 내밀어야 한다는 것이다. 셜리 혹스트라가 논쟁적 정책의 차이를 넘어 공통점을 찾기 위한 다리 놓기를 다룬 이 책의 9장과 트릴리아 뉴벨이 화해를 다룬 11장, 클로드 알렉산더가 평화를 이루는 노력을 다룬 12장에는 겸손과 인내와 관용의 원리가 구현되어 있다. 불의에 공모한 가문의 역사를 성찰하고 자신이 속한 정신의학계를 비판하는 킹혼의 10장에서도 이 관계적 원리들이 실행되는 것을 볼 수 있다. 비판에 열린 자세와 자신과 견해가 다른 사람들에 대한 사랑 및 존중의 균형이 이 이야기들의 모든 페이지마다 두드러진다.

그리스도인들은 어떻게 차이를 넘어 손을 내밀까? 어떻게 하면 세상과 아무렇지도 않게 섞이지 않고 우리의 구별됨을 유지할까? 방어적으로 움츠러들지 않고 다른 사람들을 섬길 방법은 무엇일까? 우리는 이 책의 이야기들이 앞으로 나아갈 길을 보여 주는 데 도움이 된다고 믿는다. 그 길의 출발점은 그리스도 안에서 우리가 누구인지 알고 "겸손하고 부드러우며 인내와 사랑으로 서로 너그럽게 대하"(엡 4:2, 현대인의성경)며 사는 것이다.

감사의 글

이 책의 출판을 가능하게 만든 많은 분들에게 감사드린다. 먼저, 글을 쓰며 시간을 내어 주고 우리를 믿어 준 10명의 기고자들께 감사드린다. 또, 보이드 보먼, 조애나 크리스토펄, 앤디 크라우치, 크레이그 엘리스, 앨리슨 개스킨스, 존 헨드릭스, 매트 카일, 앤디 킴, 몰리 무어, 캐롤 퀸런, 세스 레이드, 알렉스 시머스, 앨리 스포스에게 감사한다. 팀의 에이전트 데이빗 맥코믹, 토머스넬슨출판사의 팀과 특히 우리 편집자인 웹스터 욘스에게 감사를 전한다. 리디머 시티투시티(Redeemer City-to-City), 카버 프로젝트, 세인트루이스의 워싱턴대학에도 감사를 전한다. 이 책을 지지하고 격려해 준 가족들 캐시 켈러, 캐롤라인, 로렌, 해나, 샘 이나주에게도 감사를 전하고 싶다.

이 책은 존의 아버지 윌리 이나주에게 바친다. 우리가 기고자들과 모여 이 책의 프로젝트를 정식으로 시작하기 몇 주 전, 윌리 씨는 폐암 말기 진단을 받았다. 이 책이 집필되고 편집되는 기간에 그는 병을 앓다가 세상을 떠났다. 윌리 씨는 자유인으로 죽음을 맞았다. 용감하게 호스피스 완화치료를 선택하고 불필요한 고통에서 벗어났다. 1943년 만자나 포로수용소에서 포로로 태어났지만, 자유시민으로 평생 이 나라에 봉사했다. 그리고 내세에 대한 믿음을 갖고 죄책감과 회한 없이 떠났다.

프롤로그

1. 이 프롤로그의 일부는 다음 기고문에서 가져왔다. John Inazu and Timothy Keller, "How Christians Can Bear Gospel Witness in an Anxious Age," *Christianity Today*, June 20, 2016.

2. 예를 들면 John Rawls, "The Idea of an Overlapping Consensus," *Oxford Journal of Legal Studies* 7, no. 1 (1987): 4.

3. Jemar Tisby, *The Color of Compromise: The Truth About the American Church's Complicity in Racism* (Grand Rapids, MI: Zondervan, 2019)을 보라.

4. James Davison Hunter, *To Change the World: The Irony, Tragedy, and Possibility of Christianity in the Late Modern World* (Oxford: Oxford University Press, 2010), 95. 《기독교는 세상을 어떻게 변화시키는가》, 배덕만 역, 새물결플러스

5. 주류 개신교가 미국 중산계급에 미치던 영향력이 쇠퇴한 것과 복음주의도, 로마가톨릭도 그 영향력을 대체하지 못한 것에 대한 설명은 Joseph Bottum, *An Anxious Age: The Post-Protestant Ethic and the Spirit of America* (New York: Random House, 2014)를 보라.

6. Luke Bretherton이 말한 바와 같다. "타락하고 유한한 지금의 정치적 조건에서 모두를 아우르는 공동선이 존재할 수 있다는 생각에는 문제가 많다. 한 가족, 직장, 소규모 공동체의 공동선을 결정하는 일은 가능하고, 내가 여기서 요약한 것과 같은 정치를 이루

어내기 위해 필요한 일이라고 단언할 수 있다. 그러나 그 규모를 넘어 도시권, 지역, 국가나 세계의 공동선을 안다는 주장은 반(反)정치적이다. 그런 주장은 복잡한 사회에 있는 도덕적 비전의 다원성과 경합성을 부인하고 다양한 도덕적 선을 추구하는 과정에서 생겨나는 갈등마저 부인한다. 그 모두는 정치를 통해 풀어나가야 할 문제이다." Luke Bretherton, *Christ and the Common Life: Political Theology and the Case for Democracy* (Grand Rapids, MI: Wm. B. Eerdmans, 2019), 32, n. 13.

7. John D. Inazu, *Confident Pluralism: Surviving and Thriving Through Deep Difference* (Chicago: University of Chicago Press, 2016).

8. 이 두 가지를 이렇게 연결시켜 준 Andy Crouch에게 감사한다.

9. Lesslie Newbigin은 그것을 이렇게 표현한다. "우리는 입증 가능할 만큼 확실하지 않은 믿음에 의거하여 행동하고 의심이 가능한 명제들에 삶을 헌신하라는 요구를 끊임없이 받는다." Lesslie Newbigin, *Proper Confidence: Faith, Doubt, and Certainty in Christian Discipleship* (Grand Rapids, MI: Wm. B. Eerdmans, 1995), 102. 《타당한 확신》, 박삼종 역, SFC.

10. Mark Lilla가 지적한 대로, 장래에 만물이 회복될 거라는 기독교의 소망은 진보주의의 유토피아주의와 보수주의의 비관적 향수를 모두 피한다. Mark Lilla, *The Shipwrecked Mind: On Political Reaction* (New York: New York Review Books, 2016), 67-85. 《난파된 정신》, 석기용 역, 필로소픽.

11. Sherry Turkle, *Reclaiming Conversation: The Power of Talk in a Digital Age* (New York: Penguin, 2015). (《대화를 잃어버린 사람들》, 황소연 역, 민음사) 1장 "공감일기"를 전체 내용과 함께 보라.

12. Flannery O'onnor, "Writing Short Stories" in *Mystery and Manners* (New York: Farrar, Straus and Giroux, 1970), 96.

PART 1

1. 신학자, 크리스틴 디디 존슨(Kristen Deede Johnson)

1. Bethany Hanke Hoang과 나는 우리가 영웅이 아니라 성도로 부름 받았다는 생각을 다음 책에서 탐구했다. *The Justice Calling: When Passion Meets Perseverance* (Grand Rapids, MI: Baker, 2016), 111-138.

2. Samuel Wells, *Improvisation: The Drama of Christian Ethics* (Grand Rapids, MI: Brazos Press, 2004), 44.

3. James Davison Hunter, *To Change the World: The Irony, Tragedy, and Possibility of Christianity in the Late Modern World* (Oxford: Oxford University Press, 2010).

4. 헌터는 이것이 니체가 말한 권력의지와 르상티망(ressentiment, 약자가 강자에게 품는 질투나 원한, 증오, 열등감 등이 뒤섞인 감정-역주)의 범주를 받아들인 모습이라고 설명한다. 이 범주는 분노와 승리가 많은 기독교의 공적 참여를 이끄는 추진력이 되게 만들었다. James Davison Hunter, *To Change the World: The Irony, Tragedy, and Possibility of Christianity in the Late Modern World* (Oxford: Oxford University Press, 2010)를 보라.

5. Amy E. Black, *Honoring God in Red or Blue: Approaching Politics with Humility, Grace, and Reason* (Chicago, IL: Moody Publishers, 2012)을 보라.

2. 목회자, 팀 켈러(Timothy Keller)

1. "The Age of Authenticity" in Charles Taylor, *A Secular Age* (Cambridge, MA: Harvard University Press, 2007), 473-504.

2. Charles Taylor, *Sources of the Self: The Making of Modern Identity* (Cambridge, MA: Harvard University Press, 1989). 《자아의 원천들》, 권기돈, 하주영 역, 새물결.

3. *The New English Bible* (Oxford University Press and Cambridge University Press, 1970), 54.

4. Hugh McLeod et al., *The Decline of Christendom in Western Europe, 1750-2000* (Cambridge, UK: Cambridge University Press, 2003), 1, cited in Stefan Paas, "Challenges and Opportunities in Doing Evangelism" in *Sharing Good News: Handbook on Evangelism in Europe*, ed. G. Noort, K. Avtzi, and S. Pass (Geneva, Switzerland: World Council of Churches, 2017), 38.

5. Jennifer Senior는 교환적이고 개인주의적인 문화에서 자녀는 "영구적 헌신을 거의 요구하지 않는 문화에서 마지막 남은 구속력 있는 의무"라고 주장한다. Jennifer Senior, *All Joy and No Fun: The Paradox of Modern Parenthood* (New York: HarperCollins, 2014), 44. (《부모로 산다는 것》, 이경식 역, 알에이치코리아)

6. 다음 기사를 보라. Dan Piepenbring, "Chick-Fil-A's Creepy Infiltration of New York City," New Yorker, April 13, 2018, https://www.newyorker.com/culture/annals-of-gastronomy/chick-fil-as-creepy-infiltration-of-new-york-city.

7. Carl Trueman의 짧지만 탁월한 다음 글을 보라. "Blessing When Cursed" in First Things, June 14, 2019, https://www.firstthings.com/web-exclusives/2019/06/blessing-when-cursed. Trueman은 일부 보수주의자들이 세속적 반대자들과 논쟁할 때 "예의, 존중, 품위"를 버리라고 촉구하는 것에 답하고 있다. Carl은 그리스도인들이 타인을 존중하며 말하도록 부름 받은 것은 그것이 논쟁에서 효과적이기 때문이 아니라 "세상에 하나님의 성품을 반영하는 올바른 방법이기" 때문임을 제대로 지적한다.

3. 모험가, 톰 린(Tom Lin)

1. Lesslie Newbigin, *The Open Secret: An Introduction to the Theology of Mission* (Grand Rapids, MI: Wm. B. Eerdmans, 1995), 5. 《오픈 시크릿》, 홍병룡 역, 복있는사람.

2. Samuel E. Escobar, *The New Global Mission: The Gospel from Everywhere to Everyone* (Downers Grove, IL: IVP Academic, 2003), 19-20.

3. John Inazu, "Do Black Lives Matter to Evangelicals?" *Washington Post*, January 6, 2016.

4. Melinda Lundquist Denton and Christian Smith, *Soul Searching: The Religious and Spiritual Lives of American Teenagers* (Oxford, UK: Oxford University Press, 2005).

5. J. R. R. Tolkien, *The Return of the King* (New York: Del Ray/Ballantine Books, 2001), 338.

4. 기업가, 루디 카라스코(Rudy Carrasco)

1. Randy Otterbridge, *Reluctant Entrepreneur: Going from Fear to First Steps Toward Starting Your Own Business* (Grand Rapids, MI: R&A Publishing, 2012).

2. Anthony Bradley, "You Are the Manure of the Earth," *Christianity Today*, September 23, 2016.

3. Vicki Torres, "Tension Takes a Toll: Feuding Gangs, Drive-by Killings Spread Fear in Pasadena Area," *Los Angeles Times*, February 2, 1991, https://www.latimes.com/archives/la-xpm-1991-2-2-me-169-story.html.

4. Daniela Perdomo, "Pasadena Gang Violence Raises Fears," *Los Angeles Times*, December 25, 2007, https://www.latimes.com/archives/la-xpm-2007-dec-25-me-race25-story.html.

PART 2

5. 작가, 티쉬 해리슨 워런(Tish Harrison Warren)

1. 내가 아는 한, 그녀는 실제로 이렇게 말하지는 않았다. 그러나 이 말은 그녀의 생각을 제대로 담아내고 있다. 가령 그녀는 일기에 이렇게 썼다. "지속은 수세기의 문명이든 수십 년을 사는 인간이든 그 안에서 부적자(不適子, the unfit)를 제거하는 다원주의적 기능을 갖고 있다. 모든 목적에 적합한 것은 영원하다." Simone Weil, *The Notebooks of Simone Weil*, trans. *Arthur Wills* (New York: Routledge, 2004), 444.

2. Luci Shaw, *Breath for the Bones: Art, Imagination, and Spirit* (Nashville: Thomas Nelson, 2007), 87.

3. 이 표현은 내 친구 Robert Kehoe가 미적간 공개강연에서 하우어워스가 한 말을 듣고 전해 준 것이다. 이것은 다음과 같이 하우어워스의 저작들에서 일관되게 나타나는 주제이다. "우리를 그토록 자주 거짓말쟁이로 만드는 것은 우리가 하는 일이 아니라 그 일을 정당화하는 변명이다. 그런 변명으로 우리는 가능한 선에서 최선을 다했다는 위로의 말을 스스로에게 들려주고 우리 삶이 그때 그럴 수밖에 없었음을 내세운다. … 그리스도인이라면 복음에 비추어 자신의 삶을 이해하려고 노력해야 한다. 그래서 나는 내 이야기의 진실성을 스스로 판단하지 않는다. 내가 아니라 복음을 따라 사는 사람들이 나의 진실한 부분과 스스로 속인 부분을 판단해 줄 것이다." Stanley Hauerwas, *Hannah's Child: A Theologian's Memoir* (Grand Rapids, MI: Wm. B. Eerdmans, 2013), 159. 《한나의 아이》, 홍종락 역, IVP.

4. Nicholas Carr, *The Shallows: What the Internet Is Doing to Our Brains* (New York: W. W. Norton & Company, 2011), 7.

5. Thomas Merton, *The Sign of Jonas* (New York: Harcourt, Brace and Company, 1953), 266. 《토머스 머튼의 영적 일기: 요나의 표징》, 오지영 역, 바오로딸.

6. John Berger, *Hold Everything Dear: Dispatches on Survival and Resistance* (New York: Pantheon Books, 2007), 48. 《모든 것을 소중히 하라》, 김우룡 역, 열화당.

7. Francis Spufford, *Unapologetic: Why, Despite Everything, Christianity Can Still Make Surprising Emotional Sense* (New York: HarperOne, 2013), 215.

6. 송라이터, 사라 그로브즈(Sara Groves)

1. Makoto Fujimura, *On Becoming Generative: An Introduction to Culture Care* (New York: Fujimura Institute and International Arts Movement, 2013). Digital. 이 얇은 팸플릿에서 마코는 자신의 생성적 원리를 이끄는 세 가지 G를 소개한다. Genesis(발생): 창조성 안에서 발

건되는 것. 성장과 실패 모두에서 찾을 수 있다. Generosity(관대함): 효용과 거래적 삶의 방식에 맞서게 하는 선물. 세대적 사고(Generational Thinking): "과거와의 대화가 늘어나고 여러 미래 세대의 가치를 함양하기 위해 말하고 창조할 의도가 커지는 상태."

2. Makoto Fujimura, *Culture Care: Reconnecting with Beauty for Our Common Life* (Downers Grove, IL: InterVarsity Press, 2017). 《컬처 케어》, 백지윤 역, IVP

3. Charlie Peacock, *A New Way to Be Human: A Provocative Look at What It Means to Follow Jesus* (Colorado Springs: WaterBrook Press, 2004), 93.

4. Sara Groves, "Why It Matters," *Add to the Beauty*, SG Music, 2005.

5. Sara Groves, "Any Comfort," (unrecorded).

6. Flannery O'onnor, *Mystery and Manners* (New York: Farrar, Straus and Giroux, 1970), 177.

7. O'onnor, *Mystery and Manners*, 44.

8. 내가 풀어 쓴 시편 72:3-21.

9. 내가 풀어 쓴 시편 73:22.

10. Sara Groves, "Like a Skin," *The Other Side of Something*, SG Music, 2004.

11. 퓰리처상 수상 저널리스트 Isabel Wilkerson이 저서 *The Warmth of Other Suns*에 대해 인터뷰한 http://fortune.com/2016/09/15/great-migration-racism-history/를 보라. 이 책에는 미국 전역의 도시에서 벌어진 '대이주'(The Great Migration, 1910~1970년 약 600만 명의 흑인들이 남부의 극단적인 인종차별을 피하고 더 나은 삶의 기회를 찾아 북동부, 중서부, 서부로 이동한 사회적 흐름-역주)와 '빨간 줄 긋기'(redlining, 대이주로 인한 흑인들의 유입을 원하지 않았던 해당 지역 도시의 주류 백인 거주자들은 힘을 합쳐 일명 '빨간 줄 긋기' 정책으로 암묵적으로 흑인 거주 희망자들에게는 높은 주택 가격을 매겨 이들을 배척했다. 그렇게 해서 미국 대도시 외곽에 흑인들만이 거주하는 도시빈민 지역이 생겨나기 시작했다-역주) 관행이 자세히 담겨 있다.

12. Sara Groves, "Floodplain," *Floodplain*, SG Music, 2015.

13. Sara Groves, "In the Girl There' a Room," *Tell Me What You Know*, SG Music, 2007.

14. Sara Groves, "Eyes Wide Open," *Fireflies and Songs*, SG Music, 2009.

15. Sara Groves, "It's Me," *Fireflies and Songs*, SG Music, 2009.

7. 스토리텔러, 레크래(Lecrae)

1. 다음 글을 보라. Rachel Gillett, "How Walt Disney, Oprah Winfrey, and 19 Other Successful People Rebounded After Getting Fired," Inc., October 7, 2015, https://www.inc.com/business-insider/21-successful-people-who-rebounded-after-getting-fired.html.

2. Gillett, "How Walt Disney, Oprah Winfrey, and 19 Other Successful People

Rebounded After Getting Fired"를 보라.

8. 번역자, 존 이나주(John Inazu)

1. Ken Bain, *What the Best College Teachers Do* (Cambridge, MA: Harvard University Press, 2004), 174. 《미국 최고의 교수들은 어떻게 가르치는가》, 안진환, 허형은 역, 뜨인돌출판사

2. Lesslie Newbigin, *Proper Confidence: Faith, Doubt, and Certainty in Christian Discipleship*, Grand Rapids, MI: Wm. B. Eerdmans, 1995, 14. 《타당한 확신》

3. 최근에 나는 몇몇 동료들과 함께 The Carver Project (carverstl.org)라는 사역을 통해 이것을 구현하기 시작했다. 이 사역은 대학, 교회, 사회의 접점에서 온전한 삶을 사는 제자들을 길러내기 위한 것이다.

4. Lecrae, "acts," *All Things Work Together, Columbia Records Group*, 2017.

5. Eboo Patel, *Out of Many Faiths: Religious Diversity and the American Promise* (Princeton, NJ: Princeton University Press, 2018)에서 Eboo의 논증에 대한 답변으로 내가 쓴 장을 보라. Doug Lederman, "A Call for 'Confident Pluralism' on Campuses," Inside Higher Ed, January 30, 2017(기독교대학 총장단 연례모임에서 이부와 내가 나눈 공개대화의 개요가 실려 있다)도 참고하라.

PART 3

9. 다리 놓는 사람, 셜리 V. 혹스트라(Shirley V. Hoogstra)

1. Junno Arocho Esteves, "Pope Francis Washes Feet of Refugees on Holy Thursday," *Catholic Herald*, March 24, 2016, https://catholicherald.co.uk/news/2016/03/24/pope-francis-washes-feet-of-refugees-on-holy-thursday/.

10. 의료인, 워런 킹혼(Warren Kinghorn)

1. Gantt v. *Clemson Agric. Coll.*, 320 F. 2d 611, 614 (4th Cir. 1963).

2. 예를 들면, 다음을 보라. Kelly M. Hoffman, Sophie Trawalter, Jordan R. Axt, and M.

Norman Oliver, "Racial Bias in Pain Assessment and Treatment Recommendations, and False Beliefs about Biological Differences Between Blacks and Whites," *Proceedings of the National Academy of Sciences USA* 113, no. 16 (2016): 4296-4301.

3. Sophia Haeri, "Disparities in Diagnosis of Bipolar Disorder in Individuals of African and European Descent: A Review," *Journal of Psychiatric Practice* 17 (2011): 394.

4. Allen Verhey and Warren Kinghorn, "'The Hope to Which He Has Called You' Medicine in Christian Apocalyptic Perspective," *Christian Bioethics* 22 (2016): 21-38.

5. Janice L. Krupnick et al., "The Role of the Therapeutic Alliance in Psychotherapy and Pharmacotherapy Outcome: Findings in the National Institute of Mental Health Treatment of Depression Collaborative Research Program," *Journal of Consulting and Clinical Psychology* 64 (1996): 532-539.

6. Curt Thompson, *The Soul of Shame: Retelling the Stories We Believe about Ourselves* (Downers Grove, IL: InterVarsity Press, 2015). 《수치심》, 김소영 역, IVP.

7. Wendell Berry, T*he Hidden Wound* (Berkeley, CA: Counterpoint, 2010).

8. Josef Pieper, *Faith, Hope, Love* (San Francisco: Ignatius, 1997), 163-164.

11. 화해자, 트릴리아 뉴벨(Trillia Newbell)

1. Karen Grigsby Bates, "Rodney King Comes to Grips with 'The Riot Within,'" NPR, April 23, 2012, https://www.npr.org/2012/04/23/150985823/rodney-king-comes-to-grips-with-the-riot-within.

2. 마시는 그녀의 실명이 아니다. 이번 장에 싣기 위해 이름을 바꾸었다.

3. 요 4:9, 8:48, 눅 9:51-56을 보라.

4. Trillia Newbell, *United: Captured by God's Vision for Diversity* (Chicago, IL: Moody Publishers, 2014).

12. 평화를 이루는 자, 클로드 리처드 알렌산더 2세(Claude Richard Alexander Jr.)

1. James Strong, *A Concise Dictionary of the Words in the Greek Testament and the Hebrew Bible*, vol. 2 (Bellingham, WA: Faithlife, 2009), 115.

2. Strong, *Concise Dictionary*, vol. 1 (Bellingham, WA: Faithlife, 2009), 25.

3. Kenneth W. Osbeck, *Amazing Grace: 366 Inspiring Hymn Stories for Daily Devotions* (Grand Rapids, MI: Kregel Publications, 1996), 202.

4. Etty Hillesum, *Etty Hillesum: An Interrupted Life; The Diaries, 1941–943, and Letters from Westerbork*, trans. Arnold J. Pomerans (New York: Metropolitan Books, 1983), 218.

5. Elahe Izadi, "The Powerful Words of Forgiveness Delivered to Dylann Roof by Victims' Relatives," *Washington Post*, June 19, 2015, https://www.washingtonpost.com/news/post-nation/wp/2015/06/19/hate-wont-win-the-powerful-words-delivered-to-dylann-roof-by-victims-relatives/?noredirect=on&utm_term=.4c796b6af711.

에필로그

1. 일반적으로는 다음을 참고하라. Alister E. McGrath, *The Territories of Human Reason: Science and Theology in an Age of Multiple Rationalities* (Oxford, UK: Oxford University Press, 2019); Lesslie Newbigin, *Proper Confidence: Faith, Doubt, and Certainty in Christian Discipleship* (Grand Rapids, MI: Wm. B. Eerdmans, 1995); Alasdair MacIntyre, *Whose Justice? Which Rationality?* (Notre Dame, IL: University of Notre Dame Press, 1988); *After Virtue: A Study in Moral Theory* (Notre Dame, IL: University of Notre Dame Press, 1981). 《덕의 상실》, 이진우 역, 문예출판사

2. 온라인 매체에 영향을 주는 대체 현실의 놀라운 사례가 '딥페이크'(deep fakes, 딥러닝[deep learning]과 가짜[fake]의 합성어로 인공지능[AI]과 얼굴맵핑[facial mapping] 기술 등을 활용해 특정 영상에 또 다른 영상을 합성한 편집기술-역주)이다. Robert Chesney and Danielle Citron, "Deepfakes and the New Disinformation War: The Coming Age of Post-Truth Geopolitics," *Foreign Affairs* (January/February 2019)를 보라. 그리스도인들이 불건전한 온라인 활동을 피하기 위한 실제적 조치들에 대한 내용을 원한다면 다음을 참고하라. Justin Whitmel Earley, *The Common Rule: Habits of Purpose for an Age of Distraction* (Downers Grove, IL: InterVarsity Press, 2019); Andy Crouch, *The Tech-Wise Family: Everyday Steps for Putting Technology in Its Proper Place* (Grand Rapids, MI: Baker Books, 2017); Tish Harrison Warren, *Liturgy of the Ordinary: Sacred Practices in Everyday Life* (Downers Grove, IL: InterVarsity Press, 2016).

3. James Davison Hunter, *To Change the World: The Irony, Tragedy, and Possibility of Christianity in the Late Modern World* (Oxford: Oxford University Press, 2010), 214-219.

4. Lesslie Newbigin은 후기 기독교 세계의 서구 교회가 "서구 문화와 선교적인 만남"을 가져야 한다고 촉구하면서 그런 만남으로 볼 수 없는 경우를 먼저 제시했다. 선교적인 만남이 아닌 세 가지, 즉 지배, 동화, 물러남은 헌터가 문화에 대한 세 가지 잘못된 접근법으로 제시한 것과 일치한다. Lesslie Newbigin, *Foolishness to the Greeks* (Grand Rapids, MI: Wm. B. Eerdmans, 1988), (《헬라인에게는 미련한 것이요》, 홍병룡 역, IVP) and Lesslie Newbigin, "Can the West Be Converted?" *International Bulletin of Missionary Research*, January 1987.

5. James Davison Hunter, *To Change the World: The Irony, Tragedy, and Possibility of Christianity in the Late Modern World* (Oxford: Oxford University Press, 2010), 285.

6. 이 구절은 우리 문화에 대한 유명한 서술이다. 이에 대해서는 Charles Taylor, *A Secular*

Age (Cambridge, MA: Bellknap Press, 2007)를 보라.

7. 세속성은 자신에게 믿음이 없다고 말하면서, 문화이론가들이 '위장'(mystification)이라 부른 일을 하고 있다. Terry Eagleton은 그것을 이렇게 정의한다. "그것은 이론의 여지가 있는 관점이나 믿음을 취하면서 거기에 이의를 제기하는 모든 견해를 폄하하고 그에 대한 모든 경쟁적 사고형태를 깎아내리고 이 믿음이 보편적으로 받아들여지지 않는 사회적 현실을 부정한다. 스스로의 견해를 의문의 여지가 없는 보편적이고 자명하고 필연적인 사실처럼 보이게 만든다." Terry Eagleton, *Ideology: An Introduction* (New York: Verso, 1991), 5-6.

기고자의 작품들

책

- Claude Richard Alexander Jr., *Necessary Christianity: Living a Must Life in a Maybe World* (MMGI Publishers House, 2013).

- John Inazu, Liberty's Refuge: *The Forgotten Freedom of Assembly* (Yale University Press, 2012) and *Confident Pluralism: Surviving and Thriving Through Deep Difference* (University of Chicago Press, 2016).

- Kristen Deede Johnson, *Theology, Political Theory, and Pluralism: Beyond Tolerance and Difference* (Cambridge University Press, 2010) and Kristen Deede Johnson and Bethany Hoang, *The Justice Calling: Where Passion Meets Perseverance* (Brazos Press, 2017).

- Timothy Keller, *Generous Justice: How God's Grace Makes Us Just* (Viking, 2010), 《팀 켈러의 정의란 무엇인가》, 최종훈 역, 두란노. *The Prodigal God: Recovering the Heart of the Christian Faith* (Penguin Books, 2011),《탕부 하나님》, 윤종석 역, 두란노. *Making Sense of God: Finding God in the Modern World* (Penguin Books, 2018).《팀 켈러의 답이 되는 기독교》, 윤종석 역, 두란노.

- Lecrae, *Unashamed* (B&H Books, 2016).

- Tom Lin, *Losing Face, Finding Grace: 12 Bible Studies for Asian-Americans* (InterVarsity Press, 1996).

- Trillia Newbell, *Fear and Faith: Finding the Peace Your Heart Craves* (Moody Publishers, 2015) and *If God Is for Us: The Everlasting Truth of Our Great Salvation* (Moody Publishers, 2019).

- Tish Harrison Warren, *Liturgy of the Ordinary: Sacred Practices in Everyday Life* (InterVarsity Press, 2016).

음반

- Sara Groves, *Tell Me What You Know* (INO, 2007) and *Floodplain* (Fair Trade, 2016).

- Lecrae, *Gravity* (Reach, 2012) and *All Things Work Together* (Reach, 2017).